TEAM
GENIUS
目录

湛庐 CHEERS

与最聪明的人共同进化

HERE COMES EVERYBODY

天才如何创建团队

TEAM GENIUS

The New Science of High-Performing Organizations

[美] 里奇·卡尔加德　迈克尔·马隆
(Rich Karlgaard) (Michael S. Malone) 著

王素婷 任苗 浦千里 译
曾佳 审校

四川人民出版社

TEAM 测试题
GENIUS 你了解如何创建天才团队吗？

1.（多选）数字世界（互联网）的重要定律包括：

A. 墨菲定律　　　　　B. 摩尔定律

C. 梅特卡夫定律　　　D. 帕金森定律

2.（多选）惠普公司（HP）的两位创始人是：

A. 安迪·格鲁夫　　　B. 戴维·帕卡德

C. 马克·安德森　　　D. 比尔·休利特

3.（单选）华为公司的轮值 CEO 制度的轮值人数及轮值任期分别为：

A. 3 人，12 个月　　 B. 5 人，6 个月

C. 3 人，6 个月　　　D. 4 人，12 个月

4.（单选）以下"邓巴数字"中，最著名的是：

A. 3～5　　　　　　　B. 50

C. 150　　　　　　　　D. 1500

5.（单选）帮助我们在团队中调节个人与他人互动的细胞不包括：

A. 镜像神经元　　　　B. 后叶催产素

C. 梭形细胞　　　　　D. 神经振子

6.（单选）以下三种个性类型的成员，在突破性创新团队中至少应占 50% 才能发挥最佳效用，其具体的分布比例应为：

A. 创新型＞遵从型＞细节关注型

B. 遵从型＞创新型＞细节关注型

C. 细节关注型＞创新型＞遵从型

D. 遵从型＞细节关注型＞创新型

7.（单选）有益于团队获得最佳绩效的是以下哪种多样性：

A. 种族多样性　　　　B. 文化多样性

C. 认知多样性　　　　D. 经验多样性

8.（单选）以下哪种双人搭档类型是个体最理想的团队合作形式：

A. 双子星型　　　　　B. 里应外合型

C. 阴与阳型　　　　　D. 矛与盾型

9.（单选）最能获得持续不断的成功的三人组类型是：

A. 2+1 三人组　　　　B. 并行三人组

C. 串行三人组　　　　D. 乐队三人组

10.（单选）最难进行管理的是以下哪种团队：

A. 不健康、不成功的团队

B. 不健康但成功的团队

C. 健康但不成功的团队

D. 健康且成功的团队

扫码下载"湛庐阅读"App，搜索"如何创建天才团队"，获取测试题答案。

TEAM GENIUS

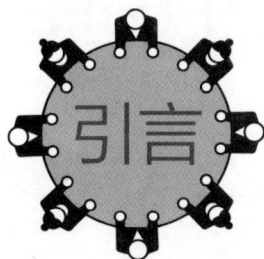

引言

———

用科学的方式重新思考团队

THE
NEW SCIENCE
OF
HIGH-PERFORMING
ORGANIZATIONS

成功的团队是企业强盛的核心所在。那么，面对那些改变游戏规则的各种团队——创业团队、创新团队、研发团队、项目团队和销售团队，我们如何做出解读？是什么原因让它们脱颖而出？我们能否解码他们的制胜秘籍？我们能否将之应用于不同的公司和行业，甚至不同的文化以及代际呢？

我们在写作本书之前，曾亲历成功团队的孕育过程，足迹不仅涉及硅谷当地，更是遍及全球。我们创建过公司，列席董事会，近距离观察或成功或失败的团队。但是在这本《如何创建天才团队》中，我们要讲述的不仅仅是趣闻逸事，我们将会让我们的观察和推论接受人类学、社会学、神经科学以及认知科学等方面的前沿研究的检验。我们将在后续内容以及诸多附注内容中对研究过程和方法进行解释说明，相信你也会因此受益。

我们相信，科技创新的步伐不断加快，全球经济的快速变化及人口格局的迅速变迁，将使提升团队绩效变得越来越难。平庸致死。平庸团队已无法帮助你获得并维持成功了。

此处先澄清一下，本书所谈论的"团队"并非指组织结构图或公司网站上公司简介中所描述的正式组织。《如何创建天才团队》所探讨的是：工作究竟是如何完成的。我们的全部经验表明，世界上最具创造性、最具影响力的工作，无论是在初创企业里，还是在大型组织内，无论是在体育运动中，还是在艺术和娱乐业富有创造力的运作上，都是由非正式团队完成的。

商业文献对此有非常清晰的描述。1943 年，第二次世界大战的结局尚无定论，而在这一年，纳粹德国将世界上第一架喷气式飞机梅塞施密特式战斗机 Me-262 投入使用，使盟军面临危机。当时，美国洛克希德公司（Lockheed）的首席飞行器设计师凯利·约翰逊（Kelly Johnson）承诺，将在 6 个月内制造出美国的喷气式战斗机。当今（那时其实也一样），在正常情况下，光是撰写争取资金的方案就需要 6 个月的时间。但是，约翰逊从洛克希德公司挑选出一批与他一样具备反抗精神的人，将他们组成团队，然后在一个充满异味的塑料厂附近找了顶帐篷安置他们，最终，这一群人按时交付了 P-80"流星"喷气式战斗机。

另一个广为人知的故事是，史蒂夫·乔布斯将一个非正式团队——麦金塔（Macintosh）开发团队安置在远离苹果公司总部、邻近一家名为"Good Earth"的餐馆的一栋低层建筑物里。IBM 的第一台个人笔记本电脑的组装地并不在纽约州的阿蒙克市（Armonk）[①]，而是在佛罗里达州博卡拉顿市（Boca Raton）的几座破烂房屋里。Twitter 的大部分设计是在一趟从旧金山开往得克萨斯州奥斯汀市（Austin）的大巴车上完成的，当时设计者正要去参加 2007 年"西南偏南大会"（South by Southwest，简称 SXSW）[②]。

未来几年，虚拟团队和众包是否会改变我们对团队的看法？恰巧，迈克尔·马隆曾在 1992 年与人合著过一本畅销书《虚拟公司》（*The Virtual Corporation*），他的答案是肯定的，但正如一些未来主义者宣称的那样，这并不能改变一切。更深

---

① 阿蒙克市是 IBM 的总部所在地。——审校者注
② SXSW 是每年春天在美国得克萨斯州州府奥斯汀（在美国西南偏南的地理位置上）举办的音乐节、电影、互动传媒科技活动和会议等一系列活动，其中的 SXSW 互动大会（Interactive Conference）是 Twitter、Foursquare、GroupMe、Facebook 等的发迹地，Twitter 公司 2007 年在该活动上推出了相应的应用程序。——审校者注

层次的答案来自神经科学和人类学家基于对团队的研究给出的建议，你一定会对他们的发现感到惊诧。

在对本书进行最后的完善时，我们对近期围绕两个主题开展的对话感到震惊。一个主题是全球经济的变化速度，其变化之快使得最具活力的公司都在身受挑战，迫切需要建立团队以进行应对。里奇曾与联想公司的一位高层管理者共进晚餐。联想的总部在北京，年收入约 400 亿美元，主要生产个人电脑、笔记本电脑、平板电脑和手机。它在 2005 年收购了 IBM 的个人电脑业务。

联想以灵活管理和能对机遇与威胁做出快速反应而著称，其大部分管理基地在美国北卡罗来纳州的三角研究园区域。联想是一头罕见的能跳舞的大象。但是在这次晚餐中，联想的高管说，中国手机行业的后起之秀——小米，对亚洲市场灵活机动的反应已经超越了联想。它是怎么做到的？这种情况就是哈佛商学院的克莱顿·克里斯坦森（Clayton Christensen）所定义的"创新者的窘境"（Innovator's Dilemma）吗？在创新者的窘境中，一个当前盈利的企业（此案例中是指联想）会骤然面临威胁，不知所措。如果联想根据小米的产品价格进行相应调整，自己的利润率一定会受到损害。情况真的如此吗？

不，并非如此，联想已经看到了小米的崛起，看到其产品在亚洲市场上快速得到了认可。联想其实愿意与小米展开一场价格战，但更加实际的问题是，联想不能以足够快的速度来组建本地市场团队以遏制小米的迅猛之势。

第二个主题是，我们一次又一次地听到高层管理者对千禧一代呈现的变迁表示担忧。他们担忧的并不是市场转变、产品品位、社交媒体等其他常见的关注点，而是千禧一代能否领导公司，管理他人。众所周知，他们在科学技术、社交媒体、风险承担方面游刃有余，但大型组织的高管们普遍对成为管理层的千禧一代所欠缺的管理才能表示不满。

让我们在此处略做停顿。我们常常见到不满的前辈对前途大好的后来人愤愤不平，这属于此种现象吗？或许是有一点儿，但总体来说我们并不认为如此。这些抱怨并不是常见的那种针对职业道德、教育、创造力以及能力等方面的吹毛求疵，而是关于管理经验和团队建设技巧的。

我们可以肯定的是，不久之后，千禧一代将在全球范围内成为各家公司管理层的中坚力量。他们将要掌管的是一个充满变化和竞争的世界，他们需要比任何一代人更善于建设、管理和激励团队。他们的重担是如此之大。

这就是我们撰写本书的主要目的之一，我们将把过去和当前的最佳实践与科学研究的最新进展结合起来，为每一个领域的新一代领导者讲述如何建设一个充满活力的、健壮稳固的伟大团队，以帮助他们更好地适应新时代的竞争。这些新一代领导者所面临的学习曲线将非常陡峭——我们希望帮助他们顺利完成如此艰难的攀峰。如果他们可以成功，每个人都会受益。

关于团队的 20 个问题

团队是个人生活和公众生活的主要组成部分。成功和幸福都需要依赖于它，但人们却很少对之进行深思，这是不是很奇怪呢？很简单，因为在生活中所遇到的"团队"常常是基于运气、偶然事件或者特定境况而形成的，很少是由我们自己设计出来的。

我们知道，凭运气获得成功是有风险的，哪怕只是因为生活中的小事而组织起来的团队（如保龄球队、社区街坊间某个群体的领导小组、某个节日派对的组委会等），也同样面临这个风险。而对于大企业、非营利组织和政府机构，如果也想凭运气，那么它们无疑将遭受致命的打击。在没有开展为期数月的产品测试、顾客调研以及相应的分析之前，或者在没有建立起分销和零售渠道、没有市场推广活动，也没有销售工具包的情况下，没人会贸然在全球市场上投放价值十亿美元的产品项目。但是，我们却很可能会将整个项目交给一个因为其本质特征而从一开始就注定会失败的领导团队。

正如我们在后面的章节中将阐述的那样，规划、设计出一个卓越的团队不再是神秘的法术。本书为大家列出了 20 个问题，以帮助大家针对各自所管理的以及各自所归属的团队，采用一种不同于以往且更为科学的方式来进行重新思考：

1. 在当前竞争压力空前的全球经济中，你的组织及作为其构成单元的团队是否足以应对正在面临的挑战？

2. 如果不能，是否存在一些方法可以加速你对团队进行重新认识？

3. 你能否正确地应用上述的新认识快速、有效地建设团队，以便应对你所面临的持续不断的变化？

4. 你能否在正确的时机找到正确的团队？

5. 你能识别出必须解散当前团队、建立新团队（而且可能是一个完全不同的新团队）的恰当时机吗？

列在最前面的这五个问题不是闲来无聊的问题。它们非常实际，同时蕴含着强烈的紧迫感。你所在的任何一个组织都是由团队组成的，而这些团队又各自处于其生命周期的某个阶段。有些团队显然不能发挥其应有的功能，有些则没能实现最佳绩效，还有些团队已接近任务的尾声。要知道，即使是天才团队也会存在不能完全发挥其潜在能力的问题。

6. 如果你所在组织的命运将取决于对团队进行变革的恰当时机，你能识别出哪些是天才团队吗？

7. 你知道如何为某特定的任务匹配正确的团队成员吗？

8. 如果你接受了一项任务——重组一个表现不佳的团队、使它能发挥最高水平的实力，你知道如何做到吗？

9. 再进一步，你知道从何着手吗？

10. 同样，如果让你对组织中的高绩效团队进行观察（有可能是在管理层、制造、研发或销售领域），你能识别出哪些团队其实已经走到尽头了吗？

11. 你有勇气解散这些团队吗？

12. 为了不挫伤团队中那些才华卓越的员工的积极性，你知道如何避免采用尖锐的方式处理员工的退出吗？

13. 你知道如何快速重组团队，并保证其卓有成效且不会错失良机吗？

已经到第 13 个问题了，但这才只是开始！这些是关于团队创建和管理的个人技能问题。接下来的几个问题是关于组织能力的，这些问题你可能从未想过：

14. 你们公司的团队能否在影响行业和客户的那些因素方面做到领先变革？

15. 你们公司的团队能否对技术、经济和客户行为等方面发生的骤变进行预测并做出反应？

16. 你们公司的团队能否充分利用全球化和多元文化的价值，并将其转化为优势？

17. 移动科技是在促进还是在阻碍你们公司团队的绩效？你是如何将之与竞争力进行关联的？

18. 社交媒体是在强化还是在腐蚀你们公司团队的使命和价值观？

19. 你们是否能在正确团队的正确职位上拥有正确的人？

最后一个问题绝不是无关紧要的，这个问题基本无人提及，而能采取正确措施的组织就更少了：

20. 要完成任务，你们的团队规模（人数）合适吗？

本书的目的就是帮助你解决上述的所有问题，还有更多。为了实现这一目的，本书的内容不仅包含人类文明之初就已拥有的古老智慧，还融合了来自崭新的社会神经科学研究领域的、令人目瞪口呆的研究成果。这里有许多令人震惊的发现，也会刷新你之前的偏见。我们可以肯定，本书能够让你成为更好的团队管理者。

令人耳目一新的事实

作为对本书后续章节的预览，下面是本书即将探讨的一些关于团队的观点和问题，其中有些事实可能会让大家深感惊讶：

◇ 关于种族和性别多样性的科学研究结论。友情提醒：它会挑战你对此已有的认知。

◇ 为何认知多样性（cognitive diversity）有助于获得最佳绩效，但前提是你需要真正了解其内涵？

◇ 如何找到团队亲密关系的"极乐点"（bliss point），这将使团队的生产力提升到原来的三倍之多？

◇ 为何过高的规范性要求会导致团队的灭亡，当然，过少的规范性要求也会如此？

◇ 如何能创建一个拥有恰当的创造性磨合（creative abrasion）的"全脑型团队"（whole-brain team）？

◇ 如何在具有破坏性的员工对团队造成危害前识别出他们？

◇ 为何相比于单独的一个天才，小型团队获得突破性成功的可能性要高出40%？

◇ 为何 7±2、150 和 1 500 是神奇的团队规模？

◇ 为何你关于绩效薪酬的所有认识可能都是错误的？

◇ 如何让一个团队保持鲜活的生命力，以及何时应该解散团队？

◇ 如何识别出你在进行裁员时永远不会解雇的那个人？

唯一的要求就是，请你在阅读后面的内容时保持开放的心态。乍看之下，有些理论和发现可能与你的直觉相左，甚至会被认为完全不可能。其实，我们当初也有相同的感受。但是，回顾一下你的人生经历，你会发现那些你曾参与过的成功团队，往往在最开始时并不被你看好。

例如，如果参加体育活动，或许你有过至少一次这样的经历，有些团队从理论上看应该很棒，但在赛场上却连连失利，远没有发挥其潜能。相反，在大学期间或工作中你可能会被指派和一个没有丝毫共同点的人进行搭档，你们的个性互不相合，也没有共同的技能或经历，但是最终你们却获得惊人的成果。这是如何发生的？

曾有多少次，你属于过一个表现良好的团队，直到奖励给了不应给的人，或者这种情况一直持续到你和你的团队同伴不再尊重彼此？当然，又曾有多少次，你属于过一个只需踢出具有破坏力的那个人，就会成为完美团队的组织？

团队：撬起未来绩效的杠杆

首先，我们先来介绍四个不可回避的事实，这是每位领导者都必须认识到的。

第一，你的团队必须能够生存下去，无论在前进路上会遭遇多么恶劣的经济形势。确实，今天的团队需要有独立生存的能力，因为它们从总部得到的支持通常会非常少。它们需要承担巨大的风险并快速做出决策，有时可能是决定命运的决策。

第二，你的团队设计需要适应团队成员的大脑结构。为什么？其中一个原因极为古老，之前我们对其一直持质疑态度，最近它却被证明是有科学道理的：人类的基因里就有与他人组成团队的倾向。这是最新的大脑研究中所呈现出的信息。而且，正如我们儿时所感受到的，参与到一个团队中的时候，就像把我们这些成员的大脑进行了重新连接，让我们成为更好的人。换句话说，我们注定就是要成为团队的一部分的。这个不可规避的事实是我们人类天生的一部分，而不是某种外在的社会建构（social construct）①。

---

① 社会建构主义认为人没有内在的、恒定不变的普遍本质，所谓的人的内在本质实际上是特定历史时代的认识论建构，是社会建构的产物，并被历史和文化具体地规定着。它认为人格、态度、情绪等心理现象并不存在于人的内部，而是存在于人与人之间，是文化历史的产物。——审校者注

第三，要想让你的团队充分发挥潜能，你就必须给予它所需的支持，而不是将过多的信心放在组织中的某一个人身上。拜大众传媒所赐，它们为了自身的利益所做的宣传使全球的商业人士形成了一个共同的错误信念：对某一个企业家、领导者或者潮流创造者的能力的过度信任。坦白地说，本书的两位作者都曾在新闻界工作过，也都创立过公司，担任过董事会成员。所以我们可以很权威地说：董事会和投资者总是会高估个人的才华，却低估了非凡的团队所能做出的贡献。

第四，在设置战略性目标时，团队的规模和构成影响重大。我们将为你揭示一个结论：在团队失败之时，它们的规模通常都是过大的。你也将看到具有讽刺意味的是：大规模是不利于人员多样性的，而多样性本身就是一个不太容易理解的概念。我们的观点是：获得成功的事业大部分是由规模最小的团队，即二人组合所决定的——这是一种形式之丰富超过我们想象的连接形式。

即使你从本书中只学到了怎么思考团队规模，以及从人员多样性的角度如何配置团队成员和管理团队，我们也将非常高兴。

你正忙于改进你的团队管理技能吗？你最好已经在这样做！在发展快速、情况复杂、变化多端的经济形势下，如何创建、管理和重构团队将对成功或者失败产生更大的影响。为了让我们做好充分准备迎接 21 世纪即将到来的未知世界，我们需要寻找到天才团队所具有的非凡特质。

重新认识团队这一概念的时候到了，不仅仅是鲜活的故事和传说（又或者是一些经验之谈）。是时候利用人类学、社会学、认知学和神经科学的最新发现，系统地、科学地对团队进行一番思考了。为了实现这一目的，我们需要发展一门崭新的团队科学。

TEAM GENIUS

The New Science of High-Performing Organizations

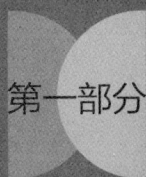

第一部分

认识天才团队背后的科学

TEAM GENIUS

01

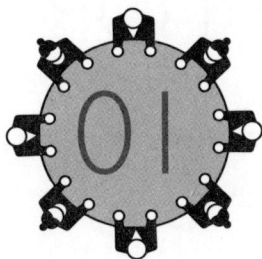

机动团队：应对变革的关键

苹果公司缘何能重新崛起，乔布斯是一位孤胆英雄吗？

持久成功的企业和垂死挣扎的企业之间最主要的差异在哪儿？

THE
NEW SCIENCE
OF
HIGH-PERFORMING
ORGANIZATIONS

现如今，科技引领的快速变革已成为老生常谈。就连学校里读书的孩子都会学到关于摩尔定律（Moore's law）的知识。这一定律衡量了半导体存储芯片的发展速度，而半导体存储芯片的发展速度已然成为当今世界发展的节拍器。然而，尽管我们接受了变革正在快速发生的事实，却不意味着我们能够理解变革，而我们能否制定出有效的战略去应对变革则更未可知。事实上，不断加速的变革现状比我们想象的更为陌生，也更富挑战。

戈登·摩尔（Gordon Moore）是仙童半导体公司的联合创始人（他也是英特尔公司的创始人之一），他于1965年首次在《电子学》（*Electronics*）杂志的一篇文章中阐释了摩尔定律。他告诉人们，几年前发明的存储芯片正在以极快的速度得到改善和利用。他曾试图用常规的曲线图来描述它们的价格和性能，但由于芯片更新换代的速度惊人，他转而采用对数曲线图（即呈现指数增长）进行尝试，然后他得到一条漂亮的平缓上升的斜直线。这表明，这些芯片的性能每两年就会翻番。（当时提的是18个月，现在是24个月。）

这是一张令人印象深刻的曲线图，但在当时，即使是摩尔自己，也没有意识到这条曲线会在后来长达50年的时间占据着主宰地位，并设定了当今世界极速变革的节奏。现在，我们都生活在摩尔定律的世界里，而且未来 25 年还将如此。我们发现非常有意思，这条曲线在最初 40 年里（直到 2005 年）的轨迹是十分平坦的。这条比较平坦的曲线见证了诸多新科技的诞生，例如微型计算机、微处理器、数字计算器、电脑游戏、个人电脑、互联网、机器人、无线电话、智能手机和电子商务等。而 2005 年以后，当我们迈向每个芯片有 250 亿个晶体管的时代时，这条曲线几乎直线上升，直指正无穷。我们真的准备好迎接这一切了吗？如果我们只是来到数字时代的山脚，那么在攀登这座喜马拉雅山的进程中又会发生什么？

我们已经逐渐适应了生活在摩尔定律的世界里，却忘记了我们当前所应对的可是史上最具爆炸力的变化。我们已经非常擅长预测、吸收、同化每个曲线中的新生拐点，以至于我们自认为已将这股洪水猛兽般的力量掌握在股掌之中了。然而事实是，我们并没有。

数字世界的第二条指数定律——梅特卡夫定律（Metcalfe's law）重新定义了现代生活。它认为，网络的价值与用户数量的平方（或者相似的倍数）成正比。换句话说，每个新增的用户都会为网络带来超过其自身价值以外的价值。随着物联网的出现，这些用户可能迅速带来上千亿个新智能终端，如传感器、摄像机、机器人、无人机等。早在 2005 年，谷歌的首席执行官埃里克·施密特（Eric Schmidt）就曾经预计，互联网的数据规模将达到 500 万太字节（terabytes）（那意味着后面有 18 个零）。[1] 今天，互联网的规模已经远远超过施密特预计规模的 6 万倍以上，达到 300 艾字节（exabytes）。思科的 CEO 约翰·钱伯斯（John Chambers）说过，当今世界"万物互联"（Internet of Everything）的总价值高达 14.4 万亿美元，并且正以每年超过 20% 的速度增长。

然而，就像摩尔定律一样，梅特卡夫定律产生的指数性影响还没有受到足够的关注。15 年前，大约有 10 亿人口陆续成为网民。那时候，互联网就已经成为人

---

① 本书参考文献均通过数字上标方式标注。扫描 306 页二维码即可下载全部参考文献内容。——编者注

类历史上最大的市场。但那仅仅是个开始。到 2010 年，又有约 10 亿人口加入了互联网这个全球市场。截至 2012 年，全球约有 25 亿人口加入基于互联网的全球市场中。[2] 今天，这一数据可能已经超过 30 亿，而这里还没有包括那些跟随这些人而接入互联网的数十亿台传感器和智能设备。所以，根据梅特卡夫定律，在网民和传感器之间可能建立的数字联系的数量，将会以万亿乘以万亿计的速度向正无穷不断增长。

但是，如果只考虑人的因素，我们发现，第三个 10 亿的增长与前两个 10 亿有着很大的区别。这新增的 10 亿网民中的大多数生活在发展中国家，而且很可能生活在近 20 年间才发展起来的繁华大都市中。这些用户的年收入可能从没超过几百美金，可能没驾驶过汽车，也没坐过飞机。尽管如此，即使他们只是来自第三世界国家的某座城市的某个角落，只是通过以分钟计费的租用来的手机在 eBay 上售卖东西，他们也一样为全球经济贡献了价值。同样重要的是，他们在全球如雨后春笋不断涌现的数以百万计的市场之外，创造着一个个新的次级市场。即使是在发达国家，互联网对全球国民生产总值（GNP）的贡献也已达到 21% 之多，比五年前整整翻了一番。[3] 而这一贡献率在发展中国家上升的速度则更快。

让我们继续——第四个 10 亿的增长已经摆在眼前，尽管对此我们还一无所知。这 10 亿网民生活在一些最贫穷、最边远的地方，他们甚至都没有接触过发达世界的产品，甚至许多人从没使用过货币或者坐过汽车，可能只是从很远的地方遥望过飞机的样子。但是，当我们的地球实现无线网络完全覆盖时，他们也会参与到全球经济中来。他们可能会在第三世界繁华大都市中的一个由硬纸板糊成的棚屋里，使用着以分钟计费的租用手机，或者使用某些大型电信公司为了拓展客户而大量提供的免费手机，有了这些手机，他们就可以上网了。

很快，这新增的第三个 10 亿和第四个 10 亿网民将成为基于互联网的全球经济体的一部分。那些受惠于梅特卡夫定律的公司基于业务拓展的动机，会想尽一切办法去发掘他们，并将他们带到网络经济中来。当然，因为摩尔定律的影响，这些网络的性质始终处于持续的变革中。

规模与技术洪流中的人

那么，这些变化会给我们带来怎样的影响呢？大规模，以及随之而来的全球性影响力，在 21 世纪将会具有不可估量的价值。但是，光凭这两点就足以把握第三个和第四个 10 亿新增网民所带来的巨大机遇了吗？我们的结论是：不会。因为，规模和范围本身正在迅速地"商品化"。如果你是一家小公司，那么你的机遇就来了，你将更有可能拥有以往只有大规模制造产品或提供服务才能获得的那种效率，而且这种可能性会越来越高。对摩尔定律的一个批判性理解是，它带来了产能过剩，而且不仅是在电子科技领域。举例来说，极度精密的地平线钻井技术可以在远离地表的页岩层中开采新型石油资源，正是摩尔定律引发的先进电子科技才使得钻井技术达到了如此精密的水平。石油大亨 T. 布恩·皮肯斯（T. Boone Pickens）在接受《福布斯》杂志采访时称："你可以向下钻两英里①，然后向右拐弯，再钻两英里，就可以去撬别人家的门锁了。现在的技术确实可以达到如此精确的程度。" [4] 摩尔定律将带来一种产能过剩的趋势，不仅仅是电子芯片，还包括石油、制造和运输等所有的领域。

关于全球影响力这一点，你可能觉得自己得有 10 亿美元的预算才能把广告做到世界各地。然而，未来不可能有足够的预算实现这一目标，因为我们的老朋友——梅特卡夫定律认为，未来与客户建立连接的渠道与方式创新将会以指数级的速度增长，趋近无穷大。至于那些快速发展的小公司，它们将比以往更容易地找到更多的细分市场与客户。技术力量方面的变化也是如此。云技术正在迅速地使那些尖端技术实现商品化。你不必再去买 IBM 的设备了，你有了第二种解决方案，即到亚马逊、阿里巴巴、谷歌、微软或其他公司租设备就可以了。

我们的观点旨在告诉你，尽管获得规模、全球影响力和强大的技术实力是成

---

① 1 英里 ≈ 1.609 千米。——编者注

功的必要条件，但这并不足以创造持续的成功。上述这些因素都已被商品化。它们曾经为企业带来准入壁垒这一竞争优势，但是现在这一优势正在丧失。在经济竞争中，它们逐渐平常化，降为纸牌玩家们口中常说的那种"普通筹码"。相反，机动性将成为新的准入壁垒，也将成为持续提升价值的必要条件。这些机动性将来自全球影响力、先进技术和最优团队（也就是我们所说的天才团队）的整合。

一个令人不安的事实是："人"的发展速度远远落后于发明创造的更新速度。用一个工程术语来说，就是我们自己是阻碍技术过快发展的"瓶颈因素"。也就是说，是"人"决定了一个组织适应变化的程度，而不是规模或是技术。

所以，不管我们是否已认识到，在急速发展的世界里，一家持久成功的企业与一家垂死挣扎、机能失调的企业之间的区别，终要归于这两家企业中的人，更进一步就是归于：他们如何彼此关联，形成或者重新形成一个个团队。

因此，尽管一些公司在全球范围内扩张它们的业务，并且规模越来越大，也越来越有野心，但与此相矛盾的是，它们也不得不变得更小，更加关注自身的执行力。而且，与很多商业预言家在过去的半个世纪所预言的相反，越是巨型企业集团，越是变得更加虚拟化和网络化，更加依赖于成百上千小规模的、紧密联系的内部团队。

这就是为什么，在技术持续指数级进步（速度）和全球市场新增连接爆发（覆盖范围）这两股史无前例的洪流融汇的当下，团队这一人类文明最古老的文化现象，依然如此重要。

驾驭机动性

本书的两位作者与比尔·沃尔什（Bill Walsh）都相识，他是 20 世纪 80 年代旧金山职业橄榄球队——49 人队一位非常优秀的教练。沃尔什曾带领球队三度问鼎超级碗，同时，这支球队也为沃尔什的继任者赢得了至少两届超级碗。沃尔什于 2007 年去世，但是他的战术策略和团队创新却重新定义了职业橄榄球运动，影响了两代人。

我们曾经询问过沃尔什教练，他为什么会选中杰里·莱斯（Jerry Rice）。当时杰里·莱斯仅是密西西比河谷州立大学人气并不高的外接手，当然，他后来成了美国职业橄榄球大联盟（NFL）历史上最伟大的外接手。但是，早在 1985 年，沃尔什就在众多球探和教练中独具慧眼，认为莱斯具备日后进入名人堂的真正实力。

"很多人认为莱斯的速度太慢，远远达不到 NFL 的要求，"沃尔什解释道，"他的 40 码①赛跑成绩仅为 4.7 秒，而大多数 NFL 接球手的成绩是 4.4 秒，甚至更快。但是，如果研究一下莱斯在大学时期的比赛录像，你就会发现他有两大与众不同的特质。第一，他可以在极度狭小的空间里转身。他跑边线的速度超过我见过的任何一个人。他的机动性让防守队员不知虚实、不明就里。第二，莱斯总能一步到达目标位置，就像他的脑子里装着一个全球定位系统。四分卫乔·蒙塔纳（Joe Montana）和史蒂夫·扬（Steve Young）可以依靠他。"

在当下经济的规模、范围和速度都在发生迅速变化情况下，莱斯的能力带给我们一些启发：在今天的经济中，我们需要具备机动性。

机动性并非仅仅是快速演变，因为有些时候快速演变仍旧太慢。机动性是指在不影响内聚力、不造成人心离散的情况下，实现快速转向甚至逆转方向的能力，从而成功适应来自科技、市场机会和竞争者等各种新浮现的变化。这是小到零售商，大到世界大国的政府，几乎在所有的情况下都需要应对的一个挑战。

TEAM GENIUS

机动性
Maneuverability

是指在不影响内聚力、不造成人心离散的情况下，实现快速转向甚至逆转方向的能力，从而成功适应来自科技、市场机会和竞争者等各种新浮现的变化。

---

① 1 码 =0.914 4 米。——编者注

现下，文化和经济的各种力量剧烈竞逐，此消彼长，瞬息万变，胜者为王，败者为寇。既有快速复活的苹果，亦有令人悲伤的、日渐衰落的柯达；这边有昌盛的德国，那边有萧条的希腊；这边有如日中天的硅谷，那边有发展受困的底特律。在本书付梓过程中，繁荣和衰退的格局将变化更快，分布更为不均，其交替之快超过我们人生经历的任何时期。不管世界经济情况是在改善还是在恶化，发展的不平衡都将持续存在。

当然，历史上充满了有关机动性团队的故事，它们身陷绝境，却不可思议地度过重重危机，转危为安，甚至扭转败局取得大胜：色诺芬①的长征、麦哲伦和库克②的远航、马可·波罗的东行、科尔特斯③和皮萨罗④的远征、斯坦利⑤对利文斯通⑥的搜寻、布尔什维克的发展、沙克尔顿⑦的探险、阿波罗 13 号的历险。这种故事不胜枚举，而且毫无疑问还有更多的故事并没有被记录下来，例如人类是如何迁徙到南太平洋群岛的，人类是如何跨越白令陆桥开始对北美进行第一次探险的，以及最为重要的——非洲北海岸仅存的几个家庭是如何成功避免灭绝，并繁衍出现代人类的。

这些故事对于我们当中那些企业与组织的领导者有什么启示呢？我们如何获得机动性？答案之一就是结构。乍看之下，这貌似有悖于我们的直觉。其实众多成功团队的规模和组成均符合某种与人类历史一样久远的原型（我们将在后面的

---

① 色诺芬（前 427—前 355），古希腊雅典人，军事家，文史学家，苏格拉底的弟子，著有《远征记》等。——审校者注
② 詹姆斯·库克（1728—1779），人称库克船长，英国皇家海军军官、航海家、探险家，是首批登陆澳洲东岸和夏威夷群岛的欧洲人，也创下首次有欧洲船只环绕新西兰航行的纪录。——审校者注
③ 埃尔南·科尔特斯（1485—1547），西班牙军事家，远征南美，征服古巴、墨西哥。——审校者注
④ 弗朗西斯科·皮萨罗（1471 或 1476—1541），西班牙冒险家、航海家，开启了西班牙征服南美洲的时代。——审校者注
⑤ 亨利·莫顿·斯坦利（1841—1904），英国探险家，曾深入中非，以搜索失踪的英国探险家戴维·利文斯通和发现刚果河而闻名。——审校者注
⑥ 戴维·利文斯通（1813—1873），苏格兰医生兼传教士，非洲地理考察家。——审校者注
⑦ 欧内斯特·沙克尔顿（1874—1922），英国南极探险家，因 1907 年至 1909 年带领"猎人"号向南极进发和 1914 年至 1916 年带领"持久"号南极探险的经历而闻名于世。——审校者注

章节中进行介绍），这类原型"结构"充满有生力量而又兼备稳定性，很难被其他的人造群组所拥有，大型组织尤甚。

稳定性使得这些团队为了同一个目的不断向前，即使有时环境迫使他们不得不改变团队建立时的最初方向。硅谷的传奇人物比尔·休利特（Bill Hewlett）和戴维·帕卡德（David Packard）在根据休利特的毕业论文成果研发出音频振荡器之前，他们曾尝试过保龄球瓶复位器、便池自动冲洗器以及其他一些失败的产品。吉姆·克拉克（Jim Clark）、马克·安德森（Marc Andreessen）和美国网景公司的其他创始人原本是计划进军电脑游戏行业的。谷歌创立之初也绝对没有想到过会涉水广告业。亚马逊也是以向顾客售书起家的，而不是为企业提供云服务。谁能预料到苹果会变为音乐产业的巨头？我们发现缺乏机动性的组织是几乎无法采取这些策略的——而机动性几乎可被视为良好团队的第二属性。

这并不是说历史长、规模大的组织就不能有效地进行机动性改变，或者在发展方向上做出颠覆式的转换，但这确实少之又少。除非这个组织的核心或管理高层拥有一个小型的高凝聚力团队，并具备以下两个关键条件：一是在整个组织内具有实施决策的执行力，二是能够赢得核心团队外围的参与者的充分信任。否则，机动性基本不可能产生。确实，如果卓越的团队可以有效授权，即使再大的组织也能在面对急剧变化时以迅雷不及掩耳之势做出广泛的机动性调整。

苹果的回归：天才团队机动性的典范

商业史上最伟大的关于大型组织的机动性的例子之一就发生在我们眼前：苹果公司。回到 2002 年 9 月，苹果电脑公司的未来被认为是如此黯淡，你可以用极低的价格购买它的股票，当时人们对它的经营估价是负值。如果你曾经大胆购买，那么你当时购买的就是苹果公司 50 亿美元的现金储备。除此之外，你所购买的还是一种期望，即对苹果公司会利用这些现金做点儿什么的预期。

请记住，这是史蒂夫·乔布斯回归 5 年后。与传说中的相反，乔布斯并没有立刻扭转苹果的惨淡命运。然而，仅仅 10 年后，苹果就从它的名字中去掉了"电脑"，赢得了全世界。它在 2012 年 9 月，成为世界上最富有的公司，市值 6 560 亿美元。

与此同时，在苹果非凡崛起的 10 年间，其他伟大的美国公司作为成功企业的中坚力量，却表现逊色，其中就有太平洋煤气电力公司、安然、世通、泰科、阿德尔菲亚通信、全美航空、特朗普娱乐度假中心、美国西北航空、雷曼兄弟、华盛顿互惠银行、克莱斯勒汽车和通用汽车等公司。也就是说，这个时期虽然苹果公司保持着繁荣，但仍有很多公司倒闭或歇业，甚至比美国历史上的大萧条时期以及任何一个 10 年都要多。

苹果是怎么做到的呢？为什么它能成功，而比它更大、（最开始比它）更成功的那些企业却步履蹒跚？

答案很简单，那就是在此期间，苹果成功地推出了丰碑式的四大系列产品和服务——iPod 音乐播放器、iTunes 软件平台、苹果商店，以及 iPhone 智能手机和 iPad 平板电脑。这不仅创造了新的行业，而且新创造了价值数十亿美元的市场品类。

要了解苹果公司是如何做到这一点的，我们需要了解苹果的联合创始人史蒂夫·乔布斯的真正贡献，他曾经离开苹果公司 12 年，而他回归苹果的时间点成了苹果公司这一历史性时代的起点。事实上，于 1997 年再次掌管苹果公司的乔布斯，比以前更睿智，更自信。尽管他仍然和 1985 年被赶出苹果公司时一样的善变、轻率、让人捉摸不定、冲动浮躁，但他在离开苹果的这 12 年间，学会了两个重要的智慧：第一，建立一个奖励风险而非惩罚风险的公司；第二，绝对不能忘记，所有成功的企业，不论规模多大，不论拥有多少财富，都是由团队聚合而成的——这些团队或大或小，或忠诚或背叛，或稳定或处于无政府主义状态，从基层工程师到执行高管层，所有人的工作都时而和谐，时而南辕北辙，但无论怎样，他们都在为公司的成功而奋力工作。

纵观苹果的故事，不论在顺境抑或逆境里，总有超乎寻常的优秀团队，从公司毫不起眼角落里出现，在公司未来的某一刻扮演至关重要的角色——通常是让公司保持"活着"的状态。他们来自设计团队［丽莎（Lisa）团队和麦金塔团队始终处于友好竞争的状态］、教育团队（当 IBM 占据企业市场时，给了公司第二次机会）、苹果操作系统团队（当公司硬件质量下降时，维持了客户的忠诚度）和营销广告团队（在乔布斯被解雇后，依然保持了他的风格）……最终，由首席工程师乔恩·鲁宾斯坦（Jon Rubinstein）组建的团队，设计和制作了 iPod，成就了苹果公司的第三次辉煌时代。这些团队中有很多是独立于整个公司、自主运作的，有一些团队甚至完全与公司脱离了关系。但不论哪种方式，这些团队都体现出某种天才团队的特质。

说到底，就是这些团队建立了早期的苹果公司，在二流的管理水平下抱团取暖，度过了艰难的岁月，并在苹果公司复兴和胜利的时代随着创新而爆发。接下来的问题就是：为什么苹果公司的故事里，相同成员的团队在某些时候非常有效，而在其他时候却会完全失灵？原因有三个方面：速度、人才与风险。

1. **速度**——苹果团队的灵活性和适应性从何而来？从技术本身而来。正如我们已经明确的，技术变化的脚步如此之快，以至于如果你能紧随其后，它会加快你超越所有传统类型的竞争者的速度。不幸的是，正如很多公司所感受到的沮丧一样，做到这点比看上去要困难很多。但是，苹果始终跟上了摩尔定律。因为苹果产品组件中包含了微型处理器和最新的存储媒介，而后两者的发展直接受摩尔定律影响，所以苹果将快速变化纳入其文化，释放团队的能量以寻找最快速的可能路径去实现目标。

2. **人才**——像今天的谷歌、Facebook 和 Twitter 一样，苹果公司在它的前20

年（以及它的最近 20 年）里拥有着一种几乎无与伦比的明星气质，而且它精明地使用这种魅力来吸引最优秀的年轻人才至其麾下。但这是整个故事最容易的一半。炙手可热的公司总是能吸引到人才，真正的挑战却在于当兴奋劲儿结束、股票期权行权、文化的烙印变淡后，如何持续地保有人才。苹果公司在设立初期，成功创建了一种强有力的文化；当热情退却，苹果公司步履维艰地度过沉闷不堪的 20 世纪 90 年代时，这种文化让公司仍然成功保留了数量惊人的优秀员工。当乔布斯回归的时候，这些人才依然在领导着公司。

3. 风险——史蒂夫·乔布斯对于苹果公司卷土重来最大的贡献，在于他在公司里重新注入了风险文化，这种风险文化在他离开 CEO 位置的 15 年里几乎消失殆尽。在 21 世纪的苹果公司，你将会因为冒险不足而受惩罚。员工很快就明白了绝不要等到准备好一个周密的计划或者一个保守的设计后再向乔布斯汇报。在企业界，仅仅是传递"风险文化非常宝贵"这一点已是非常困难。苹果公司能比以往的任何公司都做得更好，是因为它拥有在乔布斯亲自指导下的敢冒风险的团队。

速度、人才和拥抱风险的文化仅仅是组成部分，而让它们起作用的则是苹果公司运作优良、忠诚之至、结构优化的人才团队。与此相应的是，这些团队猛虎出笼般追求着他们的使命——彰显着他们对公司的忠诚，因为他们知道自己的努力将自始至终、一次次地得到 CEO 本人的支持。他们齐心协力，使得苹果公司可以拥有其他任何巨头公司不曾有过的机动性。而对于这样的工作机会，他们甚至愿意不留姓名地付出，而让 CEO 占据大部分功劳。

成果卓著，刷新了历史。但不幸的是，关于苹果公司和史蒂夫·乔布斯是如何取得如此惊人成绩的真实过程，已经被极为诱人的神话蒙上了面纱。这些神话把乔布斯刻画成一匹才华卓绝的"独狼"，这匹独狼在苹果公司创造着一个又一个奇迹，是与高科技的现状进行战斗的孤胆英雄。这个形象的确有很多可取之处，除了"孤独"一词。

你不能忽略成千上万的苹果公司员工，他们把自己的想法带给乔布斯（他自己很少有原创性产品的想法），他们一旦得到乔布斯的支持，就把这些想法实现。不仅如此，认真回顾乔布斯非凡的职业生涯，你可以发现，他几乎从来不单打独斗；他身边总有至少一个合作伙伴，有些名声在外，有些名不见经传，他经常把合作伙伴作为常驻身边的天才，或作为对现实的检验者，或作为一个保护者，来执行他的想法或平息他经常留在身后的一片混乱。事实上，史蒂夫·乔布斯可以被看作一个合作伙伴的串联者，在他职业生涯中的每一个阶段，都有最为匹配的不同商业合作伙伴和他搭档：苹果公司联合创始人史蒂夫·沃兹尼亚克（Steve Wozniak）、公司董事长迈克·马库拉（Mike Markkula）、约翰·斯卡利（John Sculley）、NeXT 电脑公司的巴德·特里布尔（Bud Tribble）、皮克斯动画工作室的约翰·拉塞特（John Lasseter）。有些搭档关系在一段时间内很出色，有些则失败了，也许是因为乔布斯选择的人太像自己，也许是因为他保留了太多权力并压制了他的搭档。

但是乔布斯最大的优势之一是他的学习能力，尤其是对于他自身及弱点的认知。因此，他最终选择的商业伙伴应该说是最好的：苹果的首席运营官（现在的CEO）蒂姆·库克（Tim Cook），一个完善了他的技能的商业合作伙伴，也是一个他慢慢对其完全信任的商业合作伙伴。

库克是来自 IBM 的计算机行业资深人士，乔布斯重回苹果后不久将其引进。这是一个完全不一样的搭配。低调、纪律严明、有条理，库克几乎和乔布斯是完全不一样的人。更妙的是，库克似乎理解乔布斯，在苹果创造了这样一种环境：一方面，让乔布斯从日常的公司运作里抽身，另一方面，推动公司结构建立，使得公司能够立刻回应乔布斯最新的创作举动。

最后，库克不得不接受，自己将不得不匿名且在幕后工作。这是因为乔布斯总是在他的职业生涯过程中坚持认为，苹果公司的成功几乎全部归功于他，一方面因为这样能给予乔布斯更大的控制权，另一方面也因为这样能减少员工质疑。的确，很多人仍然认为，乔布斯发明了苹果电脑、iPod 和 iPhone，甚至有不少业内资深人士也无法告诉你这些产品究竟是谁发明的。作为交换条件，乔布斯经常极度忠诚于那些默许这种安排的人，并给予他们很丰厚的奖励。

蒂姆·库克愿意接受这种安排。史蒂夫·乔布斯给予了他比任何人都要丰厚的回报——最终将自己的公司托付于他。总之，二人成了他们这一代人里最强大的商业合作伙伴，整个世界在乔布斯因为病得太厉害而不能继续他的事业的时候才知道这个事实。

乔布斯：孤胆英雄的背后

对史蒂夫·乔布斯研究得越多，有一个现象就越发明显：这位当代最负盛名但看似孤独的企业家，在其走向巅峰的每一步总会有另外一个人或团队伴其左右，而他们大多并未被外界所知。再深一层，如果他和错误的搭档组成了团队，其事业发展就会受阻，而当他选择了正确的伙伴（个人或者组织），他就会获得其个人梦想的成功，让其他任何个人无法企及。

我们选择直接阐述史蒂夫·乔布斯的故事，是因为对于全世界数十亿的人来说，他就是特立独行的创业者的化身，他挣脱周围人的束缚，通过高风险的、非传统的方式创造了辉煌。他孤独的英雄形象成为不计其数追随他的年轻创业者的行为典范。他与那些不断妥协的"善于合作的团队伙伴"形成了极端的对比，那些人是劳碌的普通人，不得不和善对待与其共事的同事；他与那些被职业礼貌、友谊和伙伴关系等束缚的平庸人士也形成了非常鲜明的对照。

而在现实的生活中，史蒂夫·乔布斯在这些关系中是个可靠的人，事实上是非常可靠。但是这些关系并没有束缚或者阻碍他的发展，他职业生涯中的合作伙伴和团队（在他的个人生活中亦是如此，当然那是另外一个故事）给了他释放其天才能力的自由，帮助他有效地运行苹果公司，并使他避免出现过激行为。

如果对于史蒂夫·乔布斯而言这是事实，那么我们的文化所尊崇的那些个人英雄不也面临相同的情况吗？难道孤独的英雄只是例外，由两到三人组成的团队才是真正的秘诀？比尔·盖茨？他先是有保罗·艾伦（Paul Allen），后又有史蒂夫·鲍尔默（Steve Ballmer）。通用电气的杰克·韦尔奇（Jack Welch）？他有一批各个领域的助手。Facebook 的马克·扎克伯格？他有雪莉·桑德伯格（Sheryl Sandberg）。阿里巴巴的马云？他有陆兆禧。无一例外地，因为这样或那样的原因，他们的背后都有一个或多个重要的人物。

最后，史蒂夫·乔布斯是个孤独的英雄吗？或许是，但我们也很难忽视他曾在美国新闻杂志节目《60 分钟》（*60 Minutes*）里提到过的："我在商业中树立的模式其实和甲壳虫乐队如出一辙，他们四人相互检视不足，彼此保持平衡。整体大于部分之和，商业中的成功从来不可能是由一个人创造的，而是由一个团队共同实现的。"

TEAM
GENIUS
本章小结

1. 企业准入壁垒的转变

　　获得规模、全球影响力和强大的技术实力是成功的必要条件，曾经为企业带来准入壁垒这一竞争优势，但是现在这一优势正在丧失。机动性将成为新的准入壁垒，它来自全球影响力、先进技术和天才团队的整合。

2. 苹果公司的重新崛起

　　苹果的复兴得益于其超乎寻常的优秀团队。这些极具机动性的团队始终秉持了速度、人才和拥抱风险的文化，它们运作优良、忠诚之至、结构优化。

3. 乔布斯并非一匹"独狼"

　　乔布斯被神话般地刻画成了一匹才华卓绝的"独狼"，创造着苹果公司一个又一个奇迹。事实上，他走向巅峰的每一步，都有另外一个人或团队伴其左右。商业中的成功从来不可能是由一个人创造的。

TEAM
GENIUS

02

7±2、150、1 500：团队背后的神奇数字

对于一个团队来讲，真的有"最佳规模"一说吗？

团队的规模越大，成功的概率也就越大吗？

THE
NEW SCIENCE
OF
HIGH-PERFORMING
ORGANIZATIONS

现在让我们把注意力转移到形成团队能力背后的另一个因素，无论这个团队是史前时期以采集狩猎为生的部落，抑或是今天走在科技前沿的创业公司。事实证明，"团队"并不完全是我们面对紧急的挑战或境况时的权宜之计。团队是我们之所以成为人类的关键。

也就是说，作为人类，我们必须成立团队。这是根植于人类的 DNA 的。事实上这也是人类文明崛起的关键要素。

人类成立团队的内驱动力也是个体的生存机制之一。心理学家很久以前便注意到，孤立的个体，不管是隐士还是单身人士，相比于有社交、有配偶的人来说，寿命通常都更短。

考古学家提供的证据表明，最早出现的原始人就已经开始群居生活和集体狩猎。1975 年，在埃塞俄比亚的哈达尔（Hadar）地区发现了距今 230 万年的古人类化石，他们看似是一群死于某次狩猎过程的原始人——这说明在人类尚未完全进化为现代人之前，团队就已经存在。同样在埃塞俄比亚，在几英里外的奥莫基比什（Omo Kibish），考古学家理查德·利基（Richard Leakey）在干涸的湖床区域发现了另外一组距今约 20 万年的人类遗骸，从他们的工具和手工艺品来看，他们是以家庭或小型部落形式聚居的。

今天，在世界上仍旧存在的以采集狩猎为生的部落中，我们依然可以发现类似的团队行为。例如，卡拉哈里沙漠的布希曼人①大部分还是以团队形式在一起狩猎，相当重要的原因是他们的主要狩猎武器（有毒的箭和矛）使得他们需要花费很长的时间搜寻和追赶猎物，有些时候甚至是需要多人耗用多天的时间去搜寻猎物的踪迹。而猎物通常很大（一只大羚羊可能有成吨重，而一头大象的量量是羚羊的 10 倍），因此这项任务是单个的猎人几乎不可能完成的。再有，捕杀猎物的地方离村落可能有几英里的路，因此在完成狩猎后，还需要多个人一起动手把肉（这是他们生存下来所需要的能量来源）运回去。

这种团队狩猎的技术能够追溯到尼安德特人猎取猛犸象那么古老的年代，而且很可能比这还要久远。同时，这种团队形式又与世界上某个交战地带上昨夜刚进行的军队巡逻方式一样现代。

农业革命将团队和劳动分工发展到了新的水平。不仅一个农民基本不可能独自完成种植和收割，而且如果没有对收获的农作物进行加工、存储、配送和交易等相关的基础设施，整个系统也是无法正常运作的。思考一下成功的农业社会所需要的各种具体的技能：种植、收割、碾磨、烘干、酿造、运输和交易、动物饲养、社会治安和防卫、纠纷裁决、集市管理、建筑、税务征收和分配。

随着农业的发展，我们人类需要同伴能够比之前具备更多的差异化技能。劳动分工是在小型团队的聚合过程中逐步形成的，它的历史比人类历史还要古老。巴比伦算是第一个真正意义上的城市，它在 6 000 年前就展示出了这些特点。及至苏美尔文明、埃及文明和中华文明出现时，劳动分工和聚合方式已经变得高度复杂。法老们统治着一片疆域广阔的王国，他们通过若干层级的官僚机构对上百万

---

① 卡拉哈里沙漠位于非洲南部，布希曼人是生活于南非、博茨瓦纳、纳米比亚与安哥拉的一个原住民族。根据 Y 染色体 DNA 的研究显示，此民族可能是世界上现存最古老的民族之一。——审校者注

的国民实现统治，而这种统治能够覆盖到生活在遥远闭塞的边区村落里的那些小团队。埃及军队以团队的形式进行战斗，而这种团队跟参与建造金字塔的大量劳工和奴隶所组成的团队并无差异。

非常关键的一点是，这种劳动分工从未停止。纵观6 000年的人类文明发展史上的任何一个时刻，这种小型的、基本的团队形式从未成为多余或者过时的。相反，它们依旧是大型机构的必要组成单元。即使是人类历史上最大的集体也都是由无数的小团队聚合而成的，这些小团队组成更大的团队，共同接受着更高一层的管理。

现代军队拥有自己的集团军、军、师、营和连，但军队仍需要细分至小组（team）、分队（element）和班（squad）。大型集团公司可能拥有国家或区域组织、分公司和办事处，但是它们最终还是会向下细化到合伙企业、销售团队、部门、工作小组和两人搭档。宗教组织（从教宗到教区牧师）和国家政府同样如此。

一次又一次地，不管是恺撒大帝的罗马军团还是IBM，相似的团队规模和结构在历史舞台上不断重现。

规模结构相似的团队反复出现

不管是在种类上还是在形式上，团队在人类历史进程中如此反复而又具有一致性的出现，表明这不仅仅是巧合，或者更进一步，它的有效实用性在发挥作用。它显示出这是人类某些深层次的特性。除了极少数的例外，人类很少能靠个人做得很好。我们依赖于某种组织机制的运作方式得以繁荣发展。

为什么会出现这种情况？我们认为有以下几个原因。

第一个是领导力本身的自然属性。领导力特性的研究者几十年前就已得出结论，即使是最有能力的领导者，其所能成功管理的控制幅度也是有限的，一般是

6～10人——这是个体可以亲自管理并让他们取得最高水平生产力的人员数量。超过这个范围，即使是最有天赋的领导者也会在智力、情绪或者为每个人提供必要关注所需的时间方面捉襟见肘。因此，聪明的领导者开始把向自己直接汇报的下属划分为多个团队，为每个团队配置一名下属并授权他们成为新的团队领导者。

结果，这个基本的控制幅度的倍数和相应增加的指挥层级，自古至今一以贯之地在较大的组织中出现。

第二个形成团队原型的作用要素是结构稳定性。此处我们可以使用原子理论做类比。一些分子，尤其是简单的分子（大气层中的氧气、氰化物、一氧化碳、苯）在原子的结合键和原子结构方面的性质使得它们天然具备稳定性。其他的相对来说就非常不稳定（同位素、离子、放射性元素等），除非一直停留在不稳定的环境中，否则它们很快就会转变成较为稳定的结构。

人类团队显示出与上述分子类似的情形，是稳定性与不稳定性的最终结合。一些团队非常稳定，最明显的是二人组合形式，以及在典型的种族村落里出现的由150～160人组成的大型群体。事实上，它们是由不稳定的团队"坍塌"而形成的稳定形态。当然二人组合是最稳定的一种形式，不仅是因为简单，还因为它代表了人类所有关系中最基本的形式：友谊和婚姻。自从最初的物种出现性别差异和交配，生物的基因就有成对结合的连接性。

如果增加第三个成员，情况就会变得复杂些——有时甚至是爆发性的。三人团队当然也能工作，但似乎只能通过一系列的结对形式进行。毕竟，历史没有出现太多能够长时间延续的三头政治或者"三驾马车"的情况，尤其是对于统治者而言。20世纪70年代和80年代的英特尔公司是个显著的例外，出现了三人组合：罗伯特·诺伊斯（Robert Noyce）、戈登·摩尔和安迪·格鲁夫（Andy Grove）。更近的是，谷歌的拉里·佩奇、谢尔盖·布林和埃里克·施密特形成的三人执掌，同样非常奏效。中国的通信业巨头华为使用了三位CEO共同管理的机制——轮值

CEO 制度，即轮流担任最高管理者，每次任期 6 个月。站在幕后、不愿抛头露面的创始人任正非则保证了这种形式的稳定性。"三驾马车"能够正常运转的原因是每个人具备的技能迥异却又能彼此完美配合。谷歌的谢尔盖·布林扮演未来主义者的角色，同是创始人的拉里·佩奇是 CEO，而董事长埃里克·施密特比他们两个年长 15 岁，负责对外关系。

古老而神奇的团队"最佳规模"

超过三位成员的团队，下一个最佳团队规模是多大，一直备受争议。

人力资源专家苏珊·希思菲尔德（Susan Heathfield）认为："其实，最佳团队规模并没有一个简单的答案。从经验和研究来看，最佳的规模是 5~7 人，可以持续发挥作用的团队规模是 4~9 人，而能够保持紧密协作、履行职能的团队规模最多 12 人。"[1]

还记得那个 200 多万年前的原始人狩猎团队吗？12 人。还记得理查德·利基发现的那个小部落吗？24 人。这表明如此一致的小团队规模不仅符合人类的天性，而且历史也显示这是人类最具持续性的特征之一。即使是在全球互联网无线覆盖和万维网的年代，小团队也不会立刻消失，我们丝毫也不会感到惊讶。事实上，它们很可能是人类的内在属性之一，将伴随人类存在的始终。

可以肯定的是，小团队在现代的"狩猎聚会"中仍然非常重要。在英国军队最小的构成单位里，是以希思菲尔德提到的规模限度进行组织的，一个火力小组（fire team）有 4 名成员，而两个火力小组——8 名成员构成一个分队，由 1 名下士进行管理。在美国军队里，1 个班由两个火力小组构成，每个火力小组由 4 名步枪兵组成，由 1 名参谋军士进行指挥，共有 9 人。在海军陆战队中，1 个班是由 3 个火力小组和 1 名负责指挥的军士长共 13 人组成。但是在实战中，如越南战争和二战，人员伤亡、替补滞后和人员短缺使得 1 个班经常缺少 1 名或多名成员。全世界军队构成单元的规模大致相当（如俄罗斯军队的构成单元是 9 人，中国人民解放军则是 12 人）。

为什么是这个规模？我们之前已提到具有普遍意义的有效领导幅度。当然还有更多的是日常的、更为实际的原因。再强调一遍，这同人类历史和战争史一样古老。例如，1 个班的士兵数量是在武器交错撞击的斗争中能够听到指挥官命令的人数。在罗马军团中，1 个班的数量（8 人）是由能够共用一顶帐篷的人数决定的。

2000 年以后，在这些限制团队规模的诸如帐篷大小等因素消失后，任意数量的士兵都可以在战斗中通过无线电设备进行沟通，班（军队组织的基本单位）依然保持了同样的规模。这表明有一种比传统和现实条件约束更为深层次的力量、某些人性内在的因素在发挥着作用。任何组织在组建小团队时都需要谨慎面对这股神奇的力量。

选择 7 人团队还是 100 人团队

这股力量是什么？如我们在接下来的章节中将深入探究的那样，它有可能是人类大脑的本质（尤其是短期记忆）的运作规律，这就是心理学家乔治·米勒（George Miller）所提出的著名的"神奇的数字 7，±2"。它的意思是，人类的短期记忆能够捕获并暂时保持 5 到 9 条信息（如邮政编码）并且能够强化这种能力的技巧也非常有限，其中比较常见的是将数据进行"组块"（chunking），即将数据分成若干个小单元，然后将这些小单元作为记忆的单位，就像我们把电话号码[1]按概念进行分组，最前

> **TEAM GENIUS**
> **神奇的 7 ± 2**
> Magical 7 ± 2
>
> 人类的短期记忆能够捕获并暂时保持 5 到 9 条信息，并且能够强化这种能力的技巧也非常有限，其中比较常见的是将数据进行"组块"，即将数据分成若干个小单元，然后将这些小单元作为记忆的单位。

---

[1] 此处指美国的电话号码。——审校者注

面是三位数字的区域码，然后是三位数的本地前缀码，最后四位是直拨号码。

小团队的最佳规模和短期记忆的自然极限，两者之间出现一致性不可能只是一个巧合。我们的思维似乎在 2 人组合以及在"7+2"时有着最佳的工作能效。少于"7+2"，团队经常会分成几个 2 人或 3 人组合，超过"7+2"，则会分裂成稳定的 5 人团队或者 6 人团队。

这并不令人意外，我们在任何地方遇到的小单元或小团队，很少偏离 6 或者 12 倍数的原始模型。这种策略既像历史一样久远，又像最前沿的科技公司中的新产品团队一样新奇。下面是来自加拿大的团队管理顾问米什金·贝尔泰格（Mishkin Berteig）在确定适宜的团队规模时优先考虑的要素：

> 假设你被公司任命为一个由 100 名开发人员构成的软件开发团队的负责人。现在你们要承担一项非常重要的工作项目。下面哪个方案更好？
>
> 方案一：将 100 人全部安排进这个项目（提供良好的项目管理、领导力等），或者……
>
> 方案二：在团队中找到愿意参与此项目的最强的 7 个人（也就是说，这 7 个最强的人是对此项目真正感兴趣的人），让他们承担此项目，解雇其余的人，并将节约下来的费用为这 7 个人提供他们需要并且想要的最好的工具和环境，如果费用还有剩余，那就用这些费用提升他们的愉悦感或舒适感。
>
> 个人认为，虽然方案二的情况很残酷，但我仍然会把赌注放在它身上而非方案一上。[2]

最佳团队规模的概念已经得到其他领域学者的大力支持，其中一些看似相当不可能。

帕金森定律 Parkinson's Law

这是英国的历史学家西里尔·诺思科特·帕金森（Cyril Northcote Parkinson）在 1955 年发表在《经济学人》的一篇文章中提出的。[3] 在这篇文章里，帕金森提出，组织行为中存在着一种法则（尤其是在政府的官僚组织中），这一法则现在已广为人知：

只要还有时间，工作就会不断扩展，直到用完所有的时间。

帕金森以讽刺文学的形式写的这篇文章，其中所揭露的人类组织行为中的深刻事实，向社会学家和人力资源管理者提出了挑战。

帕金森还提出了形成这一现象的两个原因 [4]：
○ 官员想增加自己的下属，而非竞争对手；
○ 官员总是为彼此制造工作量。

这就是帕金森提到的：为什么即使在他撰写这篇文章的过程中大英帝国正在迅速萎缩，被英国政府雇用来管理帝国的人数仍在以每年 5%～7% 的速度增长着，完全不顾需要完成的工作量的真实变化。[5]

除了对政府规模的无限制增长所做的强烈控诉，帕金森定律还有一个有意思的次生效应：为了消除这个定律的负面影响，它迫使社会科学家努力明确任何一项工作所需的合理官员数量。

帕金森本人其实非常灵活。他认为几乎任何一个少于 20 人的团队都可以有效地开展工作，但如果再增加人员，就会促使这个大团队分成多个小团队。不过，他也提出了一个例外：他说，根据他的个人经验，一个由 8 人组成的团队不可能做出有共识的决策——从表面上看，可能是因为（4×4 或者 2^3）缺少决胜角色。这似乎与军队中普遍存在的由 8 人组成的军事单位相悖，但不要忘了他们是由一位参谋军士或者军士长所指挥的——最终决策由这位指挥者做出。

邓巴数：从 150 到 1 500

受帕金森定律的驱动，社会科学家和人类学家开始广泛研究包括从工厂到原始部落的一切，他们也确实得到了一些令人震撼的发现。英国人类学家罗宾·邓巴（Robin Dunbar）在研究了从哈特派（Hutterite）宗教社群到巴西热带雨林中的雅诺马马人（Yanomamo）以及人种志文献之后，发现相同的人类群体规模一再重现。他将其称为"亲密圈"（clusters of intimacy），并且在其中确定了"死党圈"（cliques）——5 个人，"共感圈"（sympathy groups）——12 ～ 15 人，以及多达 35 人形成的"密切联系圈"（bands）。[6]

但是邓巴最重大的发现是：团队规模似乎存在着一个上限。现在这个发现已经以他的名字进行了命名，精确地说，这个上限是 147.8，但一般四舍五入到 150，被称为"邓巴数"（Dunbar number）。这个数字似乎有着让人诧异的规律性。例如，几个世纪以来，雅诺马马人总是会在部落人数达到 200 人时就开始将其分为更小的部落。而哈特派信徒在很久以前就学会了当一个聚居群体的人数到达 150 人时进行划分。在《末日审判书》（Domesday Book）[①] 中，诺曼人入侵时，威尔士和不列颠的村落平均规模是 150 个居民。

你会发现邓巴数字无所不在。过去的几百年，西方文明里几乎所有军队和公司

---

① 《末日审判书》，正式名称为《土地赋税调查书》，又称"最终税册"，是英国威廉一世期间全国土地调查情况的汇编，目的是加强赋税管理，被称为"末日审判书"，是强调其权威性，记录不容否认。——审校者注

的基本单位，都是由大约 150 个人组成的。你在 Facebook 上可能会有多少好友？在 Twitter 上可能会有多少人会经常关注你的动态？这个数字是：150～190 人。英国人在 2000 年（也就是说，在还不能使用电子邮件发送节日祝福的年代）会给多少户人家寄送圣诞节贺卡？ 153.5 户。邓巴对此的解释是什么？ 150 这个数字似乎代表了我们拥有真正社交关系的人数上限，这种社交关系指的是我们彼此认识并知道彼此之间有什么关联。换一种说法，这些人就是即使你没有提前受邀，而只是单独在酒吧里碰巧遇到他们，你也会加入他们一起喝酒，而不会感到任何尴尬。[7]

TEAM GENIUS 探秘团队科学

邓巴数 Dunbar number

作为团队规模原型，邓巴数并不是只有 150，还有其他的邓巴数：

○ 3～5：这是由非常亲密的朋友形成的圈子。在这一点上，邓巴和其他的社会科学家观点一致。

○ 12～15：代表着我们会为他们的去世深感悲痛的朋友和亲人。此处，邓巴和其他社会科学家同样有着一致的观点。关于这个团队规模，邓巴在历史经验的基础上还描述了一个非常有意思的例子：陪审团。这个团体的规模与深度信任也有关系——也就是说，这个规模的数字是在不断绝关系的前提下我们能容忍轻度背叛的人数。

○ 50：这是一个新数字。邓巴同样是从历史资料中得到的结论，这是诸如澳大利亚土著居民或非洲南部布希曼人等以传统的狩猎方式为生的人，在狩猎过程中过夜扎营的典型规模。[8]

○150：这是真正的邓巴数。来自威尔士的知识管理专家戴夫·斯诺登（Dave Snowden）如此描述："邓巴数是你的脑海里所能容纳的、你对他们具有一定的熟悉程度的人的数量。这并不必然意味着他们都是你所信任的，但你对他们和他们的主要能力却一定是有所了解的。换言之，你可以在不同的情境和环境下管理对他们的绩效和能力的预期。"[9]

注意，邓巴理论中的这些数字存在着一个倍数为 3 的递进关系。不过，迄今为止还没有人能对这个隐含的倍数做出解释。

○1 500：这是最大的邓巴数，它看起来是个异常值，邓巴本人对此似乎也没能给出解释。最后的这两个邓巴数之间是不是遗失了一个或两个其价值和目的尚未被发现的数字？邓巴曾提出，500 可能是其中一个，代表着一个人所拥有熟人数量的平均值。接下来才是最后这个数字——1 500，对于这个数字，同样可以从历史和当代社会中找到大量的例子，并且能从中看到它与人类的基本行为存在着深层的关联。

就例子而言，1 500 人大致相当于军队里的一个大型营部，这是能够独立作战的最小单位。邓巴也注意到，它是狩猎社会部落的平均规模，是能说一种完全相同的语言或方言的人。但是最普遍、最引人注目的关于 1 500 的例子是：企业界将 1 500 视为一个团体的规模上限。

20 世纪 50 年代和 60 年代的惠普公司经常被称为迄今为止世界上最伟大的公

司。当时它的科技创新能力就如同 50 年后的苹果公司一样，它为员工提供的优厚待遇（股票期权、利润分享、弹性工作时间等）超越了之前或之后的任何一家公司。因此，毫无疑问，它在员工幸福感和员工士气方面创造了众多纪录——还没有哪一家大型公司能够与之媲美。

有意思的是，在 1957 年，当公司的员工数量达到 1 500 人时，惠普公司的两位创始人开始意识到他们与其他惠普人的关系已经发生了某些改变，他们必须采取一些激进的措施了。戴维·帕卡德（David Packard）在他的自传《惠普之道》（*The HP Way*）中写道："对于我和比尔来说，想要无所不知，想要亲自了解正在发生的任何一件事，变得越来越困难。"所以他们决定把惠普由单个公司拆分成若干事业部。比尔·休利特（Bill Hewlett）说："我们认为需要把公司分部化的想法是这样产生的——那时我们有将近 1 500 人，已经过于庞大，而通过划分为两到三个单元，我们或许可以保持足够的个人接触。"

从那至今，惠普一直保持这一传统：一旦分部人数到达 1 500 人，就会进行拆分。该决策使得 20 世纪 60 年代和 70 年代的惠普成了有史以来最为灵敏的大公司之一。休利特和帕卡德察觉到并果断实施的措施，之后被其他无数的公司所效仿。1 500 名员工规模的事业部已经成为全球企业界最为普遍的组织形式之一。

休利特和帕卡德在实践中所意识到的事，邓巴从人类学的角度也做过描述：

> 在你所有的亲密朋友和关系圈中，处于最内部、最核心位置的大约有 5 位，接下来是外面的一圈，大概是 15 位。如果你愿意将这些人看作最好的朋友，或许，他们是你周六晚上愿意与之共度、一起烧烤的人，当然这里包括了最核心的那 5 位。接下来的这层关系圈大约有 50 人（你可能会视之为好友），然后是 150 位，他们是你的朋友。据我们所知，再接下来至少还有两层：一层是可能会被视为是熟人的 500 人，当然这里也包括里面一

层的 150 人，最后一层是 1 500 人，基本上是你能将其名字和人脸对应起来
的人数。[10]

休利特和帕卡德的智慧：标准规模事业部

用另外一种方式看待邓巴数字，"5" 是你最亲密的朋友和伙伴（死党圈）的
数量，同时这个数字还是人们短期记忆的极限值，这显然不是一个巧合。"15" 是
无论世事如何变幻，我们都可以深度信任的人的数量（共感圈）。"50" 是家族成
员的数量，是在危险的国度或地带我们可以与之安全旅行的一伙人（密切联系
圈）。"150" 是可以生活在同一个社区的最佳规模（友好群体），人类大脑正好可
以有效记忆这些人的个体特征和行为。"500" 是我们可以与之拥有点头之交的人
的数量（部落）。"1 500" 是我们长期记忆的极限值，也是我们在听到人名时可以
在脑海里相应浮现出其面孔的人的总数（社区）。

最后这个数字（1 500）奏效的原因不言而喻。如果生活在一个 150 人的社区，
在大街上行走时你会觉得非常舒适，因为你认识小镇的每一个人。如果出现陌生
人（这是一种潜在威胁），你能够一眼辨出。如果社区里有 500 人，舒适度就会降
低一些，因为你有可能会忽然遇到一个你认识很久却一直没有说过话的人，而且，
还时不时会有陌生人冒出。但是如果你有 1 500 个邻居，舒适感就会完全消失。这
种情况下你不能非常确认遇到的人之前是否见过……世界突然变成了一个比较危
险的地方。

对于比尔·休利特和戴维·帕卡德而言，他们在 20 世纪 40 年代的中后期跨
过了第一道槛，那时他们不得不结束亲自发放圣诞节奖金支票的传统。在 20 世纪
50 年代的早期时，所有的人都还在位于帕洛阿尔托市（Palo Alto）佩奇米尔路上的
同一座综合性建筑中办公，但是两位创始人发现他们在向认识的人点头时却叫不
出这些人的名字。引爆点是在 20 世纪 50 年代的后期，彼时，比尔和戴维开始遇
到他们之前从未见过面的员工，唯一能证明这些人是惠普员工的证据就是他们的

姓名牌。这促使两人决定采取一些行动。

到了20世纪80年代末,惠普的事业部数量已超过40个,均由约1 500人组成,依此规律还在不断产生新的事业部。这家公司甚至设计了事业部的结构与设施的配置标准,以适应最多1 500人的需要。

其他公司在模仿这一世界上最成功的企业时,或者是在自己试错的过程中,很快就发现它们自己实际上是在复制这个模式,例如,日本索尼公司的PC事业部就是1 500人的规模。有趣但很可能并不是出于巧合的是,1 500人经常被认为是一个中等企业员工数量的最大规模。另外,相当数量的企业,如Facebook、谷歌和Twitter等,都是在其员工规模达到1 500人时进行首次公开募股的……这显示出,在企业即将上市阶段的员工规模与一个自然社区的规模边界之间有着某种更深层次的关联。企业在从私有企业转为上市企业时,企业内部员工不可避免地会感受到一种转变:许多私有企业的员工经常很失望地谈到,他们所在的公司在首次公开募股之后发生了很大的变化,"不再是一个大家庭,组织里不再都是可以真正信任的人了,这里已经成了一个毫无特色的组织,这里的每个人所关心的都只是个人利益和个人资历"。

扩大团队规模无法带来竞争优势

我们已经探讨了导致某些特定规模的团队必然出现并令人向往的若干种力量,现在我们要分析最后一个结构性力量,它不是团队本身固有的,但可能是促成团队最终形成的驱动力。这是一个关于网络的数学问题。

网络之所以如此强大,梅特卡夫定律(我们曾在第一章中提过)之所以如此有用,其原因是每一个连接到网络的新人不仅增加了他(她)的个人节点,还创造了几十亿的新连接。为了理解这种效果的数量级,让我们从一个团队中存在的最小连接数开始,往下推算,看看连接的总量会达到多少:

　　2 名成员 =1 个连接

　　3 名成员 =3 个连接

　　4 名成员 =6 个连接

　　5 名成员 =10 个连接

　　6 名成员 =15 个连接

　　16 名成员 =120 个连接

　　32 名成员 =496 个连接

　　观察一下，几个较小的数均满足等式 $N(N-1)/2$，此处 N 是团队成员的数量。网络连接复杂性的增长速度远远超过团队成员数量的增速。（在邓巴数 1 500 时，连接数量达到 1 124 250 个。）

　　这就产生了一个明显问题。人类只能处理相对很少的连接，而保持连接的能力则更加有限。这就是为什么团队在人员数量增加时，彼此间的关系疏远得更快。我们大多数人能够很好地与 5 人或 6 人保持稳定的联系，但如果是要与 12 人或更多的人保持联系，难度就会大幅增加。如果是 50 人呢？即使是那种少有的拥有对照片和名字过目不忘的本事的人，也很难像在一个五六个人的团队中那样，保持跟所有团队成员间的密切联系。就算是能够借助社交网络、短信、广域网和全球无线通信等工具，还是没有足够的时间或者带宽允许我们与成百上千的人长期维持紧密的人际连接。

　　这就是规模更大的团队并不会与更高的成功概率相关联的原因。著名的哈佛大学心理学家 J. 理查德·哈克曼（J. Richard Hackman）曾说过："大型团队的结局往往是浪费了所有人的时间。"[11] 他是如此解释的：

　　　　"较大的团队因为可以获取更多可利用的资源，所以优于小团队。"
　　　这一观点完全是一个谬误。我和一个同事曾经做过一些研究，我们发现当团队变大时，需要被管理的团队成员间的连接数量几乎是在以指数级增长的速度急剧增加。正是对这些"连接"的管理使得团队陷入泥潭。我的实践经验是，成员间的连接数量不要超过两位数。在我的课堂中，我从来不允许学生组建的团队超过 6 人。大型团队的结局往往是浪费了所有人的时间。所以我们说，拥有一个庞大的高层级的领导团队（即所有向 CEO 直接汇报的人）可能比没有团队更糟糕。[12]

促使人们形成上述特定规模的团队的因素，不仅有生理因素，还有数学因素（或者更准确地说，是组合数学）：一方面，只要有可能，人们就会在这些规模中选择最小规模的团队形式。另一方面，组合数学会使团队的关系质量快速下滑，由亲密熟识到仅仅相互认识，这也促使团队规模不会超过特定的数量。

它同样解释了我们近些年反复见到的一个问题，那就是：为什么某些公司和机构在最热门、最炫酷的信息工具和最新式的管理技术上不惜破费，却并未带来多少竞争优势？太多的时候，即使最具抱负、最有智慧的机制也会在人类天然属性的岩岸前触礁，也就是说，无论这个机制在其他方面拥有多么无与伦比的优势，如果人们不能成功建立适宜的团队来发挥这种优势，那也是枉然。

从团队艺术到团队科学

如果说，网络的运行法则限制了人类团队的行为，那么现实中的网络，尤其是互联网，却可能帮助我们比以往更有效地组建团队。

我们知道，互联网、传感器技术和软件分析学的交互产生了一个引人瞩目的新行业：大数据。

每种强劲的新科技出现后，都会遭遇一轮夸大宣传，大数据近期也碰上了同样的问题。不过，事实上它确实代表了人们在看待自然界的方式上出现了革命性变化，它标志着抽样（sampling）时代的结束。历史上，要想对某一现象的所有个体进行测量根本不可能，于是，统计科学应运而生，即抽取样本并用数学工具测量相关性和误差概率后，以样本的分析结果代表所有个体。

大数据颠覆了这一情况。从高分辨率的卫星成像到微小的半导体传感器，再到基于云的日均上百万次交易数据的收集，通过它们，人们第一次发现了测量万物的可能性——游过海洋中某一特定位置的每一条鱼、亚马孙流域的所有树木、每一家沃尔玛超市里完成的每一笔交易、一家零售商场里每一位购物者行走的所有路径……很快就会是地球上每一次风吹、我们身体内的每一个血细胞。

更好的是，所有的这些堆积如山的原始数据，包括元数据[1]，都可以通过最新的、基于计算机技术的分析工具加以处理，从而发现自然界里的更多事实（例如气候的长期趋势、动物物种、人类行为、流行病学）和非直观关联（如童年时期的行为同 60 年后的癌症之间的关系），这在之前简直不能想象。

大数据革命带来的最有意思的影响之一就是：人们可以同时使用多个特征进行海量搜索。无疑，这一功能在商业世界获得了足够的关注。

特别是，一个崭新的行业已在涌现，它利用大数据来改善招聘过程。企业和政府机关现在都在和大数据公司合作，为某个职位选择最佳人选，他们不仅仅是开展全球搜索，还会收集和处理关于候选人的大量可获取的信息（从在校成绩到个性测试，再到过去的绩效表现），以确定候选人是不是该工作的最佳人选。虽然这一行业几年前刚出现，但它已经发展到十亿美元的规模……这也在意料之中，毕竟一个"完美"候选人的价值，远远高于那些通过几次面试就孤注一掷而选定的人。

视频面试平台 HireVue 的 CEO 马克·纽曼（Mark Newman）在 2014 年接受《福布斯》杂志采访时说："招聘人员和用人部门的经理大量依赖直觉、预感和记忆来选择候选人，但他们没有足够的数据帮助其预测谁会成为高绩效者，或者帮

---

① 元数据又称中介数据、中继数据，是描述数据的数据，主要是描述数据属性的信息。——审校者注

助其决定谁应该担任面试官。"《华尔街日报》和《企业家》杂志观点高度一致地欢迎着算法招聘时代的到来。

不过，使用大数据招聘单个员工具有的价值再大（当然，你也可以对我们表示怀疑），跟一个设计精良、运转高效的团队所具有的价值相比，还是会黯然失色。这就是说，迄今为止，虽然单个员工的招聘方式已发生变化，但团队本身仍是大量依靠预感、直觉和经验来进行人员招募和组织的，极少是依靠数据支持的。

这种情况即将发生改变。

TEAM
GENIUS
本章小结

1. 规模相同的团队反复出现且具有一致性的原因

（1）领导力本身的自然属性：成功管理的控制幅度是有限的，
一般为 6 ～ 10 人。

（2）团队原型的结构稳定性：人类团队是稳定性与不稳定性的
最终结合。

2. 关系圈扩大与亲密度递减

◇ 5 人：最亲密的朋友和伙伴

◇ 15 人：可以深度信任的人

◇ 50 人：你视为好友的人

◇ 150 人：你的朋友

◇ 500 人：拥有点头之交的人

◇ 1 500 人：能将名字和人脸对应起来的人

3. 团队规模与成功概率并不关联

人类只能处理相对很少的连接，而保持连接的能力则更加有限。
因此，团队在人员数量增加时，彼此间的关系疏远得更快，而且需
要被管理的团队成员间的连接数量也几乎以指数级增长。

TEAM
GENIUS

03

社交天性：脑科学研究中的团队合作

人类是否天生就具有与他人合作的特质？

如何对团队进行实时监控？

THE

NEW SCIENCE

OF

HIGH-PERFORMING

ORGANIZATIONS

回想一下你所知道的那些功能尽失或者功效微弱的团队，甚至更糟的是，你曾经就是其中一员。这是痛苦的记忆，不是吗？

让我们换一个令人愉悦的场景。现在回想一两个你所经历的融洽团队——儿时的运动队、最珍贵的友谊、大学时期的学习小组、公司内的一个部门，等等。你是如此融入其中，以至于你感觉团队就是你的延伸；这个团队获得了（也帮助你获得了）远远超过你所想象的成就；这个团队成了你评价所有后来团队的标准；这个团队中的成员即使在团队结束、任务解散后很久仍然是你的朋友。

现在想象一下，如果你经历的每个团队都能这样成功，这样有生产力，这样富有成果；想象一下你正处于个人的最佳状态，你的队友也正在发挥着他们的最佳水平，你们相互分享个人经验，这样的场景即使几十年后回忆起来，依旧温暖。

合作是人类大脑的天然属性

关于团队，最基本的问题就是：人类天生就是要在一起工作的吗？如果一个人妥善地融入了适合的团队，他能否以最好的状态成长和开展工作？21世纪脑科学最令人振奋的研究表明，答案是肯定的。

　　事实上，人类大脑构造的逐步进化使得个体可以根据他人的观念和情绪进行自我调整，从而参与到合作性的活动中。[1]这样的调整并不是发生在"软件"层面，相反，正如著名的心理学家丹尼尔·戈尔曼（Daniel Goleman）所说："事实上，人类的大脑天然有与他人进行连接的线路。"也就是说，当我们与其他人共事时，我们实际上就是与这个人贯通了大脑到大脑之间的亲密连接。

　　日常语言中时不时就会蹦出对这种深层次连接的暗示——例如，当我们说"和某人笑成一团"，或者当我们说和另一个人"同心合意"的时候。参与的程度越深（爱情、友情、绝对信任）的合作关系对我们的大脑和健康影响就越深，以至于它会激活控制我们免疫系统的基因。因此，培养良好的关系对我们的健康非常有益，而不良的关系则有损健康。

　　我们一般认为大脑是纯思想的，而身体则是纯物质的（除非刚刚经历了脑震荡或一场宿醉）。但事实上，大脑占据了我们 2% 的体重——这个数字是将我们与大多数动物区分开来的非常重要的标志之一。同时，这些神经细胞如饥似渴：我们的大脑消耗了人体 25% 的葡萄糖和 20% 的氧气摄入量，并占据了 15% 的心输出量。[2]

　　当前的典型观点认为，就是这细薄多皱、平铺下来有床单大小的大脑皮层给了我们人类更高级的思考和意识的能力，而它对"燃料"的渴求，似乎也源自人类进行社交的需要。因此，我们会看到，在动物的大脑大小与群体的复杂性之间的关联性上，雄雌配偶类动物是最强的。[3]

　　形成这种现象的一个主流解释是：团队协作使我们变成这样。该解释来自"社会智力假设学说"，它认为在人类和其他灵长类动物中发现的高级认知能力是自然选择压力的结果——这种压力来自社会互动的多样性需求。用另外一种方式进行表达就是，我们拥有巨型大脑是因为远古历史中环境的力量（在草原上狩猎、几近灭绝的剧变、冰河时代）促使我们以复杂的方式在一起合作。我们巨型的大脑也就是那种团队协作的结果。[4]

都柏林圣三一学院的进化微生物学家卢克·麦克纳利（Luke McNally）和他的团队通过仿真实验发现，当群体面临合作问题时，有机体总是选择更强大的认知能力。[5]也就是说，我们之所以变得越来越聪明，其确切的原因是我们需要合作。

这个发现非常重要，因此我们想把他们的实验过程和方法进行一些更为详细的介绍。这项仿真实验是在电脑上进行的。它一开始有 50 个简单的"大脑"，每个大脑只有 3～6 个神经元。正如人类经典的社会场景一样，每一个大脑去挑战其他的大脑：结果或者是"囚徒困境"①（在没有任何信息的情况下，每个个体选择背叛还是信任他人），或者是"雪堆博弈"②（亦称为小鸡博弈，看谁先退让）。换句话说，大脑可以选择合作，也可以选择背叛。

根据程序设计，在这些游戏中表现优秀的大脑繁衍后代的可能性更大，或者说是"赢者通吃"。每一次游戏结束后，大脑都会进行无性繁殖。和真实的生命一样，新一代的大脑都有可能发生随机突变，造成大脑结构发生改变，或是神经元的数量或连接产生变化。

这个仿真游戏进行了 5 万代（和人类繁衍的代际数基本一致）。向合作程度更高的社会转变的缓慢过程使得大脑也向更高的复杂程度进化。因此，从这个意义上说，是"团队"帮助我们变成了现在的样子。

你可能会有疑问，该实验中的这种合作行为是由外部力量（研究者）引起的，那么自然界中的合作行为是从何而来的呢？这就更有意思了：事实证明生物

---

① 囚徒困境是指两个共谋犯罪的人被关入监狱，不能互相沟通情况。如果两个人都不揭发对方，则由于证据不确定，每个人都坐牢一年；若一人揭发，而另一人沉默，则揭发者因为立功而立即获释，沉默者因不合作而入狱五年；若互相揭发，则因证据确实，二者都判刑两年。由于囚徒无法信任对方，因此倾向于互相揭发，而不是同守沉默。——审校者注
② 小鸡博弈是指两个小孩进行勇气比赛，两人分别从一条独木桥的两端冲向对方，谁先胆怯退让，谁就是小鸡。如果两个人都向前冲，则两败俱伤，收益均为 -2；如果一个勇进一个退却，勇进者收益为 4，退却者为 -1；若两人同时退却，收益均为 0。——审校者注

界的合作行为几乎无处不在——从基因到多细胞生物再到社会。[6]有些人甚至猜测合作行为可能是所有复杂的生物系统（从基因组到整个人类社会）出现的必要条件。[7]

但即使合作行为在动物王国里普遍存在，也无法解释为什么它会存在于人类社会中，存在于一个由数亿国民组成的国家中，并且复杂得难以想象。

超越家族的亲社会性

人类社会产生深层次合作的一个可能解释是：家族关系。在人类历史长达95%的时间中，人类都是以狩猎的方式生存的——有证据表明，更新世灵长动物的家族行为可以追溯到100万年以前。一种简单的说法是，人类在狩猎群体中进行合作的原因是他们彼此是亲属。

但事实证明这并不完全正确：对考古记录中出现的群居行为的分析表明，人类狩猎群体中存在的家族关系对人类合作行为进化的影响微乎其微。换言之就是，这些群体没有足够多的远房表亲促使基因发生实质性变化。反而，由毫不相关的成年人组成的大型人际网络使得社会学习能力得以不断进化——由此形成了累积的文化。[8]

这个发现提供了两个方向。第一个方向是，也许从一开始，人类就与其他非亲属进行团队合作，反过来它也突出强调了人类无须学习如何将非亲属的人带入团队这一观点，因为人类天生具有这种特质。

另一个方向就是，该特质的由来并不清晰。例如，在对"连续解决问题"主题小组进行的比较研究中，研究者组建了卷尾猴、黑猩猩和人类儿童三个小组，为每个小组分发一个只能在三个阶段完成的魔术方块难题。作为刺激，解决难题的小组越接近于成功，就能获得越高的奖励。

那么发生了什么？卷尾猴小组（代表较低的智力水平）和黑猩猩小组（中等水平）的每一只都在试图独自解决难题。与此形成鲜明对比的是，人类儿童小组却以团队的形式进行合作，相互指导，交换意见并共享奖励。他们的合作程度越高，他们在任务中的表现也就越好。事实证明，通过互帮互助，由人类儿童组成的许多组都解决了难题。[9]

这证明了，与那种认为人类比较自私、只为自己考虑的观点相反，合作可能是人类的天然属性，而自私自利反而可能是人们后天想让自己变成的样子。所谓的资源分配实验强化了这一立场，在实验中，实验对象需要快速做出决策。相较于有充分的时间对决策进行反复斟酌、深思熟虑的情况，仓促的决定会产生更多的合作。[10]这似乎表明，如果时间充足，我们会为自己考虑更多。

携手，为了前行

仍然不能接受这个观点？那么思考一下开源软件的贡献——这是全世界的程序员通过开放、合作的方式免费开发的计算机编码。一些最重要的网络基础设施都是利用开源的方式得以成功的，如阿帕奇（Apache）的 HTTP 服务器、红帽公司（Red Hat）的 Linux 操作系统、摩斯拉（Mozilla）的火狐浏览器（Firefox）、太阳微系统公司（Sun Microsystems）的 Java 程序语言和 MySQL 数据库系统。

或者再想一下维基百科。传统的百科全书公司，如科利尔出版公司（Collier's）、不列颠百科全书公司（Encyclopedia Britannica），没有被国外的廉价劳动力和飞涨的纸价成本埋没，却被自告奋勇的作者和编辑志愿者的合作成果击溃。

你说什么？或许这只是互联网的事情，对吗？不是的，请不要过于武断。最分散、最独立的职业大概莫过于商业捕鱼。缅因州是美国最大的龙虾产区，龙虾产业每年带来 3 亿美元的收入。该地区有 5 400 家单独运营的企业，共有雇员 3.5 万人。它是当代合作共赢的最佳典范。就在几十年前，这个产业濒临崩溃。众多百年企业被迫关闭，渔船搁置在干船坞。但是现在，他们已证明"拥有共同利益的人可以一起努力，通过促进可持续发展实现对资源的保护"，这一成果也已成为专门的研究课题。我们来看一下，该产业的权力机关由渔民和政府机构共同组成，规定包括大小限制、季节约束和诱捕政策等。因为有了自愿性合作，该行业欣欣向荣，该地区繁荣昌盛。因此，即使是在一个注重个人成效的行业，人类也可以通过合作实现更好的发展。

当然，为什么会出现这种情况仍不是非常清晰。之所以要合作的一个解释是，合作是人类天生的默认反应，这被社会科学家称为亲社会性（prosociality），即合作实际上激发了我们大脑的奖励区，即我们发展至此首先是因为我们感觉良好。但迄今为止，这还仍只是推测。[11]

大量的人类学研究和来自全世界不同文化的奇闻秘史均支持"亲社会性深植于人类"这一观点。不管身处何地，人们都倾向于参与亲社会性行为，即使这样做并没有明显的益处。

例如，在资源分配实验的研究中，参与者会被要求分割资源，人们（不管来自何地）一般都会选择将他们拥有的 40% 到 50% 的资源进行分享，即使在接受者匿名而且对于不分享也没有任何处罚的情况下亦是如此。[12] 在此我们讨论的不只是成年人或者是适应了环境的年轻人，而且还包括学步儿童：刚 14 个月大的儿童在共同的任务中也会积极开展合作。（当然，他们偶尔也会用"共享"的玩具敲打彼此的头部。）[13]

社会规范和最后通牒博弈

正如你可能想到的，人类固有的亲社会性特征在社会规范中是显而易见的，反过来这些规范也成了人类的显著特征。[14] 社会规范之所以如此重要，是因为它们在不需要法律威力的情况下就可以塑造人们的行为——它们是人们在没有触及法律的情况下，对于"什么是可接受行为"的信念。[15] 想想下面的这些情景：在没有看见警察甚至一辆车都没有时，你在凌晨 3 点却依然在等待红灯；在没有任何人监控的情况下，你仍然不会从商店偷拿东西；虽然收银员没有找到商品价格标签，你却给收银员支付了正确的金额。

事实证明你并不是唯一这么做的人。对全世界不同文化深入进行的人种志研究发现，从采集狩猎者到现代城市中的居民，都认为群体共享着大量的社会规范，从食物分享到合作、再到诚实。[16] 这些社会规范不仅指导着群体内的成员，也会延伸至那些被认为是局外者的人。

英属哥伦比亚大学的乔·亨里奇（Joe Henrich）在过去的十年中和多名同事合作，致力于发现人类社会的认知起源。在其中的一个研究项目中，他和他的团队研究了 15 个不同小群体中的社会行为，包括在非洲、南美洲和印度尼西亚等地的狩猎者、游牧者以及农业社会的定居者。他们发现在群体内部的社会规范甚至影响着个人对待陌生人的行为。[17]

他们有一个更有意思的发现，即如果某个群体中的人在生存过程中需要的合作越多，那么他们在最后通牒博弈（ultimatum game）中就越乐意为陌生者提供更多的钱。什么是最后通牒博弈？就是在博弈中两个人要分一笔钱，第一个人选择分配方案，第二个人可以否定第一个人的方案，但此时所有的钱都会被没收。亨里奇和他的同事发现，秘鲁的马奇健格人（Machiguenga）① 虽然很少与家庭以外的人进行合作，但是在游戏中仍然会将平均 26% 的资源分享给陌生人。相比之下，印度尼西亚的莱摩瑞拉人（Lamerala）在捕鱼过程中需要与来自不同家庭的人进行高度团队合作，他们会将平均 58% 的资源分享给陌生人。

但分享的不仅仅是资源，还包括经验。历史学家威廉·麦克尼尔（William

---

① 马奇健格人生活在秘鲁的亚马孙河流域腹地，已经与现代社会隔绝了好几个世纪。他们生活在小村庄里，每个家庭都自给自足，自己制作工具，自行播种和收获粮食。——审校者注

McNeill）在其所著的《协同一致之时》（*Keeping Together in Time*）中提供了有力的证据，证明协调的节律性运动和它所激发的共同情感是凝聚人类群体的一股非常强大的力量。麦克尼尔列举了从远古的乡村舞蹈到现代的军事操练的例子，一致的动作创造了肌肉上的协调，赋予了群体合作、团结和由此产生的生存能力。[18] 在非洲乡村里待过一段时间的人都知道乡村舞蹈（近乎疯狂的团结）产生的凝聚力，不过有过这样经历的人很少。我们大多数人在个人生活中曾有过的经历，主要是高中时期的游行乐队和军队里的新兵训练营。

更为显著的是，其实我们早在出生之前就已在练习这种协调机制了，尤其是大脑和身体之间的自组织同步。观察一下婴儿，或者是从中风或者重大伤害中恢复的成年人，看大脑所想做的和身体实际回应的两者之间如何通过反复练习来实现自我同步性的快速和精确。想想吧，一个学步儿童可以在 20 年后完成完美的撑竿跳，或者穿着溜冰鞋实现优美的三连转。[19]

同样，你不需要感到惊讶的是，思想和身体的同步性并非只存在于人类的单个个体之内，它还存在于人与人之间，就好像是一群受控于同一个大脑、能在同时进行转向的鸟儿。当然，对于人类来说，这种同步程度是不太可能的，但是这个类比仍然成立。事实上，一些实验表明人类可以迅速交换行为协调信息，使得行为看起来是同时完成的——例如，人们一般会一起鼓掌。[20]

这种交换的信息尽管非常有限，但仍然可以帮助我们实现协调，这个洞见在 Skype 视频电话和虚拟会议时代可能很有帮助。社会神经科学的一些实验对在视频中可以看到彼此的人进行观察，结果显示在只进行视觉信息交换的情况下，人类仍然可以及时、同步地完成动作协调。难以置信的是，只要发生了这种视觉的社会接触，即使后来不能再看到彼此，之前的视觉信息交换仍会产生影响。换句话说，社会互动会改变我们。[21] 这种变化可能不会永远持续，但神奇的是，基于非常少的互动，我们就可以被改变。[22]

我们之前提到的人类学家罗宾·邓巴提出了"社会大脑"的概念。他认为：人类智力中非常重要、与众不同的部分是其内在的社会属性，它使得复杂的社交网络变得可行。[23] 和他共同开展研究的一位同事如是说："进化人类学中的社会大脑假设的主张是，人类的大脑已经进化到足以使我们对与他人的关系做出思考并加以管理。"[24] 换言之，我们的大脑之所以更大，不是因为我们更加聪明，而是为了帮助我们与他人一起开展团队合作。

后叶催产素带来积极社会互动

好，现在你已看到，人类似乎存在着形成团队、一起工作的连接通路。但是这种线路是由什么构成的呢？现在让我们深入到人类团队的最基本的组成成分：后叶催产素（oxytocin），一种在哺乳动物的大脑中发挥神经调节作用的激素。后叶催产素由下丘脑分泌，并储存于脑下垂体。后叶催产素（也被称为缩宫素或催产素）经常用来为孕妇引产。它也会作为兽药用在动物的催产和催乳方面。

该激素具有一些非常有意思的特征。第一，其效果的半衰期只有大约三分钟，第二，它不能通过血液进入大脑（它会受到血脑屏障的阻挡）——这一特点使其在帮助孕妇分娩的过程中具有更高的安全性。也因此项特点，加之消化过程也会对其产生破坏，所以催产素一般是通过注射方式或鼻用喷雾注入体内。

催产素对人体的作用力是相当惊人的：例如从母婴关系到焦虑、到性高潮，它似乎都在其中发挥着作用。但是在此处，对我们而言，其重要的作用在于它是人类"社会大脑"中的神经生物学的基本元素。[25]

特别是，催产素似乎是调节两个人之间亲密关系和个人的社会行为方

罗宾·邓巴认为，人类智力中非常重要、与众不同的部分是其内在的社会属性，它使得复杂的社交网络变得可行。我们的大脑之所以更大，不是因为我们更加聪明，而是为了帮助我们与他人一起开展团队合作。

TEAM GENIUS

社会大脑
Social brain

面最重要的化学物质。[26] 它似乎能够增加我们处理积极的社交信息的能力（人们在被注入特定剂量的催产素后，能够更快、更精确地识别其他人的面部表情），同时也会减少我们对具有社交威胁性的信息的关注，而这种威胁信息会导致社交回避行为。[27]

看起来，充满催产素的世界是充满友好的，因为催产素会引发积极的社会互动，而这些积极的社会互动反过来又会增加催产素水平。[28] 催产素水平的增加有助于各种各样的事情，包括：

◇ 增加成人之间的社会互动。[29]

◇ 改善处理积极的社交信息的能力。[30]

◇ 增强群体内的互相信任感。[31]

说到现在，看起来催产素就像是寓言故事中的"爱情万能药"。但实际上，它并不只是美好的阳光和可口的蛋糕，研究者发现了这种激素也有比较黑暗的一面：它会导致我们对群体外成员产生更强的防御态度。[32] 它可能是产生种族优越感的重要原因。也就是说，催产素是把双刃剑——它让我们喜欢邻居，却讨厌陌生人，这也就解释了为什么群体动力会如此复杂而又多面。

我们大多数人都赞成那种有益于他人的个体行为，例如合作、同情和相互协调，它们对于成功的团队合作非常关键。[33]

我们亲社会性的行为（包括归属感和亲密感）的动机似乎产生于神经生理过程。[34] 这些过程反过来是由催产素和另外一种叫作后叶加压素（vasopressin）的神经肽的释放引起的。这些激素的祖先可以追溯到 7 亿年前的动物体，而且在动物王国非常普遍。[35]

研究发现，在一对一相互作用（即相互之间有着非常重要的关系的两个人）中释放的催产素水平直接取决于彼此间的互惠程度。[36] 这个领域最初的研究是观察处于恋爱关系早期阶段的人——还记得我们之前曾提过的，团队效能的发挥和成员结为伙伴的过程之间具有强相关性……现在你可以明白其中的原因了。这些互动过程中释放的催产素可以进一步促进信任和合作[37]，对于团队内成员更是如此。[38] 换句话说，如果和他人组成了一个愉快的团队，总体而言你将对你所在的团队感觉良好。

其实还有更棒的地方。催产素对人体的另一个影响是它会抑制我们对压力产生的生理反应。[39] 所以，成为团队的一员实际上会帮助我们减轻压力，并最终让我们更加快乐。它不是次生效应，也不是次要特征，而是一个充分实现自我的人所拥有的核心特征。心理学家已经发现，如果一个人在童年早期经历过与父母的分离之苦，成年后其催产素受体的敏感性就会发生变化，催产素的功能会被削弱。[40] 所以说，我们现在所讨论的就是这种化学物质所具备的强大的、能够影响人的一生的作用力。

到底如何强大，至今尚未明确。心理学家里克·奥戈尔曼（Rick O'Gorman）、肯农·谢尔登（Kennon Sheldon）和进化生物学家戴维·威尔逊（David Wilson）曾提出一个观点，他们认为自然选择本身就会偏向于具备亲社会性特征的人。为什么会这样？因为拥有利他主义特征和乐意承担社会角色的人会在群体内受到奖励，由此会有更大的概率繁衍后代。同时，拥有危害群体特质，包括喜欢搭便车和自私自利的人，会遭受到惩罚或者被疏远。[41] 生活中，减压者总是比增压者受欢迎。

事实上，加入团队以减少整体压力的天然特质可能会比我们想象的更为重要。来自加州大学洛杉矶分校的心理学家玛丽莲·布鲁尔（Marilynn Brewer）曾经提出，社会生物学家过多地关注了个体，反而忽略了小群体中出现的选择作用，而后者是她所认为的在人类进化过程中最重要的方面。她认为，小型的合作群体是人类生存最重要的策略。

她的论点如下：为了生存，人类需要聚集成群，而且这些群体还需要满足特定的结构性要求——对个体努力能够进行协调、群体间的沟通以及最佳的群体规模。反过来，对于那些为了生存和繁衍而想成为这些小型合作团体一员的人来说，这些结构性要求就对他们施加了选择压力，只有那些具备团体合作的认知和动机特质、能够适应群体协作的人才会被包容，从而生存下来。

同时，具有破坏群体组织的认知和动机特质的人就会被群体选择规避、拒绝或者淘汰，也许是他们需要单独面对危险的世界吧。经历了成百上千代人如此过滤的过程之后，这些社会动机（例如合作与团队忠诚）逐渐占据了支配地位而成了人类的特质。[42]

镜像神经元的"情绪传染"

镜像神经元的发现是神经科学领域在刚过去的十年中最重要的一个成果，它能帮助我们解释很多之前看似矛盾的社会现象，包括语言的进化、同理心和个人的社会身份。[43]

镜像神经元是大脑中的神经细胞，其功能表现出来的就是对自己观察到的动作创建一个映射——或是大脑拥有者自身以前做过的动作，或是他人的动作，后面这一点尤其令人感到惊奇。具体来说，当一个人观察到某个动作，他的运动前区皮质（premotor cortex）① 中代表该动作的神经元就会被激发，从而形成对被观察动作的"机械模仿"。[44] 视觉信息由此会转变成某种知识。[45]

为了更好地理解镜像神经元的作用，想一下这样的情景：我们大多数人在看到棒球选手来了一记猛击时会激动地从座位上跳起来，或者在看到高尔夫球手的长打球成功入穴后会忍不住地挥拳，即使我们是在观看电视上的比赛，也会如此。为什么我们会有这样的本能反应？这是因为当我们看到一个熟悉的动作时，我们

---

① 运动前区皮质靠近大脑皮质中央前回的运动区前方，被认为与联合运动和姿势动作协调有关，具有调节手指和颜面的功能。——审校者注

的镜像神经元就会被激活，使我们能够理解这个动作，理解这个动作的目标、意图，甚至其中的情绪。延伸一下，这意味着当我们看到自己亲身体验过的运动时，我们的运动系统就会得到触发。如果是在观察一个紧张的动作，镜像神经元还会引发我们心率的轻微升高，虽然轻微，但可以被衡量。从这个意义上说，大脑在观察事物的同时，也是在参与这个过程。更重要的意义在于，这使我们在看到自己喜爱的团队获胜时，会感觉到自己也获得了胜利。

罗马大学的教授萨尔瓦托雷·阿廖蒂（Salvatore Aglioti）在 2008 年进行的一项研究表明，观看者在实际生活中运动体验的多少，会使他们的镜像神经元的反应呈现出相应比例的变化。这就是我们在观看自己曾参加过的运动时经常会获得最大享受的原因所在。另外，在球类运动中，我们的镜像神经元会更加偏爱那些在比赛中触球时间较多的运动员，比如橄榄球比赛中的四分卫或者棒球比赛中的投手。为什么？即使我们从未参加过竞技性的橄榄球或棒球运动，我们中的大多数人也都有过投球的经历。

当然，镜像神经元系统进化的目的可不是为了让我们成为更富激情的比赛观众——这只不过是一个有趣的副作用罢了。实际上，这个系统对于社会认知而言非常重要，有助于我们理解他人的精神状态，拥有同理心，并且可以通过观察别人进行学习。

20 世纪 80 年代晚期发现镜像神经元的过程是一个颇为经典的故事，那是一个幸运的意外。意大利的神经系统科学家发现，当一只猴子举起自己的双臂时，它大脑中的一个特定细胞被激活了。不过，这并不是最大的惊喜。最大的惊喜是在某一天，他们发现当一名实验室助理举起自己的手臂时，前面所说的猴子大脑中的那个特定细胞也出现了类似反应。由此，研究者们发现，这些能够模仿、映射他人行为的神经元是大脑回路的一部分。[46]

镜像神经元的发现可能会改变团队管理的游戏规则，从如何创建团队到领导力的本质，各个方面都有可能获得突破性的成果。

因为镜像神经元的存在，人们可以在几秒钟的时间内效仿其他人的情绪和动作。镜像神经元还可以让我们想起自己过往的社交经历，从而瞬间形成有共同经历的感觉。镜像神经元的存在对于领导力来说也尤为重要，因为追随者不仅会执行领导者的命令，事实上在他们脑中还会映射出领导者的情感和相关的动作。[47]

例如，人们现在相信，积极的行为（比如同理心）实际上会在领导者的大脑和其追随者的大脑之间产生一种化学连接，这是"情绪传染"（mood contagion）的形式之一。也就是说，领导者的同理心和对他人情绪的调和其实会影响到领导者本人及其下属的脑化学。这意味着"领导—下属"之间动态关系（人们在过去几千年来对它有无尽的猜测）远比我们所想象的要更加陌生和神秘：它是一个个体心智逐步融入某个体系的生物化学过程。

这个模型在解释卓越的领导者（不论善恶）在其和下属之间创建的超凡关系方面前进了一大步。（就好比斯蒂利·丹乐队一首歌的名字：《闪电链》。）

想一想这几个公司领导人吧，比如星巴克前董事会主席霍华德·舒尔茨（Howard Schultz）、百事可乐前首席执行官卢英德（Indra Nooyi）、福特汽车公司前总裁艾伦·穆拉利（Alan Mulally）、维珍品牌的创始人理查德·布兰森（Richard Branson）、施乐公司前首席执行官厄休拉·伯恩斯（Ursula Burns）；再想一想几个"特定领域的领导者"，比如杜克大学的篮球主教练迈克·沙舍夫斯基（Mike Krzyzewski）、美国著名棒球队扬基队的游击手德雷克·杰特（Derek Jeter），他们似乎都拥有凭借意志力让其团队制胜的能力。这些卓越的领导者或是天生，或是通过经验的学习，都知道如何充分发挥这种大脑之间互联性的作用。他们是如何做到的，这本身就很神奇。有些人似乎是在晋升的过程中通过大量的领导经验习得了这种技能，但其他人似乎是天生就具备这种特定的神经回路，使得他们被赋予了一种"社交商"（social intelligence）或一系列的人际技能，能够有效激励他人做出卓越的事情。[48]

这就为"领导者是后天练就的还是天生的"这一古老的话题提供了一些线索。两者都有可能，但卓越的领导者大多是天生的。顺便说一下，托莱多大学的玛格丽特·霍普金斯（Margaret Hopkins）对几百名最高级领导者的研究表明，他们在社交商方面没有明显的性别差异，这与女性拥有更优秀社交商的说法恰恰相反。

对妈妈和新生儿进行观察，你会发现关于镜像神经元的另外一个现象。单独交给其中某些人一项任务——观察并模仿他人的微笑和笑声。这个过程是由刚生产完的妈妈开始的，很快就会扩散至现场的所有人（包括婴儿）。毫无疑问，这种与生俱来的观察机制在领导者和追随者之间发挥着同样的作用。

例如，领导者的微笑和笑声会在其团队里引发相似的笑声——这是一个有助于团队凝聚的过程，而凝聚力强的团队总是会比凝聚力弱的团队表现得更加优秀。有数据显示，平均来说，表现卓越的领导者引发下属欢笑的次数至少是那些表现较差的领导者的两倍。[49]这并不奇怪，因为欢笑可以提升团队内部的创造力和信任度。[50]更为惊奇的是，在演讲或交谈中，幽默也能吸引和保持听众的倾听。[51]同样，这也要归功于镜像神经元，它使得我们天生更乐意对幽默、笑声和常见的快乐做出反应。

对真实的领导者进行的现场实验印证了这一发现。领导者展示出的幸福感能够改善下属的创造性表现，更有意思的是，当领导者伤心时，下属的分析能力会得到增强。换言之，当团队成员认为领导开心时，他们就会感觉到拥有尝试新想法的自由；而当他们认为领导不开心时，他们就会收紧心态进入求生模式。[52]这或许就解释了"为什么积极的情绪有助于形成更具合作性和融合性的行为"。[53]

不过也并非都是好消息：积极和消极的情绪持续的时间长度不同。关于这一点，你可以通过回顾个人的职业生涯进行验证。相对于积极的、令人振奋的事件，员工总是对负面的（又烦又累的）事件记忆起的次数更多、强度更大、细节更全面。[54] 美好的记忆是短暂的，而痛苦的回忆却可能永久持续。

不管怎样，令人开心的是，由于镜像神经元的存在，积极的亲社会性行为会"传染"。[55] 当看到亲社会性和合作性的行为时，人们也会有更高水平的道德观念。[56] 发现这一点，可以让我们对未来人类略感安慰，除此，研究者还发现，观察到助人行为的人会在接下来的任务中更多地参与助人行为。[57] 也许更具说服力的是实验经济学的"独裁者博弈"（在该博弈中，只有一个人可以决定对其他所有人的奖励分配），参与者在观察到其他人展示出亲社会性行为后，也会变得更加慷慨。[58] 似乎是我们表现得越好，我们周围的人也会表现得越好。

"我们"和"我"

现在，对于镜像神经元在人类的团队中所发挥的关键作用，大家应该不会再有疑问。当一个团队运转有效时，成员之间一定是不仅可以相互合作，还能够理解和预测其他团队成员的行为。虽然大脑中有许多特定系统能够帮助人类在共同的行动中认识和预测他人的行为，但是镜像神经元在帮助团队成员获得观察性学习和模仿能力方面所起的作用看起来是相当关键的。[59] 需要注意的是，团队成员和镜像神经元之间的影响关系是双向的。也就是说，社交行为并不只是产生于我们彼此大脑间的联结。更确切地说，我们与他人的社交行为的状态会影响到我们的镜像神经元的活动，直到我们的社交行为能够改变这些神经元对他人行为的认知为止。[60] 在最理想的情况下，结果会形成良性循环：我们与他人的社交越多，我们在进行社交时就会做得越好，变得越幸福——我们大多数人在个人生活中都有过这样的体验。

如果以上所说看上去就是幻想，是导致我们过于乐观地看待世界的真实缘由，那么它也是一个有价值的幻想。为什么？因为这是团队成员共同拥有的幻想。事实证明在合作的情境下，运作良好的团队中的成员会对他们的项目产生共同的代表感，而这种状态会弱化团队成员对个人身份和竞争的强调。也就是说，这变成了"我们"的任务，而不是"我"自己的任务。而且，正如我们将会在后文看到的，任何可以消除团队成员的自我意识和个人所有权主张的事情都是有益的，不仅有益于团队生产力和团队持久性，而且这种影响在其后很长时间内都会得到保持。[61]

这个"习得的协同效应"（learned synergy）不仅会影响我们对成功的欣赏，还包括对失败的理解。的确，我们对其他人所犯错误的神经表征会受到"团队"的影响。[62] 相比团队外的人员，我们会更容易原谅团队内部成员的错误——当那些外部人员处于具有竞争性的人际环境中时尤其如此。[63] 在最佳状态下，由于镜像神经元的存在，团队能够产生"我们"的感觉，把别人的行动视为是自己的。看起来，自己和他人的融合能够激活我们的镜像神经系统。它会使我们对团队面临的问题更加警觉，同时也使我们对团队成员的失误更加宽容。[64]

直觉从何而来

镜像神经元并不是大脑中能够帮助我们在团队环境下调节个人与他人互动方式的唯一细胞。

举例来说，单凭直觉、非理性的感觉（只是本能、预感、第六感，没有任何事实根据），你也可以知道问题的答案。伟大的管理者通常都很重视直觉——在他们突然感觉到竞争对手的某个弱点并果断采取措施的那一刻，或者在他们决定雇用或信任某个刚认识不久的陌生人的那一瞬，抑或是在直觉告诉他们市场风向将要发生改变的那一霎。

许多人认为国际象棋是对人类逻辑的终极应用，但是加里·卡斯帕罗夫（Garry Kasparov，算得上是有史以来最伟大的国际象棋棋手）公开表示："直觉是一个伟大棋手的最重要品质……你的直觉经常比大脑更有效。对我而言，其含义不言而喻，棋手之所以伟大，并不是因为他们拥有多么高超的分析能力，而是他们在压力的下仍具有强大的直觉。"[65]

在实践中，直觉有时看起来就像超能力，存在于我们脑海的深处。但是近期的研究发现，直觉在一定程度上是由大脑中一类被称为"梭形细胞"（spindle cells）的神经元产生的。梭形细胞的作用是快速将想法和感觉传递给其他细胞。其速度之快足以令人大吃一惊。在 1/20 秒的时间内，梭形细胞就能够完成对神经网络的触发，从而使得我们在只有极少信息的情况下就做出判断，比如决定某个人是否可信或者另一个人是否适合于一项工作。在快节奏的数字化世界中，这项凭直觉快速做出正确决定的技能对于团队领导者而言非常关键。

同时，另外一类被称为"振子"（oscillator）的神经元控制着人们彼此之间的身体协调。当两名大提琴家在一起演奏时，他们在各自的神经振子的帮助下，和谐一致地控制音符。从某种意义上说，当人们各自的振子相和谐，他们也就感觉到和谐了。

从已知的情况来看，我们还不知道如何强化和调节镜像神经元、梭形细胞和神经振子的激活模式，也不能从神经系统的层面对人们如何在一起工作进行控制。但是，我们能够确定：这些基本要素确实存在，而且幸福和压力感不仅会互相"传染"，而且能够在几秒内就传染整个团队。[66]

碰上麻烦，拥抱一下

历代的管理和领导力专家（还有我们的母亲）都告诉我们，需要向那些为自己提供了帮助的人，或者是出色完成了任务的人表达感谢。是的，现在研究者已经发现"表达感激之情"的确会增加群体成员间的亲密度。[67] 管理者表达感激，这会提升员工的社会价值感，而且会增强员工的一种自我概念——自己是组织中充满活力的一员。而这反过来会促进亲社会性的行为，使得团队更加紧密地团结在一起。[68]

同样，感激之心的非语言表达方式尤其有效。例如，触摸可以激活大脑额叶

的奖励区 [69]，刺激催产素的释放 [70]，并会使迷走神经（vagus nerve）兴奋起来。迷走神经是身体内行程最长的神经，从脑干延伸至腹腔，并会触及其间的大部分器官。它与亲社会性和注意力是有关联的。[71] 将所有这些汇集起来，你也就明白了（适当的）触摸是如何加强团队活动中的合作性的。[72] 现在，你应该能够理解在团队拓展培训时，手拉手、拥抱以及背摔这些环节的训练目的是什么了。

还有一个你可能已经知道但目前尚无实验性证据的因素，即"声誉"。它在团队中非常重要。对组织和社会性群体的研究发现，声誉会以闪电般的速度形成并传遍整个团队。[73] 会有多快？在团队形成的一周之内，各个团队成员是合作者还是搭便车者的声誉就会在团队内形成。[74]

良好的声誉对于拥有者而言是一笔非常宝贵的财富。在实验性研究中，享有亲社会性和慷慨声誉的群体成员一般会得到其他群体成员更多的奖励。尤其值得一提的是，相对于那些不够慷慨的团队成员，他们更可能获得比较多的资源配置。更棒的是（你也一定会记住这一点），亲社会性和慷慨的团队成员也更有可能会被任命为团队领导者。[75]

你确实需要携手，为了前行。

团队合作促进个人健康

一个成功、运转良好的团队不仅有益于组织，对个人也同样有益。

近期有一个研究项目调查了 30 多万名病人，内容涉及 148 项专题。研究结果发现，认为自己没有足够多社会关系的人跟自认为有充足社交的人相比，前者的死亡率要高出 50%。[76] 其中的关键原因就是孤独感及其对身心的伤害。参与一个团队可能会让你开心、伤心、生气或者沮丧，却很少让你感到孤独。而孤独感简直就是个杀手。弗吉尼亚大学的社会学家布拉德·威尔考克斯（Brad Wilcox）2013 年 5 月在《大西洋月刊》上发表的文章中提到，自杀和孤独感之间具有强相关性。对于当前社会中自杀率在快速上升的现象，他用强有力的数据证明：这些新数据打破了"狂野的个人主义"神话，那些缺乏支持系统的男人和女人更加可能会自杀。

另外，基本上所有的生理学、行为学以及自评数据都显示，孤独的青年人的睡眠效果更差。[77] 各个年龄段的孤独者的免疫能力都较弱，更容易感染病毒性的呼吸道疾病。[78]

对于某些任务，比如财务预测和销量估算，团队可以使你的个人表现看上去更出色。尤其是在这样的数量判断型的任务中，团队的判断结果总能比个体判断的平均水平更高。[79] 如果向团队提供结果反馈[80]，向其共享与任务相关的信息，并且要求团队识别出那些判断能力最强的团队成员[81]，那么团队的判断结果会远远优于个体成员判断值的平均数。

不过，这种合作也潜藏着一种危险。想想你可能遇到过的这种情境：在会议室里，一位盛气凌人的成员看起来把房间里的所有氧气都吸走了。（也就是说，其他人都无法呼吸，无法表达了。）是的，团队会倾向于将更多的贡献归功于外向型的成员。将权重扳正的唯一方式就是，用清晰的、得到大家认同的数据来记录团队每名成员的准确度。这样就可以使高谈阔论者闭上嘴巴。[82]

团队之于个人还有一个好处，那就是，参与一个学习团队可以使个人获得更好的学习效果。[83] 原因之一是，同其他团队成员寻求一致意见的过程可以带来更多的实质成果，而处理与团队成员的意见冲突也会引发更多的自我反思。对于个人，在学习中受到挑战要远远优于在回声室（echo chamber）中学习①。[84] 对成年参与者的研究发现，如果团队活动要求进行辩论，他们在推理性任务中的表现就能得到改善。[85]

_____

① 这里暗指"回声室效应"，即在特别营造的小空间内，仿佛不存在任何与自己的信念相抵触的事实。——审校者注

这同样适用于儿童。让结成对的 8 岁儿童先猜测空金属箱和实心橡胶圈哪个会浮在水面，并且要求他们在达成一致意见后，马上对之进行检验。儿童们会在实验刚结束时以及几周后接受询问，了解他们对实验现象的理解程度。那些在检验前的预测中寻求一致结论、在接受询问的过程中两人继续合作并且不同意见能够充分表达的小组，在几周后的询问中会获得明显更优的结果。其实，讨论是否真正形成一致性的结论并不重要，重要的是这种讨论具有两个特点：寻求一致性结论以及容忍相反意见。[86] 这也是事后复盘和任务总结很重要的原因所在。

对团队进行实时监测

当前，我们不仅从统计学的角度对团队进行研究，或是将其作为整体实验的一部分来进行研究，而且也对现实生活中正在运作的团队进行研究。研究结果常常极富启迪性。例如，"重要的不是你说了什么，而是你要如何说"这句老话现在已经获得了数学上的证据支持，表明它是确定无疑的。

社交计量

一项发现认为肢体语言（30 年前曾掀起热潮）以及其他人类的非语言沟通方式确实非常重要。事实上，人类早在语言尚未形成前就使用过多种生物信号传递模式，而这些古老的模式至今仍在主导着我们的生活。

麻省理工学院人类动力学实验室主任阿莱克斯·彭特兰（Alex Pentland）① 和他的团队使用社交计量仪对真实组织中的团队的沟通模式和生产力进行了数据测量。社交计量仪是一种可佩戴的电子传感器，可用来测量沟通模式，包括面对面的互动量、谈话时间、与他人的身体距离以及身体活动程度等。它所采用的社交信号是从声音特征、身体动作和相对位置等数据中推导出来的。它们会捕获关于语调、人们如何面对群体中的其他人以及人们倾听和谈话的深入程度等信息。

---

① 想要更多地了解作者的观点，可参考由湛庐文化策划、浙江人民出版社出版的《智慧社会：大数据与社会物理学》。——编者注

这项研究的关键之处在于，社交计量仪的设计抓住了人类互动的本质，而非其内容。它关注人们如何进行沟通，而非交谈的内容。彭特兰和他的团队展示了"团队成员是如何沟通的"这一因素的重要性，它与包括智力、个性、技能和谈论内容在内的那些被高度认可的因素组合一样，可以对团队能否获得成功进行预测。

彭特兰认为卓越的团队能够做到如下几点[87]：

◇ 他们可以顺畅地沟通：在一个典型的项目团队里，每工作 1 小时沟通 12 次左右是有利于团队绩效达到最优的。

◇ 团队成员谈话或者倾听的数量基本均衡：团队成员间的谈话量分布均匀。相比之下，低绩效团队则会深受团队内的小团队之害。有些成员一味发表意见，有些则只倾听，却没有做到两者兼顾。

◇ 他们会进行非正式沟通：最佳团队有一半的沟通是在正式会议以外或者在团队会议过程中开小会完成的。非正式沟通能增加团队绩效。对一个客户服务中心团队的研究发现，团队生产力的最佳预测因素是团队在正式会议之外的活力和参与情况。如果用货币形式来衡量团队的生产力，不同团队间生产力的差异有 1/3 跟这两个因素有关。

◇ 他们在团队外部寻求创意和信息：最佳团队会一直坚持（即使是断断续续地）与外部的多种资源保持联系，尤其是与团队所缺乏的那类知识或者技能的拥有者联系。团队成员会将他们在外所学到的带回来并进行分享（后者的重要性不亚于前者）。特别出色的高绩效团队通常都具有一个特征，即拥有一个"有心"的外部联结器：一个能够跟踪记录外部有用资源和内部成员中谁对此有所了解等信息的人。之后，当从这些外部资源获得有用信息时，这个"联结器"就会将其进行传播并整合到团队的知识技能体系中。

◇ 他们能够对自己的沟通模式进行调整以适应新情况：讲到这一点就要提到"生物决定论"①。也就是说，从本质上看，团队内部的沟通形式似乎

---

① 生物决定论是心理学中的一个理论，将生物因素作为心理学因果解释的主要甚至是唯一来源。——审校者注

是由团队成员的本性预先确定的。但事实上，成功的团队采用的是灵活可塑的沟通模式——他们学习沟通并且通过沟通学习。最有效的沟通模式需要通过实践检验并得以完善，然后再传授给其他团队成员。

团队神经动力学

对团队进行实时观察的另外一种方式是团队神经动力学（team neurodynamics）。它是通过对团队成员的神经生理学指标进行测量来完成团队构建的一门科学。你可以这样理解，就是先将团队成员用电线连接起来，然后让他们回到工作中去（这样就可以实现实时观察了）。神经动力学是基于一个科学发现而形成的，即大脑的节奏会跟呈现给个体的刺激物的频率变得同步。[88]

神经动力学最初被应用于个体，例如，用来分析大脑是如何与听到的音符协调一致的。直到 2009 年这项科学才被应用于团队。团队神经动力学的基础概念是"神经生理学的同步性"：团队的多名成员对于同一刺激会逐秒做出相同的神经生理（或者认知）的共表达行为。我们永远不能做到完全的同心共智，但有时候也能做到按照相同的节拍共舞。

最初的研究过程针对 1 个 3 人团队，这个团队的目的是参与解决科学问题；后来这个研究扩展至一些参与复杂航运任务的团体，包括潜艇驾驶。[89] 近来针对不同规模的团队（成员数量从 2 人到 6 人不等）进行了研究，研究者使用不同类型的破坏性和阻碍性因素，希望能够发现个体成员之间不同的熵水平——他们对这些干扰因素的反应速度和程度。研究者已经获得很大的进步，他们认为组织可以根据特定的任务对团队成员的节奏进行比较，这样一来，就可

TEAM
GENIUS

团队神经动力学
Team neurodynamics

团队神经动力学是通过对团队成员的神经生理学指标进行测量来完成团队构建的一门科学，其基础概念是"神经生理学的同步性"：团队的多名成员对于同一刺激会逐秒做出相同的神经生理（或者认知）的共表达行为。

以针对表现没有达到预期的团队的动力学进行研究。[90]这使得以下设想成为可能：在一天之内组建团队，在实际行动中对团队成员进行检测，然后观察他们个人和团队的反应数据，由此确定这个团队是否能高效工作。不过，这一设想的实现仍需时日。

好了，说到现在，我们将要离开繁忙的大脑，转移到完整的"人"这一更大的世界里，观察他们如何在团队中开展工作。

**TEAM
GENIUS**

本章小结

1. 促进互动与合作

◇后叶催产素：增加成人之间的社会互动、改善处理积极的社交信息的能力、增强群体内的互相信任感。

◇镜像神经元：促进积极行为的"情绪传染"，进而有助于形成更具合作性和融合性的行为，有益于团队生产力和持久性。

◇梭形细胞：能够赋予团队领导者凭直觉快速做出正确决定的能力。

◇振子：控制人们彼此之间的身体协调。

2. 实时监控团队的手段

◇社交计量

◇团队神经动力学

3. 卓越的团队能够做到什么

◇顺畅地沟通

◇谈话和倾听基本均衡

◇进行非正式沟通

◇在团队外部寻求创意和信息

◇对沟通模式进行调整以适应新情况

TEAM
GENIUS

04

———

多样性红利：差异带来无限潜能

哪种多样性才是一个团队最需要重视的？
怎么最大限度地利用团队的多样性？

THE
NEW SCIENCE
OF
HIGH-PERFORMING
ORGANIZATIONS

文化、军队、社会组织和企业，所有这些组织一直都在努力战胜"团队构成"的挑战。这一挑战具体来说就是：能够实现最大可能性成果的团队应该具备怎样的最佳成员组合，而且不会在过程中出现巨大波折？

传统的方法是观察特定团队并对它们的某些特征的总体水平进行评估，或者反过来，观察团队成员在这些特征方面的差异。但是这种方法很难再有突破。所以最近，社会科学家采用了一种与以往不同的、基于大脑的新方法。这种新方法观察的是，为了完成小组任务，团队成员所拥有的不同能力是如何根据不同的任务实现互补的。这可能会让你想起实际生活中的一个现象："梦之队"并不总是能超越那些由能力相对较弱、但在一起却可以释放巨大化学反应的团队。

卡内基梅隆大学的安妮塔·W. 伍利（Anita W. Woolley）和她的同事率先将认知神经科学延伸至群体研究中。[1]尤其值得一提的是，他们已经在单个大脑的协调系统方面获得了新的发现，并且将这些新发现映射到多个团队成员的大脑组合之中。[2]在他们的模型中，每个团队成员均承担着一个大脑系统中的特定功能——当团队成员在一起工作时，就像将多个不同的大脑系统组装在一个大脑中，发挥各自的功能。

他们的结论是什么？所有的高效团队都拥有这样的成员：他们在一起能共同发挥类似"大脑系统"的功能，以满足实现群体任务的需要。

他们获得结论的过程如下：2007 年，伍利和她的团队组建了 100 个双人团队（把他们当作一对对大脑），以观察不同成员的大脑体系在一起是如何运作的。[3] 他们检验了两个独立的子系统——客体记忆能力和空间能力，它们反映了大脑中运作模式截然不同的神经系统。[4] 他们为所有的双人团队中的一名成员分配一项空间任务（此处是在虚拟迷宫中行走），另外一名成员则需要完成一项有关客体属性的任务（此处是记下那些复杂的"greeble"①，即在面部身份研究中使用的那些新奇形状重复出现的次数）。

结果是什么呢？其成员具备任务总体要求的技能以及各自承担的任务与个人技能匹配的团队，比起承担了不适合的任务或者成员技能雷同的团队，表现得更好。这不足为奇，但令人意外的是，语言合作可以帮助表现不佳的团队弥补其角色分配不当的不足，但对能力不足却无济于事。尤为引人注目的是，语言合作实际上会损害同质成员的团队绩效。显然，沟通只能帮助到那些成员技能不同的团队。

这一点带来的启示令人震撼。它意味着不管你为团队增添多少名成员，不管他们在工作中合作得多么紧密，但是如果他们都不能胜任工作，结果便不可能得到改进。另一方面，如果你的团队都是才华超群的人，即使你为他们分配了错误的工作，他们也能找到办法获得良好的结果。团队合作不能弥补团队能力的不足。当然，最有效的团队同时具备所需的各种能力、合理的角色分配以及大量的沟通。

接下来，伍利教授和她的团队为 41 组由 4 人构成的团队布置了一项分析性任务。[5] 这次最有效的团队的特征是：团队成员不仅具备相关的专业知识，他们还会

---

① "greeble" 是科学家在研究脸盲症患者时使用的一种工具，它是一组多维立体物体，特点是存在非常类似的空间特征，难以分辨，这种特点和人脸有类似性。——审校者注

在一起合作制订计划。也就是说，成功的团队会一起坐下来谋划策略，以便最大限度发挥各自的技能优势。

这些制订计划的会议不是临时起意的。事实上，研究表明"共同制订计划"这项行动不会自发进行。一些人需要出面主持大局，一些人需要承担团队领导者的角色以促进这种计划的形成。（否则的话，这个团队就需要一名来自外部的管理者。）[6]

研究者发现，共同制订的计划之所以能使团队更富成果，是因为这些会议可以更有效地整合信息。由此，团队成员能够尽早解决关键问题，这样会缩小团队后续将要处理的问题范围，同时还会帮助团队成员更有效地集聚其分析能力。因此，他们不会被那些不得不处理的海量信息淹没，相反，在任务开始早期，他们就可以把所涉及的各方面按照优先级进行排序。换言之，通过尽早开会制订计划，团队成员能够明确工作范围以及彼此的能力优势，进而将工作划分为合理的任务单元。

研究者还发现，当团队为能力最弱的成员分配任务时，共同制订的计划尤其有效，这一点已经得到事实验证。原因就是：这样有助于增强每位团队成员对队友能力和经验的了解，从而帮助团队有效分解和分配任务。

发现潜伏在群体中的关键人物

此处非常适合讨论一下"群体思维"（group mind）的话题，它也被称为"交互记忆"（transactive memory）。这一概念是在通俗文化尤其是科幻小说中发展起来的，它相当于高等动物中的"蜂巢思维"（hive mind），这是在蜜蜂、白蚁和其他群居昆虫（如电影《星际迷航》中的博格人）中发现的现象。实际上，交互记忆是个非常普通的概念，但它包含着重要的可能性。

TEAM GENIUS 探秘团队科学

交互记忆 Transactive memory

"交互记忆"由科学家丹尼尔·韦格纳（Daniel Wegner）于1985年首先提出，之后的几年里其他科学家对此又进行了深入阐述。

交互记忆对于团队的益处是，团队成员具有共同的认识，彼此都清楚团队成员中"谁知道什么"，因而可以将外部的信息带给合适的团队成员，并且知道能够从哪个团队成员那里获取到关键信息。[7]这并不是通过某种思维融合实现的（对于团队外部的人而言，看上去确实像这么回事），而是由于他们进行了大量的沟通。

在这个过程中，他们对于"谁拥有什么知识"、"谁具有什么特别的专门知识或技能"以及"团队欠缺什么"等达成了共识［可称为一种"元记忆"（Metamemory）[①]］。再次强调，这个过程始于共同参与的计划会议，并随着时间不断得以完善，它可以让团队拥有很强的机动性，反应迅速，在寻找问题的正确答案或者决定某项工作的合适人选时不会浪费时间。

研究证明，相对那些缺乏交互记忆的团队而言，拥有交互记忆的团队通常拥有更好的绩效，因为其团队成员能够有效地识别并利用相关资源，进而形成更高质量的解决方案。

---

① 元记忆是人对自己的记忆过程的认知和控制。——审校者注

　　大多数的成功团队都展示出了这种交互记忆，不管他们自己是否知道这一点。例如，组织中总是会有一个人了解公司的早期历史，知道如何填写出差报销单据，或者假期政策，而且公司的每位成员都知道这个人是谁。作为一名局外人，如果你想发现这类人，最快的方式就是追踪公司的内部邮件以及电话通信量。它们在谁那里聚集，谁就是一个交互记忆节点。愚蠢的公司可能会在裁员的时候解雇这些关键的人员，接下来又无法理解为什么损失的生产力远超裁掉的员工创造的生产力。这是因为你将交互记忆的节点成员错误地置于了危险的境地。如果你给予他们终生雇佣合同，你将会收获更丰。

认知多样性的形成

　　最近的研究验证了我们多数人长期以来的一个猜测，即每个人都有不同的思考方式。但即使接受了这个事实，人们在组建团队时也很少会对此进行思考，有时这确实令人遗憾。结果，从纸面上看每一件事都有条不紊，团队成员的才能非常符合需求，每一个人都进展顺利，但在实际的行动中，团队运转却总是出问题。

　　为什么？因为仅仅依靠团队成员的经历和个性的匹配是不够的。事实上，如果你只关注了这一点的话，那这可能真的是你所做的最糟的事情了。如果给你两个选择，其中之一是团队成员来自多个不同的种族和文化背景，却毕业于同一所常春藤大学，另外一个团队的成员都是非洲裔美国女性（或者亚洲男性），但他们处于不同的年龄段、经济层级，拥有不同的教育背景和个性类型。其实后一个团队让你获得成功的可能性远远大于前者，只不过有个前提，那就是你要有能力将这些差异很大的人团结在一起。

　　对于团队来说，对"多样性"的传统定义是毫无意义的。认知多样性（cognitive diversity），即人们是如何思考的，才是最需要重视的。

文化视角

认知多样性的常见形成因素是文化，它是不同社会化模式下的不同运行结果。比如，在一些文化中，人们一般倾向于从整体角度进行思考，而在另外一些文化中的人则更倾向于进行解析式的思考。

2001 年，心理学家理查德·尼斯贝特（Richard Nisbett）和增田孝彦（Takahiko Masuda）开展了一项实验，参与对象是一组美国人和一组日本人。[8] 在实验中，他们为两组人播放了 20 秒关于水下景象的动画视频。当被问到观察内容时，美国人关注前景中的物体（色彩鲜艳的鱼），日本人则关注背景，而且他们对前景和背景当中的物体之间的相互关联性方面的讨论是美国人的两倍。

正如你能想到的，如果在分配任务时没有注意到团队成员在认知能力方面的独特性，团队所拥有的认知视角组合可能就会存在隐患。相反，如果能给予恰当的处理，一些人关注细节，而另一些人更关注大局，那么团队就能从这种多样性的组合中获得无与伦比的力量。

另外一种认知多样性体现在社交情境化的思维者（依赖于情境）和独立型的思维者（独立于情境）两者之间的区别上。有一个简单的小测试可以帮助团队领导者快速地识别出这种差异：给你的团队成员展示一个倾斜的方形框架（即看起来像一个平行四边形的框架），然后给他们一根棍子，让他们将其竖着放进框架当中，使框架看起来比较协调。如果结果是以下这样：

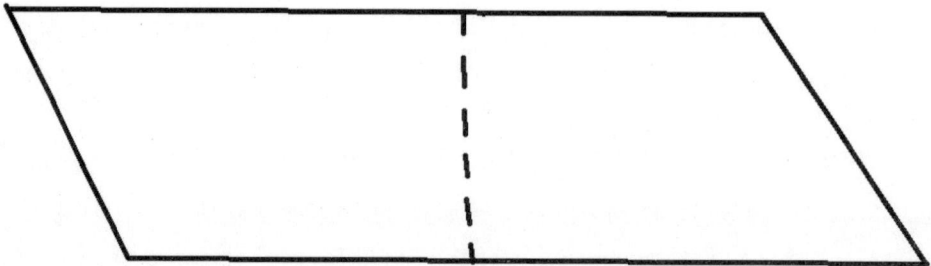

那么你的团队成员就是情境依赖型思维者。而如果结果是以下这样：

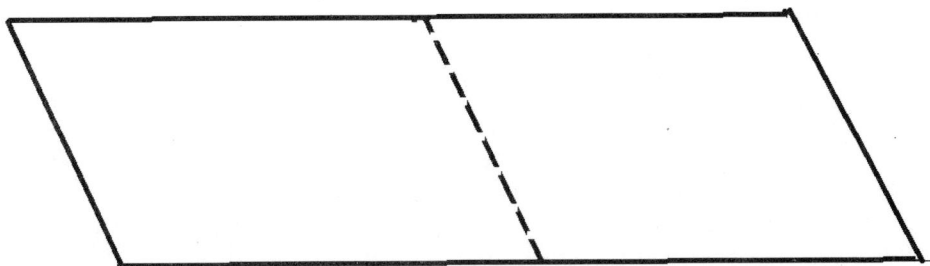

那么你的团队成员便是独立型思维者。

霍华德·韦斯（Howard Weiss）和詹姆斯·肖（James Shaw）在 1979 年对 88 名男性大学生进行了一项研究，结果显示：情境依赖型的人比不依赖情境的人更容易受社交暗示的影响。[9]

这里的重点是：一个团队不仅需要独立型的思维者，同样也需要能与情境相协调的思维者；同时，领导者需要知道团队中不同类型思维者的分布情况并进行相应的管理。再进一步，领导者也应对潜在的团队成员的思维风格进行测试——不是要排斥其中哪一种思维类型，而是要使团队拥有合适数量的两类人。

此时你可能会想：为什么我的团队需要多样性的思维风格？为什么我不能只选择独立型的思维者？毕竟他们比那些循规蹈矩的人（遵从者）更具创新力。独立型的人能多一些的话，不是能增加团队提出更具颠覆性、更有价值的成果的可能性吗？

事实并非如此。对具有突破性创新力的团队进行的研究显示，为团队补充几名"遵从者"实际上能够驱动创造力。尤其违反直觉的是，增加遵从者所带来的影响可以极大地促进团队的突破性创新。研究已经发现突破性创新团队的最佳人员配置是：至少 50% 的成员在个性类型的分布上满足以下条件[10]：

◇ 创新型——20% 到 30%。拥有太多创新型的人会使团队在实施方面疲于应对。那是因为（不要吃惊！）创新者常常不务实，漠视规则，而且可能激发冲突。

◇ 遵从型——10% 到 20%。遵从者是团队的中坚力量，他们的重要作用就是支持创新者。遵从者有助于促进合作，增加团队信心。他们可以让团队处于受控状态，向良好的方向前进。

◇ 细节关注型——最多 10%。关注细节的人经常排斥风险，但他们可以强化团队的重要职能，如预算控制。细节关注型的成员可以维持团队的生存，不至于一觉醒来团队已土崩瓦解。

大脑差异

左脑思维和右脑思维的概念在几十年前开始为人们所熟知。虽然最新的研究成果认为两个大脑半球之间可能并无任何重大的生理差异，但我们大多数人都认可两种不同类型个性的存在，即逻辑型和创新型。[11] 所谓的左脑思维者在解决问题时一般更多地采用逻辑和分析。相反，右脑思维者更倾向于进行非线性思考，更多地依赖直觉。

这种差异与我们刚刚描述过的社交情境依赖型的思维模式和独立型的思维模式有着明显的关联，事实证明它在构建团队时也是至关重要的。无论何时，构建团队都应该以创建"全脑型团队"为目标，让两种大脑类型保持相对平衡。

全脑型团队具备处理各类复杂问题的能力，拥有在多变的环境中进行创新所必不可少的批判性思维。这就是一些组织已经将"创建全脑型团队"变成常态的原因所在。

TEAM GENIUS

全脑型团队
Whole-brain team

全脑型团队具备处理各类复杂问题的能力，拥有在多变的环境中进行创新所必不可缺的批判性思维，其中逻辑型的左脑思维者和创新型的右脑思维者的数量相对平衡。20 世纪 70 年代，内德·赫尔曼（Ned Herrmann）博士开发了赫尔曼大脑优势量表（HBDI），全脑模型由此为人所熟知。

　　例如，已退休的日产国际设计公司总裁杰里·赫什伯格（Jerry Hirshberg）为了保证团队中的智力多样性，将自由型思维模式的人和分析型设计思维的人进行组对。[12]赫什伯格意识到，"有时候一项工作的合适人选是两个人"。因此，在招聘新员工时，他会有意选择拥有认知差异的人进行配对，以使这些二人组合自身就具有认知多样性。赫什伯格发现，两人之间持续存在的紧张感和他们相左的观点都有助于形成一个更利于创新的环境。要知道，正是这种环境使得他们设计出了一系列日产最成功的车型，包括探路者（Pathfinder）和英菲尼迪（Infiniti）系列汽车。

　　仅仅将左脑型成员和右脑型成员搭配在一起还远远不够。更准确地说，领导者除了要组建全脑型团队，还要有效地驾驭全脑型团队中的这种多样性。他们可以通过"创造性磨合"实现这一目的。

TEAM GENIUS 探秘团队科学

创造性磨合 Creative abrasion

　　顾名思义，创造性磨合是指，让团队成员的多样性思维通过富有成效的方式进行彼此"摩擦碰撞"，从而引发每一个人的参与。为了促进创造性磨合，领导者需要做到以上几点：

◇ 知道他们个人的特长、不足和优势，了解他们各自的风格会如何扼杀创造力；

◇ 帮助团队成员学习和认识各人的智力特长和差异；

◇ 将项目目标始终放在首要和中心位置，同时要为发散思维（用以形成多个选择）和收敛思维（用以聚焦于一个选择并考虑其实施）两个过程做出合适的时间安排；

> ◇ 在团队共同工作之前就明确团队合作中的指导原则。譬如，预先建立这样一条规则（并征得团队成员的一致同意）：允许有分歧，但不允许对个人进行攻击；任何不同意见都有权进行阐述。[13]

创造性磨合可能是个挑战，但是付出终会获得相应的回报。

例如，Nest 实验室（在 2014 年 1 月被谷歌以 32 亿美元的价格收购）使用创造性磨合对其智能家居产品进行改善，包括具有自我学习功能的智能温控器及其他在销产品。Nest 的创始人及 CEO 托尼·法德尔（Tony Fadell）曾任苹果公司的高管，当他面临异常棘手的难题或艰难决策时，他就会聚集一群用户体验专家、产品经理、软件工程师、算法分析师和市场营销主管，其中人员类型多样，有男有女，技能相异，肤色及文化背景也各有不同。但这与避免性别、工作和种族歧视无关，而是为了将更多的观点结合在一起，相互碰撞，从而形成一款能够满足多元化顾客群体需求的产品。

团队和独狼

在第一章中我们曾经对"独狼"这一领导力理论进行了探讨（我们是持否定态度的），我们提到一点：人们想要创作那种简单而又足够刺激的故事，这种愿望容易强化一种观念，使人们倾向于让单独的一个人而非一个相对复杂的团队来决定事情的发展大势。现在我们对这种倾向的科学支撑做个介绍。

TEAM GENIUS

领导者归因错误
Leader attribution error

这是一种将成功和失败归因于领导者的倾向。人们倾向于在团队成功时将功劳都给予领导者，而在团队失败时则指责领导者要承担所有责任。

它将领导者作为注意力中心。心理学家发现，人们将成功和失败归因于领导者的倾向是如此强大，以至于他们为之创造了一个术语：领导者归因错误（leader attribution error）。也就是说，人们倾向于在团队成功时将功劳都给予领导者，而在团队失败时则指责领导者要承担所有责任。不仅外部观察者和老板会过度强调领导者的责任，团队成员也会如此。[14] 但事实上，研究一再证明，团队以及其中的每一个人，总会比单独的个体表现得更好。

西北大学的凯洛格商学院的管理学教授本·琼斯（Ben Jones）和他的同事对可触及的科学研究知识库（过去50年间涉及所有科学领域的1 790万篇文章）进行了最大程度的分析。据此他们发现了一种近乎普遍的模式：影响度高的科学论文（即被引用频次较高的文章）均对跨学科的信息进行了新奇的组合，其复杂程度是单独的一个人无法完成的。对此进行的最新研究已经发现，与"独自一人"的作者相比，"团队"更有可能将新奇的跨学科信息组合引入熟悉的知识领域，这个比例的差距高达37.7%。[15] 简而言之，团队更有可能获得突破性的新想法。

2010年，加州大学伯克利分校的教授李·弗莱明（Lee Fleming）和他的同事贾斯吉特·辛格（Jasjit Singh）对个人发明者的"神话"进行了直接检测。他们对50多万项专利发明进行了分析，结果显示，独自工作的人，尤其是不隶属于任何组织的人，设计出低影响力发明的可能性更大，也就是说，他们无法实现真正的突破。在剔除不良方案方面，个人发明者的有效性也比团队形式更低。最后，合作还会增加由于组合而获得新想法的概率，也就是说，不同的想法可以进行融合、匹配，从而获得真正意义上的创新。

总之，个人发明者可能会产生振聋发聩的新观念或者新发明，但最好还是依赖团队将想法转化为现实。

多样性是把双刃剑

如果我们能将多样性这一概念标准化并将其应用于团队成员招募，然后开展即将到来的工作，那自然很好。但不幸的是，虽然大多数研究者一致认为多样性是团队成功的一个关键因素，但对多样性的构成却意见不一。确实，有的人认为它与我们日常生活中所说的或者政府法规中的"多样性"是完全不同的。

2010年，安妮塔·W.伍利（之前提到过）和她的同事进行了两项研究，涉及近700人。他们观察了由2到5人组成的团队承担多种任务的情况。他们发现了一个影响群体智力的共同因素，它比其他任何一个因素都更能解释群体的绩效。有意思的是，这个智力因素与群体平均智力没有很强的关联，与群体成员中的最高个人智力水平也关系不大。出人意料的是，他们发现与这个群体智力因素相关的是：

◇ 团队内沟通时的话轮转换（turn-taking）[1] 分布的平等性
◇ 群体成员的平均社交敏感性（social sensitivity）[2]
◇ 群体内的女性比例

但人们对此并未形成一致的观点。密歇根大学一位从事复杂系统、政治学和经济学研究的教授斯科特·佩奇（Scott Page）是《多样性红利：工作与生活中最有价值的认知工具》[3] 一书的作者。相比伍利的研究来说，佩奇在这本书中提出了认知模式多样性的三个形成原因：

◇ 培训
◇ 经验
◇ 基因

佩奇认为团队成员的培训和经验是形成认知多样性的最主要原因，而基因相

---

① 话轮转换是指在会话过程中发话人的变更，或者指当前发话人结束发话，由发话人选择下一位发话人或者由受话人自我选择开始发话这一过程。——审校者注
② 社交敏感性指准确解释他人外部行为或解码他人非言语信息的能力。——审校者注
③ 想更多地了解作者的观点，可参考由湛庐文化策划、浙江教育出版社出版的《多样性红利：工作与生活中最有价值的认知工具》。——编者注

对来说只是一个次要因素。在佩奇看来，不是成员表面上的多样性（如性别、年龄或者种族的差异）在促进更好的群体绩效，而是人们在启发式（heuristics）、视角（perspective）、解释（interpretation）和预测模型（predictive model）等方面的多样性能够促进绩效——它们均来源于成员的文化背景、培训和经验。他认为正是这种多样性使得多样性群体比个人或者同质性群体表现得更为优秀。因此，女性在一个团队中的作用，对于伍利而言是如此重要，但对于佩奇来说，却只不过是工作中不同的视角之一而已。

佩奇的结论是什么？当管理者和组织打造的团队具有内在的（不必显而易见）多样性时，他们可以从群体多样性中收获颇丰。

那么这些内在因素包括什么？

◇ 启发式——寻找解决方案的快速而简单的技能。如 72 法则（72 除以利率是一项投资获得本金翻倍所需的年限）。

◇ 视角——对于一系列可能性解决方案的描述，它们可以简化问题。例如，当使用极坐标替代笛卡儿坐标系时，一些问题可以得到简化。

◇ 解释——我们自己对事件和人物进行观察所得到的想法。在这些观察中，有一些方面得到高度关注而另外一些则被忽略，由此得到因果性推断。

◇ 预测模型——由我们的解释加上我们的预测而组成的模型，这些预测是针对我们的解释当中的分类或分组而做出的。

这些所谓的内在因素与我们传统意义上认为的多样性相去甚远，事实上，它们可能是截然相反的。如果佩奇正确的话，那么当前常见的一种多样性的标准化（也经常是政府要求的）方式——从相似的顶级高校中招募毕业生，并按种族、性别、民族等进行分类——就是错误的措施。虽然这些新员工群体表面上看来拥有着多样性，但他们在社会化、培训和教育方面具有较高的相似性，这使得他们在解决问题和实现目标的过程中对启发式、视角、解释、预测模型这些因素的使用方面毫无二致。换言之，他们这种组合根本就不具备多样性，让他们加入一个团队也不会实现最优预期。

因此，如果为一个团队雇用更多的女性，按照伍利所说，这种多样性会奏效，但对于佩奇而言，除非新雇用的这些女性具有相当不同的背景，足以使她们拥有与原来团队中的成员完全不同的思维模式，多样性才会奏效。否则，如果她们与原来的那些男性成员有着相同的背景，她们的加入所带来的效果将会微乎其微。也就是说，不同性别导致的认知差异相对是很小的。发挥最大作用的是文化、阶层和资质方面的差异。

佩奇在解释自己的模型时，引入了一个他称之为"多样性预测定理"（diversity prediction theorem）的公式：

$$群体误差 = 平均个体误差 - 预测多样性 ①$$

是的，这非常复杂。但它可以归结为：团队在缺少精确度和多样性时会出现错误。所以，当群体多样性水平提高时，团队的错误就会相应减小。

佩奇的研究如此深入，他很肯定地警告人们：在人才选拔中要想实现多样性，就需要摒弃传统的思维定式，因为这些旧观念可能会导致团队成员无法实现你赋予他们的期望。

有一项经典研究是对亚洲女性的数学能力进行评估，当对她们分别按性别和按种族进行描述时，得到的结论迥然不同。[16] 相对而言，当对参与者的主要描述内容是"性别"时，她们会获得较低的评价（"女性不擅长数学"），而当对她们的描述主要强调"种族"时，评价就会高些（"亚洲人擅长数学"）。还有更让人困惑的：这些女性自己在参与数学测试时，其成绩呈现出与预测一致的现象。

---

① $(C-x)^2 = \left[\frac{1}{n}\sum_{i=1}^{n}(x_i-x)^2\right] - \left[\frac{1}{n}\sum_{i=1}^{n}(x_i-C)^2\right]$，C代表群体预测的平均值，$x$ 代表真实值，x_i 代表每个人的预测。——审校者注

这带给我们的启发就是：多样性在团队中有着强大的力量，但前提条件是它必须是真正的多样性。

所有这些都只是开始。即使我们都赞同多样性对于团队绩效非常重要，如何将那些"差异因子"有效组合以形成高绩效团队仍然是一个现实的挑战——更不用说如何让那些性格各异的成员能够友好相处了。

正如研究表明，如果只是为了实现团队"多样性"而纳入新成员是没有太大意义的。因为如果不能对团队的集体决策过程加以影响或者优化，那么这些新成员的价值也就微乎其微了。而且，由于他们占用了团队的成员名额，所以团队的整体智力资本反而有被他们拉低的风险。[17]

心理学家、社会学家、经济学家和组织研究者对多样性的研究已有 40 余年的历史。斯坦福商学院教授凯瑟琳·Y. 威廉姆斯（Katherine Y. Williams）和查尔斯·A. 奥莱利（Charles A. O'Reilly）在 1999 年时曾对这些年间的文献进行回顾，他们得出的结论是：多样性是一把双刃剑。[18]

好的方面是，因为团队成员带着不同的想法、知识和技能来共同完成工作，所以群体多样性可以提升绩效。坏的方面是，在一个多样性的团体中，成员可能会由于属于不同社会群体（这种群体分类被认为有助于形成多样性，就跟种族、性别等方面的差异一样）而通过带有思维定式的偏见的眼光看待彼此。当团队成员不能对团体形成认同感时，这种偏见不可避免地会降低团队互动的有效性。[19]

威廉姆斯和奥莱利的重要观点是：团队成员通过与其他同伴进行相互比较来维持自尊感，继而依据种族、性别等显著特征对自己进行归类。当某个独有的特征使得成员获得积极的自我认同感时，他们就会将不具备该特征的成员视为"外部成员"，并降低对其的信任感。接下来不好的事情就会随之发生：这些被视为外部成员的个体会受到群体内部信息网络的排斥，不能加入决策制定过程中。[20]

所以我们自己会发现，用科学的语言来描述的话，到底什么是团队的中心矛盾：最成功的团队在人员构成方面显示出多样性，但异质性（heterogeneous，即多样性）团队在激励、整合和协作方面面临着严重的结构性挑战。[21]

因此，归根到底还是团队领导者的问题。一个团队的多样性越强，就越有可能不稳定。而唯一可以保证这样的团队不至于崩溃的要领就是领导力。卓越的领导者可以通过将最具多样性和异质性的团队成员组合并维持在一起而形成天才团队。

在团队形成最初就需要这种领导力。也就是说，领导者需要留意如何激活团队新成员的认同感，尤其是在向他们介绍新团队时。正如我们在本书后面将要探索的，在多年以后，当团队步入退出和解散阶段时，同样的领导力依然重要。卓越的领导者之所以能创造出卓越的团队，完全是因为他们能够管理它。

基于40余年来成千上万份研究报告的成果，威廉姆斯和奥莱利总结了多样性的不同类型以及各自的主要挑战：

◇ 任期多样性（tenure diversity）与团体内较低的社会融合水平、较差的沟通能力以及较高的流动率相关——这些都会削弱团体绩效。

◇ 职能多样性（functional diversity）可以改进群体内的创新型想法，但在实施这些想法时却未必如此。

◇ 年龄多样性（age diversity）会加重员工流动率和员工退缩率（withdrawal）[①]，尤其是当这些个人与团队其余成员存在重大差异时。

◇ 性别多样性（gender diversity）一般会对男性产生负面影响。男性属于群体中的少数派时，他们的满意度和认同度都会下降。尽管在女性占据主导的团体中，男性更加容易被接纳，受到的思维定式偏见更少，被敌意对待的可能性也更少，但这些好处似乎没有太大影响。

[①] 员工退缩这一说法是指员工在组织中逃避同组织的关系和工作任务等不作为的心理及行为，它会对个人绩效和组织绩效产生影响。——审校者注

◇ 种族或民族多样性（racial/ethnic diversity）的研究多数关注白色一黑
色人种的动力差异比较，对此尚无定论。

如何从多样性中获取最大收益

看上去，威廉姆斯和奥莱利所总结的真是一张令人沮丧至极的清单。

真的值得如此吗？为什么我们不能干脆跳过多样性而使用其他的团队建设工
具？或者只追求那种较低程度的多样性，可以增强团队能力而又不用担心团队会
滑入派系林立、相互谴责和斗争的泥潭？

答案其实没什么特别，它依赖于你自己对项目重要性所做的成本收益分析，
依赖于你在"招募团队成员"这一能力上的自信心，也依赖于你在实现目标的过
程中所愿意承担的风险水平。

多样性很重要，因为如果你想打造一个成功的、富有生产力的团队，多样性
的成员组成就是必不可少的因素之一。但是团队要想获得如上成效，就必须生存
足够长的时间，而团队成员的多样性程度越高，团队生存长久的可能性就越低。
所以你需要找到某种策略来降低因多样性提高而导致的成本增加。科学证据表明
这种策略要求双管齐下。

第一，具有多样性的团队需要得到积极管理。[22] 请放弃下面这种见解："我们
能够建立最强团队，我们只需要给团队不断上发条，让它自我生长就够了。"事实
上，团队的多样性程度越高，就越需要亲力亲为的管理。

这意味着随着团队的规模增大，你在选择团队领导者时需要更加挑剔。你要
找一个懂管理的人，不过绝不是从团队中随意挑选一个。你也需要把这名领导者从
团队的具体运行事务中解放出来，而将其转化为全职的管理者。当然，这种转变就
意味着团队要增加一名成员，相应地，团队的成本预算也要随之增多。这同样意味

着对于这些两人或三人组成的小团队，你不能再像往常一样任由它们自行发展。相反，需要有一位在这些小团队之外的管理者能够对它们进行日常监督。[23]

第二，除了要提高对团队进行直接管理的质量和介入度，你还需要对团队持久生存所面临的大量威胁因素时刻保持警惕。它们体现在人员流动率、价值界定、信念、任期、一致性、整合、适度、异议、创造力、分歧、个人阅历、地理位置的邻近度等方面。

人员流动率（Turnover）

如果一个团队中的成员彼此认为存在着显著差异，那么人员流动将是这个团队所要面临的一个问题。处理与非同类人的关系会造成额外的压力，这些压力会促使一些人为寻求安全感而与其他团队中和自己相似的人待在一起。要对抗这种"离心力"，最好的办法就是培育出社会认同感（social identity），即让团队个体生出"自己是团队一员"的这种自我概念。社会认同感体现在诸如团队中的头衔称号、逸事传说、认可表彰、共同的冒险经历等方面，它们能够建立团队成员对团队的忠诚度，使其成为团队的社交黏合剂，否则团队可能会成为一盘散沙。实验表明，对团队有着高度认同感的成员在面临具有吸引力的外部选择时，会表达出更强烈的留在团队内的意愿。[24]

价值界定（Framing）

价值界定指的是：与员工多样性密切相关的那些潜在挑战或机会是以怎样的表述方式传递给团队成员的。也就是说，团队领导者如何表述员工多样性的价值，将会影响到团队成员处理与多样性相关的紧张冲突的方式，也会决定多样性是增强还是削弱团队的运作有效性。2001 年，哈佛大学的研究人员罗宾·埃利（Robin Ely）和戴维·托马斯（David Thomas）对三家专业服务公司做了一项研究，他们发现，这三家公司各自采用了不同的视角来表述多样性的价值：

◇ 整合与学习视角。第一家公司将多样性作为帮助团队增强自身适应变化的能力的一种机制。（"你们在经验方面的不同，有助于我们对快速变化的市场做出敏捷反应。"）

◇ 连接与合规视角。第二家公司将多样性看作帮助企业与那些多样性程度不断提高的市场实现更好连接的一种方法。（"你们在文化背景方面的不同，有助于我们理解全球化市场。"）

◇ 歧视与公平视角。第三家公司将多样性视为保证所有人得到公平和平等对待的一种措施。（"我们之间有这么多的差异，这可以确保在这里没有对任何人的歧视。"）

埃利和托马斯认为，要使团队从多样性中大大受益，这三项中只有整合与学习视角提供了必要的理论基础和指导原则。相比之下，歧视与公平视角虽然听起来义正词严，对绩效却没什么影响。而连接与合规视角形成了身份等级的感知，事实上这是具有破坏性的。换言之，要将团队多样性的价值界定为保持竞争力和获得成功，要让团队成员认为自己在团队中的存在是为了获得成功，而不是为了感觉更好。

信念（Belief）

研究表明，拥有"多样性有益"这一信念的团队在利用自身的多样性力量时更具优势。也就是说，如果他们认为自己的多样性是一种竞争优势，结果也就真的会是如此。为什么这是个自我实现的预言？因为相信者愿意更大程度地分享信息和观点，而分享最终会得到良好的回报。[25]

在对该理论进行的一个测试中，多个 4 人团队（每个团队包括 2 名男性成员和 2 名女性成员）分别接受了或是多样性或是相似性的价值说服：前者强调的是多样性对于团队绩效的价值，后者强调的则是相似性对于团队绩效的价值。接下来，每个团队分别获得了或同质（每个成员所获得的都相同）或异质（每个成员所获得的都不同）的信息。然后每个团队都要基于各自获得的信息和原则，针对"有助于在沙漠中生存下来的事物有哪些？"这一问题，在内部产生想法、进行讨论、最终一致选出尽可能多的答案。

结果怎样呢？拥有多样性信念的团队不会因其拥有同质信息而影响到绩效。但是，对于具有异质信息的团队，拥有"多样性有益"信念的团队比拥有"相似性有益"信念的团队表现更佳。在一个快速变化的全球市场上，你会偏好哪种团队？

任期（Tenure）

事实证明，一个团队在一起的时间越长，多样性的负面影响越小。实验室研究获得的共识是，团体内部较多的接触最终会降低社会类别差异产生的常见负面影响，比如思维定式和偏见。[26]

田野调查（field research）[①] 证明了这一点。熟悉度高的团队能更好地利用团队成员经验的多样性。[27] 熟悉度不仅会帮助团队成员协调彼此之间的活动，还能将已形成的沟通经验在一个接一个的项目中重复使用。此外，团队成员在一起工作的频率越高，他们就越善于通过整合彼此的知识进行创新。

硅谷是一个以高跳槽率著称的地区，这里很多人的简历显示出其十几年间在不同的公司换了一连串的工作。但硅谷银行（Silicon Valley Bank）的高级管理层却是个例外。在硅谷银行 30 余年的发展历程中，曾有一段时间是由 5 人进行领导的：罗杰·史密斯（Roger Smith）、哈里·凯洛格（Harry Kellogg）、约翰·迪安（John Dean）、魏高思（Ken Wilcox）和格雷戈·贝克尔（Greg Becker）。这本身并不寻常，不寻常之处在于他们 5 人到现在仍然保持着密切的接触，也都与硅

---

① 田野调查又称参与性观察或实地研究，被认为是人类学与其他学科的最主要区别之一，基本特征是：进入实地，通过成为"局内人"，在自然情境下，通过各种研究方法（如观察、访谈等）获取第一手关于研究对象的整体性资料。——审校者注

谷银行保持着联系。

高层间如此持久的关系对硅谷银行的发展有着重大意义。在其整个发展历史中，CEO层面的智力资本、关系和人情网络，以及内部文化从未流失。这为现任CEO贝克尔积累了丰富的资源，使得他在决策制定的过程中可以随时加以利用。产生了什么结果？2011年，美国进出口银行①将硅谷银行列为年度最佳银行，后者的活期存款规模已达到400亿美元。

再想一下美国圣安东尼奥市（San Antonio）的职业篮球队——马刺队，它已经不可思议地维持了40年的成功。马刺队是美国男子职业篮球联赛（NBA）中的小众市场团队。在这一富有魅力的运动中，有着诸如勒布朗·詹姆斯（LeBron James）和科比·布莱恩特（Kobe Bryant）这样星光闪耀的球员，马刺队的成员相对来说声名不显。但是他们团队的组织方法与本书的研究结论所给出的建议有着惊人的相似之处。马刺队的教练格雷格·波波维奇（Gregg Popovich）已年近70岁，在NBA这样一个教练经常被富有的球队老板随性辞掉的联盟中，他是有着最长任期的教练。马刺队也拥有着联盟中程度最高的多样性水平，无论是国籍还是年龄（其年龄跨度从不到20岁到将近40岁）。

以上这些都是不要太快解散团队的好例证。其实最好的策略是，如果可能，让团队成员在不止一个项目中进行合作。这将为他们提供增进彼此认识和关系的机会，而且此过程也有助于缓解多样性团队所带来的社会类别差异问题。

一致性（Congruence）

不幸的是，许多组织并没有认识到任期对于多样性的价值。相反，由于他们错以为不断的变化会为团队注入新鲜的血液，因而不断解散和重组团队。事实是，与新鲜血液的注入相比，这些组织更多的是在让其员工一遍遍地重复着学习曲

---

① 美国进出口银行是一家独立的美国政府机构，依照1945年有关融资和促进美国出口的法律运作。
　　——审校者注

线——在团队成员尚未在工作中形成稳定的和谐关系前就强行将其解散。这种和谐的科学术语是人际一致性（interpersonal congruence），即团队成员对其他成员的认识与其他成员对自身的认识接近的程度。正是这种人际一致性调节着多样性与团体绩效之间的关系。

为了理解人际一致性的本质，一项纵向追踪研究[①]对某 MBA 班级里的 83 个工作小组（每个小组由 4～6 人组成）进行了观察。[28] 为了使团队的多样性最大化，研究人员按照性别、出生国、种族、工作经验（包括职能和行业），以及毕业研究课题的关注方向等因素将这些 MBA 学员编入了不同的小组。

结果如何？他们获得一个重大发现——在人际一致性高的团队，团队成员的多样性会提高团队在创新性任务方面的绩效。相反，如果人际一致性低，多样性反而会损害绩效。这意味着如果你所教的是一个多样性的团队，只要你能够为团队成员灌输获取竞争成功的共同目标、传递"多样性有益"的信念，以及延长他们在一起工作的时间，相信他们是一个成功的团队，那么你的这个团队就会获得卓越的绩效。

现在还有更好的消息：绩效的改进几乎可以说是成效立显。在对这些 MBA 学员组成的团队进行研究时，研究人员决定在过程中加一把力。他们选择了一些团队，让这些团队中的成员准备好正向积极的自我评估并将之与其他团队成员进行分享。难以置信的是，这一做法可以让团队在互动的最初 10 分钟内就达到足够高的人际一致性，并让团队在 4 个月后依然因之受益。

让团队成员充分展示而非克制其独特的个性，他们就能够从中获得多样性的最大收益。如果领导者鼓励团队成员去寻求能够促进一致性、推动自我验证[②]的自

---

① 纵向追踪研究也被称作纵向研究或追踪研究，是在比较长的时间内对相同对象进行有系统的定期研究，或者从时间的发展过程中考察研究对象的研究方案。——审校者注

② 自我验证理论是一个社会心理学理论，该理论主张一旦人们有了关于他们自身的想法，他们就会努力证明这些自我观念。——审校者注

我评估，他就可以收到立竿见影且能持续良久的积极成果。

整合（Integration）

即使团队成员有了一定程度的和谐，团队依然经常不能成功提取、组织和整合其成员的知识和专长。[29] 相反，他们会被大量的数据淹没，想要理解这些数据也会艰难异常。[30] 或者他们不能将这些数据形成必要的关联，以便能够催生更多的创新想法。[31] 抑或他们会遗漏一些关键信息，而过于集中于共享的信息上。[32]

这是以下观点的最强有力的支撑：团队成员中应该有一名通才（或者至少有一人有着比一般人更广泛的个人技能和经验）。由专才组成的团队基本上都会受益于这类人，因为他们能够将那些拥有窄域专长的成员所取得的发现转化到整个团队的工作中。没有他们，有价值的信息就可能无法被整合到全体人员的努力中，进而被白白浪费。[33]

适度（Moderation）

团队内部的连接非常重要，但是不能过度。礼让和谐能够化解复杂关系。但是如果团队成员关系过于亲密，多样性的益处也就会随之消失。这是因为虽然团队成员之间的密切关系可以增强团结，却会阻碍创造力。对于复杂问题的解决尤其如此。能够有效传播信息的沟通网络可以提升短期绩效，但不能改进长期绩效。为什么？因为低效的网络能够维持多样性。它们也有益于探索（解放了"特立独行者"），以及长期寻找解决方案。[34]

这就明显形成了一个矛盾：一方面，你需要促进团队的沟通，以克服多样性带来的阻碍；另一方面，如果让团队在过度沟通中变得过于亲密，又会扼杀多样性，而这对团队成功具有重大作用。我们认为真正的答案就是"让团队定期进行沟通，而非将沟通日常化"，同时，沟通的目的是分享新信息，而非为团队成员的努力限定边界。

异议（Dissent）

我们都有过参加头脑风暴会议的经历，其中我们会被告知不能对自己或者他人的想法进行评论或者批评——至少在创意产生阶段不可以这样。现实中的团队却好像恰恰相反。对团队进行的实验性研究表明，争论和相互矛盾的意见实际上会激发出发散的创新想法。而且，允许批判和争论也有助于创意的产生。说句题外话，事实证明，在头脑风暴中，被允许进行批判和争论的团队跟不能进行批判和争论的团队相比，前者表现更佳。[35]

创造力（Creativity）

两位社会学家，美国西北大学的布莱恩·乌齐（Brian Uzzi）和欧洲工商管理学院（INSEAD）的贾勒特·斯皮罗（Jarrett Spiro），希望找出百老汇音乐剧背后团队构成的理想形式。为了实现这一目的，他们对 1945 年至 1989 年期间百老汇创作的所有音乐剧进行了研究。他们也对这些剧目中每一个可查到名字的合作者进行了跟踪。最终形成的名单上有 2 092 个人，他们参与过 474 部在那个时期具有创新元素的剧目。

其中，乌齐和斯皮罗尤其想探究的一个问题是：到底是一个之前有一起工作经历的好朋友组成的团队更好，还是一个由陌生人组成的团队能获得更好的绩效？以 Q 值表示产品团队内部的连接紧密度，那么有合作基础的团队展示出极高的 Q 值，而陌生人团队的 Q 值较低。

两位研究者发现，Q 值与音乐剧的成功之间呈现一种拱形的曲线关系——在中间段的成功率最高。也就是说，当 Q 值处于低水平（小于 1.7）时，团队成员互不认识，交换想法和真正的合作十分辛苦。同样，当 Q 值过高（超过 3.2）时，团队成员的想法过于相似，从而扼杀了创造力。

他们发现最好的百老汇剧目是由社交亲密度（social intimacy）处于中间水平

的团队创造的。最理想的 Q 值水平（他们称之为"极乐点"）在 2.4 至 2.6 之间。在这个区间，与低 Q 值和高 Q 值的团队相比，音乐剧可以获得商业成功的可能性要高出 3 倍之多，获得评论界高度认可的可能性同样高出 3 倍之多。

这意味着最好的团队是由老朋友和新来者混合组成的。这样，团队成员可以舒服地相处，畅通无阻地交流观点，同时，这种舒适度又不至于扼杀彼此拥有的创造力。[36]

分歧（Divergence）

进入一个团队时，新加入者采取的最佳的策略是什么？先顺从，再不同。从神经学上说，我们人类偏向于将新人和新想法视为潜在的威胁。所以毫不惊奇的是，社会心理学家发现团队新成员都会为团队带来新信息，但也经常会被视作威胁。也正因如此，新成员提供的反馈意见经常会被团队其他成员摒弃、忽视或者立即拒绝。只有当足够多的积极的交往经历让新来者的团队成员身份得到巩固后，他们的不同意见才不会被当作威胁。此前，新成员富有价值的知识常常会被浪费。

这可能会带来惨重的损失，但是要解决这个问题也不是那么容易的。团队成员之所以抵抗、拒绝或者忽略来自新成员的批评意见，是因为这些意见代表了对团队集体的自我认识的一种威胁。同样，他们也有义务对信息的完整性提出质疑。[37]一个人只要被团队视为外人，即使他的批评是合理、非常正当、证据十足的，也可能会遭到拒绝。[38] 可以想象，相同的批评如果由一个被视为内部人的成员提出，则很可能被团队接受。

所以，答案是什么？充分的准备。新团队成员需要被告知，在进入新团队后，如果自己在还未获得团队信任时就提出分歧较大的想法，那么可能会事与愿违。新成员一定要知道的重点是，一开始需要通过"顺从"来获得团队信任，只有在获得团队信任后才适合发表个人异议。显然，该做法并不能完全弥补新成员在融入团队的最初过程中造成的损失，却可以缩短这一过程。

个人阅历（Experience）

认知能力并不一定随着年龄的增长而遭到削弱。[39]"认知健康"（cognitive fitness）是推理、记忆、学习、计划和适应能力所达到的一种最佳状态，人们通过采取特定的态度立场、生活方式以及练习手段来加以实现。认知健康这种状态可以优化人们的决策制定和问题解决过程，提高人们的压力管理和变革管理能力，还可以改进接纳新想法和不同视角的态度。受生活方式的影响，大脑的组织、神经网络和认知能力可以通过个人阅历得到改善。因此，虽然诸如硅谷这样的地方通常会选择年轻人，但是对于一个团队来说，年长的成员应该是重要的参与者。

地理位置的邻近度（Proximity）

维护团队有效性的最后一个挑战是地理位置上的邻近程度。在当前全球性工作团队、远程会议和异地协作如此普遍的背景下，这一挑战可能让人感到意外。有一项研究对 1999 年至 2003 年间发表在 2 000 多本期刊上、涉及 20 万名作者的 3.5 万篇文章进行了分析，结果显示团队成员之间地理位置上的邻近程度是团队成果质量的一个预测因素。[40]研究人员将作者的地理位置与基于引用量的研究成果质量进行了对照。事实证明，地理位置上的邻近是文章影响力大小的重要预测因素之一。[41]

那么在当前现代化通信技术发达、团队国际化和市场全球化的背景下，这意味着什么呢？这将取决于对"邻近度"的定义。一个生活在四个不同大陆上、在 24 个时区切换工作状态、主要依靠邮件和短信进行沟通的虚拟团队，可算得上完全没有邻近感的团队的真实写照。那么在这种情况下的挑战是需要用一些别的东西替代传统意义上地理位置的邻近，比如：定期的在线会议、加强版的沟通工具（比如远程呈现技术）、特定的团队仪式、非工作活动，以及利用一切可能的机会将团队聚在一个地方、拉近团队的亲近感。

有关团队规模的新研究

现在，我们要再次面对团队规模的问题。前面我们已经对该话题进行了广泛的探讨，后续我们还将进一步深入。此处，我们要关注的是最新的科学研究对于团队人数的建议。

这里是近来最有意思的一些发现：

当团队规模扩大时，团队边界会成为问题。在一个边界清晰的团队里，人们知道谁属于团队、谁不属于。但当团队规模增加时，"边界"的意识就会逐渐模糊。

一般来说，公司的管理团队尤其会边界不清、过于庞大。一项针对 120 个高层管理团队所进行的研究发现，只有 11 个（9%）团队对自己团队的准确人数意见一致。这不是一个小问题：如我们前面已经提到的，对谁属于、谁不属于团队的认识其实是非常重要的，因为只有清楚这一点，团队成员在制定团队目标时才能够对所有可获得的资源做出准确的预估。没有这一点，他们只能做出大约，而且通常是不准确的估计。

不过，这并不是关于这件事的定论，因为不断扩大的团队规模确实会对绩效产生一系列的益处。这里有几个例子：

◇ 有更多的成员意味着能有更大的概率形成更高程度的劳动分工，因此而产生更高水平的工作专业化。[42]

◇ 有更多的成员意味着会形成更大的团队知识和经验库。[43]

◇ 可调用的松散资源（人员）越多，团队就能针对变化的环境做出越充分的准备。[44]

但是不断增加的团队规模也会对绩效产生危害：当团队规模增加时，其功能性团队的规模（即对团队工作真正有贡献的人数）通常并不能相应地增加。[45] 没有什么可以保证扩大的团队带来的更多知识和经验资源能得到充分利用。

还有，不要忘记社交网络的问题——4 人团队有 6 条沟通连接线路，10 人团队就会有 45 条连接。当团队规模增加时，协调的需要就会成倍增加。[46] 同时，要维持社交网络的存在就需要对技术和协调信息进行分享，当团队规模增加，这种分享也会变得更加困难。[47]

团队规模的增加也会带来融合成本。新成员融入团队是需要时间和精力的，如果这种成本发生了，团队的发展就可能会减缓甚至停滞。[48]

此外，不要忘记从拔河比赛中得到的经验。在个体和集体绩效密不可分，且个体贡献很难得到评价的团队中，个体知道他们的努力不能被单独分离出来，经常会懈怠，从而不会做出力所能及的最大贡献。在心理学中，这种现象被称为社会惰化（social loafing），在经济学中它是搭便车现象（free riding）。法国心理学家马克斯·林格尔曼（Max Ringelmann）早在 1913 年开展的实验就已显示，在拔河比赛中个体的努力会大幅下降。[49] 平均而言，一个人可以拉动 63 千克，3 个人在一起拉动 160 千克（也就是说，人均下降了 15%），而 8 个人共同拉动 248 千克（人均下降 51%）。林格尔曼聪明地选择了"拔河比赛"作为研究对象，因为它不涉及任何协调性问题——每个人唯一的任务就是努力拉绳，所以，绩效变化的唯一原因就是个体努力程度的下降。[50]

> **TEAM GENIUS**
> **社会惰化**
> Social loafing
>
> 在心理学中，也称社会惰怠效应。在个体和集体绩效密不可分，且个体贡献很难得到评价的团队中，个体知道他们的努力不能被单独分离出来，经常会懈怠，从而不会做出力所能及的最大贡献。在经济学中，这种现象被称为搭便车（free riding）。

最后，团队规模的增加在知识型团队中还有可能损害成员间的关系。研究已经发现，随着团队人数的增加，团队成员对可获得的支持的感知度就会减弱，即便这种支持实际是存在的。这不容小觑，因为"相信自己可以获得支持并拥有诸多高质量的关系"这种信念对于缓冲充满压力的工作体验有着积极的作用。[51]

来自北卡罗来纳大学教堂山分校人类科学中心的毕博·拉塔内（Bibb Latané）是团队规模研究领域的主要社会科学家之一。作为社会影响理论的先锋，拉塔内在团队规模的增加所带来的影响方面有着大量重要的研究发现，包括团队规模增加对团队动力的影响，对大型团队内的秩序如何自发形成方面的影响，以及对社会影响力在团队成员内的传播状况的影响。下面是其中的一些结论：

◇ 当团队人数增加时，个人责任会稀释。拉塔内和约翰·达利（John Darley）对"旁观者效应"（bystander effect）进行的研究表明：如果有其他人在场，人们帮助出现紧急状况者的可能性会变小，因为帮助人的责任被分配到了多个人的身上。

◇ 随着团队规模的扩张，增加的人员所做出的个体贡献会呈现收益递减的现象。新增人员在团队所占的比例越高，他们对团队中对每个人的影响就越大。例如，在两个人的团队中增加 1 名成员，跟在 20 人的团队增加 1 名成员相比，双人搭档中的那位新成员对团队的影响会更大。因此，当团队人数增加时，独特的知识和技能对团队的影响力就会下降。在组建一个完全多样性的团队和组建一个其每个个体的功能都能得以充分发挥的小规模团队之间，需要进行权衡。

◇ 管理者和领导者一般会高估大型团队的好处。当双人搭档和三人团队明显更加有效时，我们却经常看到由超过 5 人组成的团队，原因之一就是管理者误认为人员越多，团队就越有效。2012 年，三位研究者——布拉德利·斯塔茨（Bradley Staats）、凯瑟琳·米尔科曼（Katherine Milkman）和克雷格·福克斯（Craig Fox）在田野调查中发现支持此观点的证据后，命名了一种被称为"团队规模谬误"（team scaling fallacy）的现象，即随着团队人数的增加，人们就会愈加低估完成任务所需的时间。

跟随拉塔内的脚步，另外一些科学家也加入了探索最佳团队规模的行列。不幸的是，得出结论尚为时过早。但是对于"如何减少大团队的负面效应"以及"在团队需要大量人员时如何保持一个小的团队规模"这两个问题，已经取得了以下研究结论：

◇ 帮助团队成员认识到自己的任务和目标意义重大，这一点很重要。这有助于减少社会惰化现象。如果不能做到这一点，那就鼓励团队成员（通过团队自豪感）主动弥补其同事未达标准的工作造成的后果。[52]

◇ 为了维持较小的团队规模，管理者需要采用多团队项目制。他们也可以采用创建核心团队和扩展团队的方式，再或者将团队的一些任务进行外包。[53]

◇ 在大型团队中，不是所有的团队成员都需要全程参与——团队成员可以只在参与其中某些特定的任务时再加入进来。[54]

现在，既然你已经组建了团队，有了多样性的成员构成，让其充分发挥潜力的最后一个挑战是：不仅要推动团队实现最大生产力，而且要使团队的运营保持合理的节奏，从而使其长期损失处于最低水平。

TEAM
GENIUS
本章小结

1. 追求认知多样性

◇整体思考与解析式思考

◇情景依赖型思维与独立型思维

◇逻辑型左脑思维与非线性右脑思维

2. 对威胁团队持久生存的因素保持警惕

◇人员流动率：对抗离心力，培育社会认同感。

◇价值界定：将团队多样性的价值界定为保持竞争力和获得成功。

◇信念：让团队保有"多样性有益"的信念。

◇任期：提高团队成员的熟悉度、工作频率，增加团队成员在一起的时间。

◇一致性：鼓励团队成员去寻求能够促进一致性、推动自我验证的自我评估。

◇整合：团队中应当既有通才，也有专才。

◇适度：让团队定期进行沟通，而非将沟通日常化。

◇异议：允许批判和争论。

◇创造力：找到新老混合的"极乐点"。

◇分歧：让新成员缩短融入团队的过程。

◇个人阅历：让年长的团队成员成为重要的参与者。

◇地理位置的邻近度：利用一切机会将团队聚在一起。

TEAM GENIUS

05

全新思维：团队的价值观与任务

团队价值观的类型有哪些？

团队任务的类型有哪些？

THE

NEW SCIENCE

OF

HIGH-PERFORMING

ORGANIZATIONS

幸运的是，团队成功的路径并非只有一条。完全掌握这些知识，你就能找到适合你的团队，以及适合你的个性和组织文化的领导风格。

在这里，你能看到近十年的研究所揭示的一些有趣发现。其中之一就是，自团队创建开始就被注入的价值观会塑造出团队成员完成任务的方式和他们的社会交往方式。并且随着时间的推移，那些方式会固化成为组织结构的特征。这就意味着：团队以何种面貌开始，将决定它会以何种面貌结束，也将决定它在存续期间将如何表现。

价值观对团队绩效的影响

科学家们研究了团队的这种生命周期，然后发现：

◇ 崇尚平等主义价值观的团队成员会形成高度相互依赖式的任务结构和社交模式。它们通常表现良好。

◇ 崇尚精英价值观的团队成员倾向于形成较少相互依赖式的任务结构和社交模式。它们也表现尚可。

◇ 相比之下，崇尚混合价值观的团队，最终会因为缺乏始终如一的任务和流程模式而走向终结。与崇尚平等主义和精英价值观的团队相比，很明显，它们表现不佳。[1]

这些发现解释了一个悖论，即为什么有些公司虽然有着不同的，甚至完全相反的组织文化却都能获得持续的、长期的成功，而另外那些崇尚在两个极端之间的"中庸"文化的公司，即使它们展现出了两个极端文化中的某些最优特征，却也没能获得同样的成功。

在撰写本书的过程中，里奇曾经列席过一场对话：赛仕软件（SAS）[①] 的高级副总裁兼首席营销官吉姆·戴维斯（Jim Davis）和一位曾在亚马逊任职、现任某创业公司的 CEO 之间的一场有趣对话。赛仕软件是一家私有企业，经常被列为世界上最好的工作场所之一。员工能够享受到环境优美的企业园区、免费的儿童保育服务、美味的食物、员工保健医生、员工沙龙等。不要奇怪，这笔费用会占到公司每年营业额的 3%。

而那位 CEO（也是亚马逊的前雇员）则称，亚马逊则完全相反。它对员工"极尽压榨"，员工平均在职时间仅为一年。但是，从各项指标上看，亚马逊取得了巨大的成功，可以说比赛仕软件更加成功。

如果说赛仕软件的成功得益于其极富人性化的组织文化，亚马逊的成功得益于其严厉的精英文化，那么，为什么这两者都能奏效呢？

答案是，赛仕软件和亚马逊都十分清楚自己的文化。两家公司的文化没有丝毫的混乱或不诚实，反而是都能让员工感觉到公司是极其可靠和值得信任的。赛仕软件的广告词是：和我们一起享受职业生涯。亚马逊的广告词是：和我们一起挑战自己。相比之下，中庸风格文化的团队和公司不清楚自己是什么样的。它们说一套做一套。它们像风一样摇摆不定，逐渐吞噬了可靠和信任。

---

① 赛仕软件于 1976 年创建于美国，是全球领先的商业分析软件与服务供应商。——审校者注

这一切都始于团队诞生之初。有效的领导者在组建团队时，会以自己的个性化方式完成三项工作：

◇ 清晰阐明团队的任务以及任务的意义所在。

◇ 强调团队是执行任务的一个整体。

◇ 建立行为规范。

这可以帮助我们理解为什么独立的和相互依存的两种类型的团队都可以高效地工作。研究表明，当团队的任务和产出是纯粹的团队工作的产品或者是纯粹的个人努力的成果时，团队的表现最佳。"混合式"的团队居于"独立"和"相互依存"这两个极端中间某处，任务和酬劳既有归属个人的，又有团队共同完成的。在这种情况下，它们不可避免地要持续处理内部的相互交流问题、团队稳定问题以及成员满意度问题。在这种"混合式"团队中，合作规范其实是很脆弱的。[2]

一如往常，这个问题最终还是归结到领导力上——最大的问题就是团队领导者既不果敢决断，也不始终如一。比如戴尔公司创始人兼董事会主席迈克尔·戴尔（Michael Dell）在一轮巨大的成功之后，发现公司的增长开始变缓，股票价格也跌了下来，这个时候他就犯了一个成功的科技企业家常犯的错误。在20世纪90年代，戴尔公司的股票曾经是全美5 000余只股票中增长最快的一只。如果你在1990年1月份购买了1 000美元的戴尔股票，等到1999年12月时，其价值已达100万美元。

但这个好运气最终导致了糟糕的结果。2000年和2001年科技股崩盘之后，戴尔的股票没有恢复到其历史高位。虽然在接下来的13年中戴尔的收入仍在持续增长，但公司的业绩令华尔街失望了。当2006年苹果公司的市值超过戴尔时，虽然戴尔仍然在增长和盈利，但它还是被视为失败者。而这看似对戴尔的文化和迈克尔·戴尔本人都产生了毁灭性的影响。戴尔公司的领导层看上去放弃奋斗了。所以说，它的文化既没有始终如一的坚持，也缺少果敢决断的魄力。

最终，在 2013 年年底，戴尔公司通过一次杠杆收购完成私有化，退出了纳斯达克股票交易所。戴尔私有化的当天，迈克尔·戴尔做了另一件意义同样重大的事情：他废除了戴尔内部的员工强制排名系统。强制排名系统使每个员工在钟形的绩效曲线的框架下互相排挤，把优秀员工变成政客，把业绩不佳员工变成背后捅刀子的人，同事们互相为敌，整个戴尔文化变成了一出戏剧——《蝇王》（*Lord of the Flies*）①。我们是有些夸张，但你肯定知道我们指的是什么。更重要的是，迈克尔·戴尔本人也是如此。在公司私有化后短短的一年时间内，迈克尔·戴尔将深刻的文化价值观和始终如一且果敢决断的领导力重新注入了他的公司。

通常，能力不足的团队领导者往往会有控制力方面的问题。他们要么是过度控制的"暴君"（拒绝向团队成员寻求信息的输入或者干脆忽略他们的输入），要么是缺少控制力的"懦夫"（对团队成员采取自由放任的态度，以致成员在工作结束时仍然不清楚应该如何操作）。最糟糕的领导者则兼具这两个特点，他们在两个极端之间摇摆不定，使团队成员无法专心于本职工作，从而削弱了整个团队的工作能力。[3]

J. 理查德·哈克曼是一位受人尊敬的团队管理专家，他十分贴切地总结了领导力方面的挑战。他指出，你不能保证团队成功，但你可以通过管理团队的边界和创建合适的环境条件来增加成功的概率。[4]

哈克曼认为，这些"合适的环境条件"是：

◇ 团队有一个引人注目的方向：团队的任务是清晰的，富有挑战性的，并且是能带来重要结果的。

◇ 团队是有边界的（谁是团队成员、谁不是团队成员，在这方面是清晰

①《蝇王》是英国作家、诺贝尔文学奖获得者威廉·戈尔丁的代表作，是一本重要的哲理小说，借小孩的天真来探讨人性的恶这一严肃主题。故事发生于想象中的第三次世界大战，一群 6 岁至 12 岁的儿童在撤退途中因飞机失事被困在一座荒岛上，起先尚能和睦相处，后来由于恶的本性膨胀起来，便互相残杀，发生悲剧性的结果。——审校者注

的）和稳定的（团队的成员不是持续变动的），其成员是相互依赖的（也就是说，他们要通过互动来完成团队的工作）。

◇ 团队是由"合适的"成员组合而成，他们会用行为规范来指导自己的行为。团队成员虽然是有差异的，但不至于差异大到无法一起工作。团队成员拥有完成团队任务所需要的"合适的"技能和专业知识。

◇ 有一个支持团队的组织环境，可以为团队成员提供相应的资源、信息和培训，以帮助他们完成任务。

◇ 团队可以接受到来自专家、同行和领导的教练辅导。[5]

减少过程损耗，提高团队生产力

1972 年，社会心理学家伊万·斯坦纳（Ivan Steiner）提出以下方程，现在被广泛引用：

团队的实际生产力 = 潜在生产力 − 过程损耗

其中：

◇ 潜在生产力是指团队根据已有的资源在理论上可以实现的生产力。

◇ 过程损耗是指团队由于协调和激励问题导致的损失。

斯坦纳进一步提出，团队规模、团队生产力这两个因素都与"团队任务"相关。[6]
而这些任务，可以基于三种类型进行区分：任务构成、专注点和相互依存性。

任务构成

任务构成包括两种类型。一种类型是"可分割的"任务，即可以很容易地把这一团队任务划分为若干子任务，这些子任务可以分配给特定的团队成员。另一种类型是"整体性的"任务，它们不能被划分为子任务，所有的团队成员都必须一起工作，或者是只有一个小组成员在完成任务时，其他人也得旁观而不能离开。

专注点

这是团队的努力方向。专注点的核心是要回答一个问题："对于团队的产出，究竟是数量重要还是质量重要？"当团队关注数量，执行任务的团队成员就会执行最大化的任务——尽可能地生产更多的产品。当团队专注于产品质量，团队成员就会执行最优化的任务，尽可能寻求最优解，因为高质量将获得奖励，而低质量则会受到处罚。

相互依存性

团队任务的相互依存性是指团队成员的个人贡献是如何结合或集成为一体的。根据相互依存性划分任务类型，共有六种，且每一种类型所产生的过程损耗都有所不同，各具特色。

累积型任务是通过集合个人贡献来完成最终的团队输出（所有成员的成绩相加即为团队的成绩）。例如，拔河比赛、流水作业线、接力赛都是累积型任务。在这种类型的任务中，会由于物流问题、社会惰化及协调问题等导致过程损耗。团队规模的扩大会带来生产力的提升，但提升速率呈递减趋势，原因就在于，随着团队规模的扩大，运作中需要发生的连接的数量也会迅速增加：n（n-1）。

分离型任务是要求团队解决某个单一问题（例如，一个纵横字谜或脑筋急转弯），而团队解决这一问题的水平取决于团队中最能干的员工的水平（只要有一个成员解决了问题，团队任务就算完成）。团队规模越大，拥有能干的成员的可能性就越大，但这仍只是可能性而已。所以，当团队规模扩大，效率也会在一定程度上提升，然而过程损耗也在悄悄跟进。过程损耗通常来自自我审查（self-censorship）、社会惰化、团队成员不听从最能干的人的指挥，或者是由于缺少所有人都可以发表意见的流程而导致有用的信息无法得到利用。这些损耗是可以降低的，方法包括：选择合适的专业人才，创建有助于减少自我审查行为的规范和共享的信念，以及营造鼓励各抒己见的轻松氛围。[7]同时，让团队的任务保持持续的吸引力也有助于减少社会惰化的问题。[8]

联合型任务是需要团队中的所有成员一起工作才能完成的任务（所有的成员都完成任务，才算团队任务完成）。跟分离型任务不同的是，执行联合型任务的团队的绩效水平（从速度和质量的角度来看）取决于团队中能力最弱的成员（或者说取决于最薄弱的环节）。完成联合型任务的典型团队包括乐队组合和攀岩团队。

在执行这类任务的过程中，整个团队的工作绩效可能会因某些成员的水平较低而被拉低。解决这一问题的关键是给团队成员分配他们自己喜欢的任务。同样重要的是，要增加团队中的相互依存感和信息反馈，因为这可以加强成员的个人贡献感和成员彼此间不可或缺的感觉，而这些进一步会推动团队成员更加努力。[9]

为什么这样做会有效呢？ 1926 年首次提出的"柯勒效应"对此做出了解释：低能力水平的个人在团队中会希望努力跟上其他小组成员。他们不想阻碍团队的进步，特别是当该团队正在执行联合型任务时。[10]近期研究表明，与独自工作相比，以团队形式工作的员工的工作绩效要高出 50%，因为他们不想让队友们失望。[11]而当团队成员分到了自己喜欢的工作任务时，团队的工作绩效将会更高。[12]

这一研究成果强调了我们大多数人在自己的日常生活中已经认识到的一点：如果我们身在其中的团队要完成一项任务，而我们自己在完成任务的过程中做出了明显的贡献，那么这种参与会让我们展现最好的自我。

补偿型任务是以小组成员平均分配个人贡献为特征的。例如，让一个小组评估某只股票的价值。每个成员提供一个评估结果，所有成员的评估结果的平均值就是整个团队的结果。再如，在为某个职位挑选候选人时，招聘小组中的每个人都要对候选池中的每个候选人进行评估。

这里的过程损耗来自决策之前的各种讨论。补偿型任务的最大优势在于，它可以通过不同人的多重贡献来纠正系统性偏误（systematic biases）[1]。但要注意，如果团队热衷于内部讨论，或者成员之间试图相互影响，那么这种优势也就没有了。这种损耗可以通过区分小组成员的权重（根据小组成员的知识和技能方面的差异）的方式来进行补偿。遗憾的是，在现实生活中，其他诸如资历、地位或知名度等因素经常被用来衡量不同成员评估结果的权重，这只会使情况更加恶化。

本书作者里奇最近采访了一位来自美国海军"蓝天使"特技飞行队的喷气式飞机编队指导员。在特技飞行时，编队飞行就是生与死的赌博。两架飞机的机翼与机翼之间只有46厘米的间距，而飞行速度高达每小时400英里。每一个飞行员都必须在整个飞行编队中始终保持最好的状态，否则就会有人丧命。

那么，"蓝天使"特技飞行队是怎样做到的呢？他们会对每一次的表演和练习都进行录像，然后他们会对表演进行严格的总结回顾。为了避免军衔等级、年资、知名度等因素对总结回顾的过程产生影响，飞行员在进入会议室开始总结之前，他们会除去自己的名牌和军衔标记。他们的会议以一句宣言开始："没有完美的表演，我们来到这里，就是为了找到哪里是不完美的。"然后，总结回顾就开始了。接下来是像"12步骤康复计划"[2]那样，每个人都说说自己的哪些地方本可以做得更好。

自由决定型任务允许团队成员自己定义如何集成他们彼此的个体贡献。换句话说，这意味着一个团队达成任务目标的水平将取决于团队自身的自由性。因为通往成功的路径是由各个团队成员自己定义的，所以团队就可能获得非常成功的结果。但是，如果团队采用了不恰当的绩效战略，导致团队成员把他们自身的动机和野心凌驾于团队利益之上，那么过程损耗，甚至失败，就会发生。

---

① 系统性偏误指社会特有因素对人的信念与决策所产生的重要影响。不同背景的人由于文化差异、收入差异、地域差异等，可能会形成若干个具有不同信念的群体，群体内部无明显差异，但不同群体之间存在着系统差异。——审校者注

② "12步骤康复计划"是在全世界，尤其是在西方国家非常流行且有效的心灵治疗支援团体疗法，旨在帮助人们戒掉各类瘾症。——审校者注

结构型任务（虽放在最后但并非最不重要）是上述各项任务的混合体。毫无疑问，同时完成上述五种类型的任务是不可能的——事实上，很多任务还是互相矛盾的。所以，一些团队会有序地创建不同的任务，比如说，团队成员先集中精力完成某一项任务，完成后再转向另一个，依序完成。

这里，我们带给你的是关于团队、团队成员以及团队运营方面的最新发现和见解。在下面的章节中，我们将具体研究全球各种不同类型的团队——团队分类。你可能了解不少关于双人搭档、三人团队甚至更大规模的团队所采用的不同形式，但请记住，在这些标签和叙述性描述的背后，隐含的都是前文所阐述的心理学和社会学力量。

到目前为止，我们只是研究了团队内部。在下一部分，我们将从外部视角——从担负着"创建团队并确保团队获得成功"这一任务的管理者的视角来研究团队。

TEAM GENIUS

本章小结

1. 三类团队价值观

◇崇尚平等主义：团队成员会形成高度相互依赖式的任务结构和社交模式。

◇崇尚精英主义：团队成员倾向于形成较少相互依赖式的任务结构和社交模式。

◇崇尚混合价值观：最终会因为缺乏始终如一的任务和流程模式而走向终结。

2. 团队任务的类型

◇按任务构成分类：可分割任务、整体性任务。

◇按专注点分类：数量最大化任务，质量最优化任务。

◇按相互依存性分类：累积型任务、分离型任务、联合型任务、补偿型任务、自由决定型任务、结构型任务。

TEAM GENIUS

The New Science of High-Performing Organizations

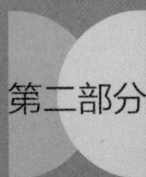

第二部分

发现天才团队的最佳规模

TEAM
GENIUS

06

双人搭档：人类最基本的团队形式

双人搭档为什么是最常见的人类团队形式？

人类为什么天生就具备组成双人搭档的能力？

THE
NEW SCIENCE
OF
HIGH-PERFORMING
ORGANIZATIONS

20世纪90年代早期，当时极富推动力的企业家之一——星巴克的创始人霍华德·舒尔茨遇到了一个难关。那时，他正试图在全美扩大星巴克的生意，但是在开了几百家店之后，他发现快速扩张模式已经开始瓦解。调查显示，客户服务水平（对于星巴克的成功来说，这是比咖啡本身更重要的因素）呈不断下降的趋势。也许批评家们是正确的。像星巴克这样的品牌，要想在全国范围内扩展其被粉丝狂热崇拜的品牌影响力，基本上是不可能的，更不用说在全世界范围内扩展了。因为包括"卓越的客户服务"在内的无形资产，并不伴随着门店数量和规模的增加而增加。

舒尔茨很快意识到，星巴克最需要的是对雇员有高度的同理心并且深谙客户服务艺术之道的人。这类人要和舒尔茨完全不同——舒尔茨属于A型人格①，具有强烈的竞争性，他是凭借体育奖学金进入大学的穷小子，期待在任何他接触的领域都取得成功。

---

① 1959年美国的两位心脏病专家弗里德曼和罗森曼描述了A–B型人格类型，其中A型人格与冠心病之间关系密切。A型人格：性格急躁，缺乏耐性；成就欲高，上进心强，有苦干精神，工作投入，有时间紧迫感和竞争意识，动作敏捷，说话快，生活处于紧张状态，社会适应性差，属于一种不安定性人格。B型人格：性情温和，举止稳当，对工作和生活的满足感强，喜欢慢节奏的生活，可以胜任需要耐心和谨慎思考的工作。——审校者注

因此，在 1994 年，舒尔茨做了一件非同寻常的事情。他提拔了一位与他性格完全相反的人，目的是提振员工士气，改善客户服务。很巧合的是，这位外来者也碰巧叫霍华德——霍华德·毕哈（Howard Behar）。

"我们的差异如此之大，这很有趣，"毕哈回忆道，"我们的外在形象就很不一样。他高大、健壮、作风强硬。我呢，是又矮又胖。同时，我们看到的也是不一样的世界。该死的，我们在'雇员文化对于星巴克在全国、在全世界的扩张到底有多么重要'这一点上，讨论并争执了三年。对于舒尔茨，文化也许是重要的，但不是首要的。可是对我而言，文化是整个游戏的全部。"

这对"霍华德—霍华德"关系开始时困难重重。但是两位主角坚持到底了。的确，霍华德·毕哈后来成为星巴克的总裁——这是星巴克内仅次于霍华德·舒尔茨的位置，毕哈在这个位置上服务了八年之久。

在当今局面艰难且竞争加剧的经济环境里，来自工作与娱乐的日常需求不太可能全部由某个人自己来实现。相反，我们需要具有互补技能的人。而且，我们发现这样的搭档几乎无处不在：工程师与技术文档编写员在一个团队中工作，还有辩护律师与调研员、执行高管与运营专家、发明家与企业家、两位霍华德的故事……这个名单几乎是无穷无尽的。

事实上，你对双人搭档研究得越多，你就会越清楚，在现实生活中找到几乎完全相同的两个个体之间联结——就像卡斯托耳与波鲁克斯（Castor and Pollux）[①]那样的深厚关系的可能性就越小。相反，正如我们在下文将会看到的，双人搭档经常呈现出不拘常态、丰富多彩的搭配形式，其中一些搭档乍看上去差别相当大。这不仅是说团队成功与两个搭档间的相容性没有对应关系，而且最成功的双人搭档中也有一些是由毫无共同点的两个人组成的，这两人甚至可能都瞧不起对方。

----

① 卡斯托耳与波鲁克斯是古希腊神话中的孪生神灵，宙斯之子，感情非常深厚，宙斯把他们的形象置于天空成为双子座。——审校者注

更古怪的还有，在一些双人搭档里，一个成员可能已经与世长辞，甚至从来没有存在过。

　　毋庸置疑，这不是通常情况下我们对双人搭档的理解方式，也不是企业界、政府机构或学术界对人才进行配置的通常做法。恰恰相反，我们要么倾向于将我们认为会有效协同的人组成一个团队，要么就努力为某个职位找到两个最优候选人，然后将他们简单地组成一个双人搭档。都进入 21 世纪好些年了，人才甄选流程依然如此不完善，真是让人震惊。毕竟，当今公司为了从劳动力市场（或是应届毕业生群体）所提供的大量潜在雇员中甄选出少数几个最可能成功的人才，可说是花费了数十亿美元，他们会使用多种多样的手段，从使用猎头，到参加展会，再到大数据分析，等等。然而在这些富有才华的人最终被雇用并投入工作后，公司对他们的安排方式却没有先进性可言：他们或与其他人组成双人搭档，或者被安排进入更大的团队，而这种安排所依据的是几乎千年未变的流程："感觉上"的相容性、共同利益、相似的个性、直觉，以及更常见的依据——距离和便利性。

　　如此看来，即使企业人力资源部门已经拥有各种实证分析工具，他们也仍然没有能力去预测自己组建的双人搭档能否真正地完成工作，这真的就没有什么值得奇怪的了。如果我们不能预测双人搭档这一更大型团队的基本构建单位，那么我们又怎能指望对 50 人或 1 500 人的团队做出这样的预测？

　　这种情况不能继续下去，当然也不能持续太久。正如在过去，为了应对组织效率方面所受到的挑战，管理信息系统、供应链管理和新员工分析等新学科渐次出现。现在也一样，一定会有新的学科出现，将计算机的计算能力和经过验证的技术引入企业的团队建设。对于身陷失败团队或机能失调团队的人（其实，这意味着我们当中的大多数人）而言，这一天早该来了。

　　当这一天到来时，你将看到这种景象：企业运营中，技术驱动的革新一个接一个地发生，每个行业里率先采用革新成果的企业将会拥有强大的竞争优势，将竞争对手远远甩在后面。想象一下，未来你所在的公司或机构中的每一个经营单元，不论规模大小，全都运转高效，而这种运转效率当前你只能在那些"超级巨星"团队中找到。

当团队建设、团队管理的革命最终到来时，它将毫无疑问地从所有团队类型的基础——双人搭档开始。毕竟，双人搭档不仅是最常见的人类（和动物）团队，它也是更大规模团队赖以构建的基础。

田径场上的黄金搭档

2012 年的一个温暖傍晚，在南加州洛杉矶东部郊区的阿卡迪亚市（Arcadia），31 名瘦瘦的高中男生在阿卡迪亚高中的跑道上排着队，即将参加 8 圈共 3 200 米（经典的两英里）的跑步比赛。男生的 3 200 米比赛是每年 4 月阿卡迪亚邀请赛的表演赛，这场比赛于黄金时段在聚光灯下举办。

对于高中选手而言，3 200 米耗时 9 分钟被认为是国家级水平。参加 2012 年阿卡迪亚 3 200 米比赛的 31 个男生中的大多数人，都有机会打破 9 分钟的纪录。

在比赛中，有 21 名选手在 4 分 31 秒内跑完一半路程——1 600 米。在接下来的两圈里，这群男生你拼我抢争夺位置。这时，4 位来自得克萨斯州休斯敦的选手在其中一位高四年级[①]男生的带领下，突然爆发并设定了令人吃惊的跑步节奏。这 4 位和其他选手看上去很不一样，他们就像经验丰富的奥运会选手一样飞速前进。看上去他们在最后两分钟是有可能跑得更快的，因为他们最终是以低于"4 分钟 / 英里"的速度跑完最后 800 米的，而这被 ESPN（娱乐体育节目电视网）认为是高中男生 3 200 米比赛最伟大的历史纪录。

以 8 分 51 秒的成绩第四个通过终点的选手看起来是一个孩子，他有着沙质

---

① 美国小学为五年制，初中为三年制，高中为四年制。——审校者注

金发，身着黑色的半及膝袜子。前三名选手是高四学生，第四名是一位高三学生，他是来自北达科他州俾斯麦高中的杰克·雷甘（Jake Leingang）。尽管已经16岁，但身高1.73米、体重54公斤的杰克看上去就像一个七年级（初二）的学生。

这样一个来自北达科他州稀疏平原的、看上去不太可能获得什么惊人成绩的孩子，能来参加洛杉矶附近这个令人炫目的阿卡迪亚田径邀请赛，并且在男生3 200米比赛中获得第四名的成绩，这着实令人震惊。好的长跑运动员必须保持常年的训练，而在北达科他州，训练一整年几乎是不可能的。因为在北达科他州，从12月到次年2月间的大部分日子都处在冰冻期，很多时候气温是低于零摄氏度的。3月气温回升，冰雪融化，然后一夜之间道路就变成了溜冰场。更不用说举办比赛的4月份，刚刚经历北达科他州整个冬季的杰克·雷甘，与来自得克萨斯州、加利福尼亚州和亚利桑那州①的那些晒得黝黑的长跑选手相比，有着巨大的竞争劣势。

但是，杰克拥有一个其他选手没有的优势：他接受过美国高中长跑比赛教练中排名最靠前的"一对"教练的训练。

大力鼠②

早在1970年8月，当达雷尔·安德森（Darrell Anderson）作为一名高中二年级学生参加俾斯麦高中首周越野训练并崭露头角时，他身高仅有1.60米，体重48公斤。越野比赛长度为3英里，路线经过公园中的丘陵小道或是高尔夫球场。对于橄榄球运动员来说，保持较重的体重是一种责任。对于长跑运动员来说，也是如此，只不过是在保持较轻的体重方面，无论是当时还是现在，长跑运动员的体重都是较轻的。而达雷尔·安德森在这群比较瘦的人群里甚至显得更为弱小。

---

① 得克萨斯州、加利福尼亚州和亚利桑那州都位于美国的西南部。——审校者注
② 《大力鼠》（*Mighty Mouse*）是美国20世纪五六十年代期间的一部动画片，主角是一只逃脱了猫群追捕的小老鼠，因一些奇遇而变成了智慧、勇敢和正义化身的超级大力鼠。——审校者注

美国 20 世纪 70 年代早期最著名的长跑运动员是像弗兰克·肖特（Frank Shorter）和史蒂夫·普雷方丹（Steve Prefontaine）那样的肌肉发达的男子。肖特，毕业于耶鲁大学，是第二位赢得奥运会马拉松比赛的美国选手（1972 年）；普雷方丹，俄勒冈州的传奇人才，在 1975 年死于车祸，他曾是耐克跑步鞋的品牌代言人。具有贵族气质的肖特高 1.78 米，重 61 公斤，自认为是瘦型体质；来自俄勒冈州库斯湾伐木小镇工人阶层的孩子普雷方丹高 1.75 米，重 64 公斤，被认为是偏肌肉型选手。

对达雷尔来说，就算是在 15 岁的越野运动员当中，他也算是偏矮的。在一张俾斯麦高中越野队的照片上，剪着碗状发型的达雷尔立正站着，挺着胸，手背在腰后面。"当时，我的手上正拿着我的运动服，"他说，"它们太大了。"他经常因身材矮小和过时的发型被队友和教练刺激和取笑，并被贴上一些倒霉难听的绰号。

那么，当比赛开始的时候，小达雷尔表现得怎么样呢？

鉴于他的情况，还不错！他发现自己在越野跑步中能够很好地完成一些至关重要的事情：他能忍受努力带来的痛苦，就像他的偶像史蒂夫·普雷方丹那样。的确，在训练期间，有时达雷尔跑得太奋力，以至于在训练结束后的时间里，他不得不忍受慢性腹泻。

当达雷尔读高四时，他已长到 1.73 米高，57 公斤重，是北达科他州里高中跑步运动员中的前五名之一。但那时他患上了单核细胞增多症，因此结束了高中跑步生涯。当他恢复健康后，进入了当地的一所两年制专科学校，并且很快就成为该校的越野训练队的队长。两年后，达雷尔转学至北达科他州立大学——当时，该校是越野长跑比赛中位列全美大学生体育协会（NCAA）中第二梯队的强校。达雷尔·安德森，此时身高已达 1.78 米，能够在不到 30 分钟内跑 10 000 米，成为该团队的实力选手。

但是他从没有忘记高中时代和在那里所受到的不公正对待。达雷尔对那些年所遭遇的一切一直怨恨在心，直到中年。他时常自问："作为长跑运动员，我真的发挥了全部潜能吗？如果高中阶段我身体条件更加成熟的话，将会如何？如果当时我更有信心，将会如何？如果当时教练发现了我的潜力而不是用那些愚蠢的绰号称呼我，又将会如何？"

假如一切重来……

从俾斯麦跨越密苏里河，就来到了它的姊妹城市——规模较小的曼丹。曼丹城因 1876 年春天发生的一件事而著名。那个时候，乔治·阿姆斯特朗·卡斯特（George Armstrong Custer）① 在曼丹的亚伯拉罕·林肯堡附近召集他的第七骑兵团，向西前往蒙大拿领土，一个月后在蒙大拿的小比格霍恩河（Little Bighorn）附近遭遇他的死对头，战败身亡。

这几乎是曼丹的全部故事。今天，它是俾斯麦的姊妹城，一个贫穷的姊妹城。曼丹高中的田径队水平参差不齐。在很多贫困的城镇，最具潜力的青少年运动员基本上没有机会展露天赋，因为他们往往放学后还要工作，还经常被父母忽视，遭受毒品危害或辍学。

曼丹高中的教练和体育设施，与河对岸更加富裕的俾斯麦相比，不论是过去还是现在，都非常破旧。俾斯麦高中橄榄球队的训练场地由人造草坪铺就，花费了数百万美元，而曼丹高中的橄榄球队则在潮湿的、差不多被啃光的河边草地上训练。那块泥泞的区域及陈旧的看台旁边是一个 400 米的跑道，与俾斯麦社区体育场那价值 30 万美元的跑道相比差远了。更不必说，曼丹的跑道只是一个黑色的沥青柏油跑道，当中混合了一点儿橡胶，为了使它感觉上软一些。

---

① 乔治·阿姆斯特朗·卡斯特（1839—1876），美国历史上最著名、最杰出的骑兵军官。曾任第七骑兵团团长，以骁勇闻名。美国南北战争期间，身经百战，紧追南方联盟军总司令罗伯特·爱德华·李，迫使其投降。——审校者注

考虑到这样的条件，曼丹一直难以吸引到高水平的高中教练也就不足为奇了。这个情形一直持续到20世纪80年代，戴夫·齐托曼（Dave Zittleman）在曼丹高中跑半英里比赛的时候。

在男生半英里（现在是800米）比赛中，"2分钟"是从众多的高中生选手中筛出优秀选手的一个标准。更优秀的半英里比赛选手还会快5秒，达到1分55秒，在全国能排上名次的男生能够缩短至1分50秒以内。戴夫·齐托曼看上去像一个有能力突破1分55秒的孩子，这是一个很好的成绩，通常足以赢得北达科他州冠军。戴夫高1.80米，重70公斤，精瘦且肌肉发达——堪称专为半英里比赛而生。

戴夫本应有实力突破1分55秒，但他似乎总是卡在2分钟那里。他的教练们没有帮上什么忙。他们既没有激发戴夫的动力，也没有特殊的训练知识或比赛策略技巧。对戴夫而言，他们似乎很懒惰。

跟达雷尔·安德森一样，戴夫·齐托曼直到高中毕业后，才开始意识到他作为跑步运动员的潜力。18岁时，他穿过密苏里河，进入位于俾斯麦的玛丽大学。玛丽大学是一个天主教文科大学，有3 000名本科生，有一个相当不错、规模不大的大学田径队。教练均比戴夫在曼丹的教练高出好几个段位。戴夫充分利用了新环境的优势，以半英里1分54秒的个人最好成绩结束了他在玛丽大学的田径生涯。考虑到北达科他州春季的糟糕天气，1分54秒是相当好的成绩了。在大学期间时，戴夫的运动成绩有了明显进步。

但他的进步足够大了吗？戴夫对这个问题思忖了很多年，一直被这个问题折磨着。再次，跟达雷尔一样，戴夫怀着不满意和未实现的誓言结束了他的高中和大学的田径生涯。戴夫甚至对误导他的那些教练心生怨恨。

冠军：从达雷尔到戴夫

今天，达雷尔和戴夫是俾斯麦高中强有力的越野和田径比赛队的联合教练。俾斯麦高中的男生已在州级的越野比赛中获得了 11 连胜，另外在田径领域获得 8 连胜。团队成员之一就是前面提到的杰克·雷甘，他在全国性的 3 200 米跑比赛中获得了第四名。

2012 年 8 月，长跑界的"教父"来到俾斯麦，就是想看看这么辉煌的战绩到底是怎么获得的。讲到美国长跑界的"教父"，就不得不提到被美国长跑运动界视为力量和智慧所在的圣地——俄勒冈州的尤金镇，这里也是俄勒冈大学所在地。俄勒冈大学的"俄勒冈鸭子"田径队是美国最著名的男子和女子长跑运动队。长跑传奇史蒂夫·普雷方丹就是一只"俄勒冈鸭子"。耐克的创始人菲尔·奈特（Phil Knight）也是"俄勒冈鸭子"——他在 20 世纪 60 年代早期参加英里跑。奥运会的田径选拔赛几乎总是在尤金镇的海沃德田径场举行，这里有时也被称为田径界的"圣地"。

说到此，你估计就明白了，美国长跑界的"教父"指的就是俄勒冈大学的男子和女子长跑项目的教练。安迪·鲍威尔（Andy Powell）是当前的教练——对于高中的长跑选手而言，无论男生女生，几乎没有谁不怀着这样的梦想：在安迪·鲍威尔指导下，穿着绿黄相间的"俄勒冈鸭子"队服奔跑。反过来，要让教练鲍威尔在高中生的人群中注意到你，这实实在在是一个很高的门槛。

而现在，俄勒冈的安迪·鲍威尔，出现在了俾斯麦。鲍威尔飞越半个美国来看杰克，将他作为"俄勒冈鸭子"的潜在招募对象。鲍威尔穿着橙绿色的俄勒冈耐克牌的高尔夫球衫和卡其休闲裤，和达雷尔、戴夫一起，坐在俾斯麦高中地下体育馆的一间小办公室里，一副公事公办的姿态。俾斯麦高中的两位教练像平常一样穿着破旧的工装短裤和褪了色的高尔夫球衫。立刻，达雷尔就试图用他那轻松的草原式幽默让鲍威尔放下戒备，这种幽默集加里森·凯勒尔（Garrison Keillor）

①风格和里克·莫拉尼斯（Rick Moranis）②在影片《神奇酒酿》中扮演的那个爱喝啤酒的鲍勃·麦肯齐（Bob McKenzie）③风格于一身。与此同时，达雷尔的这些滑稽妙语却让戴夫看上去有点儿尴尬。他什么也没说，但把自己的帽子拉了下来，看上去就像想要离开一样。

注意，这里提供了一个线索，可以回答为什么达雷尔和戴夫能够形成一个强大的双人搭档。虽然他们同样由光荣和梦想驱动，都对愚蠢的教练充满愤恨并因此而努力做一个好教练，但达雷尔和戴夫本质上是不同类型的人。首先，达雷尔性格外向，戴夫性格内向。其次，达雷尔依靠感觉，戴夫依靠数字。在训练的时候，达雷尔经常走动，与每个运动员交谈：你现在感觉怎么样？感觉好吗？家里一切都顺利吗？学校里顺利吗？恋爱遇到问题了吗？

与此同时，戴夫通常站在场边，低着头，帽子紧扣在头上，看着他手上的记录卡并思考着。他才不管每个人感觉如何，他只知道：日程表显示，杰克今天在一英里比赛的节奏上需要一些轻松的间隔训练。

尤其需要说明的是，针对杰克的日常训练计划，戴夫并不是从互联网或哪本书上拷贝来的。他完全是自己通过数字计算得出的，他所依据的是自己对跑步理论的深入研究、训练的季节月份，以及他对杰克进步情况的持续记录。戴夫坚持细致的记录，基本上每天都会重温这些数据。每天晚上，当他独自一人在公寓时，他会花几个小时整理数据，制定决策并准备第二天的记录卡。

对于达雷尔而言，原则是不容更改的，但具体操作时的细节会受到感情和直

---

① 加里森·凯勒尔 1942 年生于美国中西部的明尼苏达州，他是美国最受欢迎的乡村音乐电台主持人之一，因广播节目《牧场之家好做伴》而知名，还曾主演电影《广播大使：加里森·凯勒尔》。他的风格是喜欢即兴发挥、流畅自然的表演，很容易就抓住幽默的内核，使节目氛围很轻松。——审校者注

② 里克·莫拉尼斯，1953 年生于加拿大安大略省多伦多市，集导演、编剧、演员、制片人于一身。——审校者注

③ 《神奇酒酿》是 1983 年上映的喜剧片，描述爱喝啤酒的两兄弟在啤酒公司内发现疯子老板史密斯有一项意图控制全世界的阴谋，于是不择手段制止危机，鲍勃·麦肯齐是两兄弟之一。——审校者注

觉影响，是有可塑性的。他觉得，经常走动、和运动员闲聊，使他们振奋起来很重要。跑步不仅关乎技巧训练和体能锻炼，它同样与性格相关。跑步，并不随着毕业而结束：达雷尔还建立起前俾斯麦高中跑步明星的社交圈，这些明星已经在事业上获得了成功，现在则为俾斯麦高中的运动项目提供捐款。其中有一位前跳高项目的州冠军，现在是一位石油开采商，身家超过一亿美元。另一位前短跑项目的州冠军，现在是全国知名的儿童精神科医生。达雷尔就像那些优秀大学中的体育运动筹款者一样，始终密切关注自己的捐助者圈子，以确保俾斯麦高中的长跑运动员能够得到最好的运动鞋和身体治疗，能够在夏季参加蒙大拿的高纬度训练营，以及能够在秋季和春季飞往全国参加比赛。

戴夫恐怕永远都做不到这一点，即使他想这样做。让他向别人要钱可能会要了他的命。独身的戴夫是如此的内向，以至于他在向心仪女子提出约会邀请时也困难重重，但事实上跟他接触过的女人都认为他颇有魅力。戴夫苦行僧般的行为甚至已经成为流传于其他教练之间的笑话。

俾斯麦高中获得男子径赛州冠军七连胜的那晚，达雷尔在他家为"教练和捐助者"举办了一个小型聚会。当达雷尔的妻子从烤箱中拿出比萨的时候，人们举着啤酒和威士忌互相碰杯庆祝。达雷尔为每个捐助者都准备了礼物。戴夫也参加了这次聚会，但第二天几乎没有人能想得起来在哪里看到过他。原来戴夫偷偷溜到达雷尔家一个安静的屋子里去分析州比赛的视频了。他已经在考虑第二年的事情了。戴夫的目标（过去是，现在也是）成为他自己在高中时期所渴望拥有的那种教练：一个真正聪明的教练。相比之下，达雷尔已经成了他在高中时代所期望拥有的那种教练。

达雷尔和戴夫之间的差异非常明显，如果你碰到他们俩，很快你就会发现这些差异。那么，是什么力量使他们结为搭档的呢？这种力量来自更深层：一种"报仇雪恨"的内心需求。

戴夫坚信，他的高中跑步生涯被一帮懒散怠惰的小镇教练毁了，所以他想用"最佳的"复仇方式进行报复——他想要训练出伟大的跑步运动员。为此，他心甘情愿付出更多，比这个国家里任何一位高中田径教练都更努力地规划、训练、思考，当然这种付出也包括了要在聚会时偷偷溜出去观看比赛视频。

达雷尔在高中时代有很聪明的教练，但他们自大傲慢、恃强欺弱、因循守旧，他们不尊重非精英选手，他们会忽略小孩子的"勇敢的心"。所以，达雷尔为自己确定的人生使命是：努力滋养团队中每一个选手的心灵，而不仅仅是最优秀的选手。他希望激励所有人，帮助他们发现自己的潜力。达雷尔知道，顶级选手迟早会出现……并且事实证明，有时候他们就是像杰克·雷甘这样看上去柔弱的孩子。

达雷尔和戴夫对彼此都很友好，但他们并不是亲密朋友。达雷尔结婚 30 多年，能跟各种人相处融洽，无论男女老幼，无论贫穷富贵。达雷尔不喜欢戴夫的社交无能（虽然他不会说出口），而戴夫对于达雷尔的漫不经心、不认真对待事情的态度则是感到厌烦，甚至会生气。

话说回来，在 2012 年 7 月，达雷尔·安德森，这对搭档里的年长者，获得了当年的男子田径全国高中年度最佳教练奖，达雷尔在颁奖典礼上说，此刻他唯一的目标就是，当他的年轻搭档——也应得到奖项的戴夫获奖时，自己能够坐在观众席上为其鼓掌。

结对是人类独有的天赋

双人搭档是人类最基本的团队形式。这种组合对于人类的生存实在是太过平常，以至于我们经常会错误地认为对于其他动物也是如此。其实，许多食肉动物只是在交配期成对出现，而在其他时间段里总是形单影只。有些动物甚至从来不成对出现，比如绝大多数的猫类，无论大小。还有一些，如狐狸和老鹰，它们成对出现的时间可能会持续一季，直到幼崽长大，然后分道扬镳。再有一些食肉动物，尤其是哺乳动物，例如鬣狗、野狼、虎鲸、海豚和家狗，它们则是成群结队地生活；在非哺乳类的动物中，鳄鱼、行军蚁①、某些种类的恐龙（通过化石可以判断）也是如此。另外一些，尤其是食草动物，会形成群落或聚集区，有时候规模惊人。

不过，也有跟人类类似的：一些动物会有终生配偶，即使它们生存于更大规模的群体里，如长臂猿、野狼和美洲雕。这些终生配偶可以说是动物王国里持久性最长的"团队"，但是它们的存在是为了繁殖和养育，而不是效率或生产力的提升。也就是说，看上去跟两个人类个体之间的"友谊"非常相像的现象，也是可以在整个动物王国中发现的，甚至会跨物种存在。

这种行为的经典案例是：被遗弃的某一种动物的幼崽会被另一种动物的"妈妈"养育。同时，也有很多记录表明，动物经常会因为距离近而形成亲密持久的"友谊"，比如与赛马待在一起的山羊或狗，生活在同一屋檐下的小猫和小狗，猪和其他的家庭宠物，等等。有时候，这些动物的友谊会带来一种"团队合作"——就像狗嗅着打开卧室的门，这样猫就可以跳到床上，唤醒沉睡的主人。但实际上，除了人类，几乎没有为了实现特定目的而出现的两个动物组成"团队"的例子。

而人类，会不断形成团队——通常首先是双人搭档，然后再合并成更大的团队。而在紧急情况下，人类在很短时间内即可形成协调良好、有效且相互信任的双人搭档。想一想，每天都有人结成对子开展任务，从营救被困在发生火灾的建筑里的人，到在枪林弹雨中保护彼此，再到匆匆解救一个快要跌下悬崖的人，等等。在所有生物中，人类独有这项技能，这绝不是巧合。可以说，这是比语言更突出的将人类与其他物种区别开来的特殊天赋（毕竟，不借助语言，人类也可以自发形成团队），也就是说，这项天赋不仅仅是对自我的感知（上帝"错误地"将

---

① 行军蚁（也称为"军团蚁"）主要生活在亚马孙河流域，群体生活，一般一个群体就有一两百万只。属于迁移类的蚂蚁，就是没有固定的住所，习惯于在行动中发现猎物，一遇到猎物便会用颚把猎物撕碎，在附近把猎物吃完，然后再到别的地方继续捕猎。——审校者注

它只赋予了人类），而且是对他人自我的感知，它使人类天生就能理解：通过与另一人组成搭档，我们可以共同完成自己不能完成的事情。

由于人类拥有这种天生的快速、目的清晰而有效地形成团队的能力，而这种能力很自然地使"团队"成为人类本性和社会的基本构成，我们今天就看到了从双人搭档开始的多种多样的团队类型，它们充分展示出在日常生活中团队现象的普遍性和灵活性。

就我们所知，还从来没有人整理过关于双人搭档的类型清单。因此，我们决定自己创建一个。在这项任务尚在进行中时，我们就已经被"双人搭档竟然能够有如此多的不同类型"这一点而震惊了。而且这些仅仅是职场领域的配对，如果我们想要增加在个人及社会生活中出现的那些搭档类型，这个清单可能会增至两倍或三倍之长。

不过，到目前为止，我们相信这一清单能够为读者在形成、识别和管理自己企业的团队时提供直接的帮助。让我们开始下一章吧。

TEAM GENIUS
本章小结

关于双人搭档

◇双人搭档不仅是最常见的人类团队，也是更大规模团队赖以构建的基础。

◇人类会不断形成团队，首先是双人搭档，然后再合并成更大的团队。

◇人类独有的这项天赋，不仅仅是对自我的感知，而且是对他人自我的感知。

◇通过与另一个人组成搭档，我们可以共同完成自己不能完成的事。

TEAM
GENIUS

07

———

成功的双人搭档类型：强关系的力量

成功的双人搭档有哪些类型？

对于不同类型的双人搭档，该如何管理？

THE
NEW SCIENCE
OF
HIGH-PERFORMING
ORGANIZATIONS

我们喜欢将自己看成是一个独立的个体。在某种程度上，这的确是事实：我们的意识被锁定在我们自己的大脑里，确保自我——笛卡儿所言"机器中的幽灵"（ghost in a machine）① 的永久独立、不会与他人的身份相融合。

然而，如果追踪一下我们自己在清醒状态下（非睡梦中）的每一时刻，我们就会发现，我们独处的次数并不比跟他人互动的次数多。而且在日常生活中，并没有哪一种互动发生的频率会高于我们与某一个特定对象互动的频率。我们把自己"独处"的程度想象得有多高，实际上我们处于"二元"态的程度相应就有多高。一种原因是生物性的：人类在某一时刻只会和一个对象发生亲密关系；人类在某一时刻通常只和一个对象交谈（即使是在面向数以千计的人进行演讲）；人类甚至会将闻到的彼此的信息素（pheromones）② 视为其个体的存在。考古证据表明，这种现象一直如此，以繁殖为目的的结对伴侣关系一向是最有统治力的文化现象（没有之一），无论是对行走地球数百万年的原始人类，还是对仅有两万年历史的

---

① 来自笛卡儿的二元论，他认为每个人既是一个躯体又是一个心灵，身心捆绑在一起，但又相互独立。身体和心灵是两种不同的存在方式——身体是空间性的，遵守机械法则；心灵是非空间性的，不遵守机械法则。所以人就像一台被注入了灵魂的机器。——审校者注

② 信息素也被称作外激素，指的是由一个个体分泌到体外，被同物种的其他个体通过嗅觉器官察觉，使后者表现出某种行为、情绪、心理或生理机制改变的物质。——审校者注

现代人类来说。

换句话说，当我们生而为人，就意味着我们在一生之中会几百次地成为"二人组合"中的一员，无论是串行还是并行。没有什么能比来自基因的优势更能够让人类称霸地球生物界了……事实上，从统计学的角度来说，已婚人士相对于独身者而言，在整体的健康状况、收入和预期寿命方面均有明显优势，而"结婚"是最常见、也最持久的搭档形式。下面你将看到对职场领域的"双人搭档"在四个大类（场合、相似性、差异性、不平衡）上的细分，共 12 种形式。分类依据不仅来自专业研究成果，而且也来自本书作者身为记者而对硅谷的创业公司那些双人搭档创始人的行为的观察和记录。

"场合型"双人搭档

"我在你的 6 点方向型"

我们把这一类型放在最前面，是因为它完全不同于其他类型。它是最自发性的、维持时间最短、出现年代（可能是）最久远的双人搭档类型，因此，它可能是所有团队的最基础构成。这个词来自军事情境：如果我们的正前方是 12 点，那么，正后方就是 6 点——这是我们最容易受到攻击的方向。"我在你的 6 点方向"意思就是"我在你的正后方掩护你"，这是一个现代语言，但它肯定以某种形式出现在特洛伊的城墙外，出现在温泉关的斯巴达勇士①之中。在美国，最具神话色彩的时刻发生在美国西部亚利桑那州的墓碑镇的 OK 畜栏枪战中，霍利迪（Holliday）医生为怀亚特·厄普（Wyatt Earp）提供着强力支持。（在电影《墓碑镇》中，霍利迪医生的一句经典台词就是："我就是你要找的那个人。"——这就是此类团队中最有名的虚构组合。）这种类型的"伙伴关系"，最有名的例子是探险家梅里韦

---

① 来自"斯巴达 300 勇士"的历史。公元前 5 世纪波斯帝国攻打希腊，希腊联军统帅斯巴达国王列奥尼达率七千联军抵抗波斯十余万军，最后列奥尼达在腹背受敌的情况下，为保存实力，命令联军主力撤退，自己率领 300 名斯巴达人在温泉关留下来拼死抵抗，最后全部牺牲。——审校者注

瑟·刘易斯（Meriwether Lewis）和威廉·克拉克（William Clark）[1]，以及拓荒者约翰·查理·弗里蒙特（John C. Frémont）和基特·卡森（Kit Carson）[2]。

请注意，这种搭档经常存在于危机和紧急情况下。搭档双方很可能素不相识。只有当面临威胁时，这种双人搭档才会形成；当威胁解除时，成员通常会各奔东西。"我在你的6点方向型"团队虽然持续时间短，但它的非凡属性莫过于团队成员给予对方的完全信任。其中隐含的信息是："你就专心应对前方吧，我会处理好来自后面的任何威胁——即使在这个过程中我会失去生命。"这是最无私的人性，既难能可贵，又转瞬即逝。

由于这种关系的强度如此之高（没有比把性命托付给彼此更大的承诺了），"我在你的6点方向型"的关系可能是所有团队里最强有力的。这种近乎超人力量的关系会使一个人单打独斗的力量倍增，即使对另一个成员的信任处于较低的水平也无妨。"我在你的6点方向"关系通常存续时间短暂的一个原因是：如此高强度的关系，人类只能维持这么长时间，一旦挑战目标实现，团队会快速解体成朋友关系，或成为单纯的相识关系。这种合作关系适用范围非常狭窄，仅针对特定挑战，不适合其他任务情境。

"神奇时刻型"

"神奇时刻型"的双人搭档跟"双子星"团队非常相似，但以下两个特点是"神奇时刻型"双人搭档所独有的：

◇ 如果没有彼此，两个成员都难以获成就，但通过合作，他们能够完成卓
的越业绩；

---

[1] 梅里韦瑟·刘易斯（1774—1809），美国探险家、军人和公共管理者，是"刘易斯与克拉克远征"军团的领导；威廉·克拉克（1770—1838），苏格兰裔美国探险家，伴随梅里韦瑟·刘易斯参加远征。远征的任务是探索路易斯安那购地后的疆土，他们最终抵达太平洋，途中获取了美国西部地理的广泛知识及主要河流和山脉的形势地图，包括落基山脉。——审校者注

[2] 约翰·查理·弗里蒙特（1813—1890），北美落基山脉和太平洋之间许多地区探险的开拓者，在1842年的探险旅行中，他遇见了后来成为他的探险向导的基特·卡森（1809—1868）。——审校者注

◇ 跟"双子星"那种堪称完美的双人搭档相比，此类二人组合通常存续时
间更短暂。

"神奇时刻型"双人搭档表现出的行为类似于一段短暂而热烈的爱情。形成搭
档的两个人通常从第一次相遇开始，就知道彼此已经遇到了完美伙伴——相当于
一见钟情式的职场关系。

"神奇时刻型"双人搭档常见于表演艺术界，特别是在音乐领域，二人合作的
硕果随处可见。音乐二人组可以一拍即可，然后产生出惊人成果：如莱斯特·弗
拉特（Lester Flatt）和厄尔·斯克鲁格斯（Earl Scruggs）[1]，路易斯·阿姆斯特朗
（Louis Armstrong）和厄尔·海因斯（Earl Hines）[2]，比莉·哈乐黛（Billie Holiday）
和莱斯特·扬（Lester Young）[3]，保罗·德斯蒙德（Paul Desmond）和戴夫·布鲁
贝克（Dave Brubeck）[4]，迪齐·吉莱斯皮（Dizzy Gillespie）和查理·帕克（Charlie
Parker）[5]。在电影艺术领域，"神奇时刻"双人搭档（通常是有浪漫关系的两人）
也是随处可见：米基·鲁尼（Mickey Rooney）和朱迪·加兰（Judy Garland）[6]，

[1] 莱斯特·弗拉特（1914—1979）和厄尔·斯克鲁格斯（1924—2012）都是美国兰草音乐的传奇人物。
弗拉特是最伟大的吉他手之一，他在"兰草男孩"乐队担任主唱兼吉他手；斯克鲁格斯是班卓琴演
奏大师，他在1945年加入"兰草男孩"乐队。1948年他们两人组建了福吉山男孩乐团，直至1969
年。——审校者注

[2] 路易斯·阿姆斯特朗（1901—1971）是美国爵士音乐的灵魂人物，是世界上最伟大的小号演奏家之
一；厄尔·海因斯（1903—1983）是美国爵士钢琴家、乐队领导者，被称为是"现代爵士钢琴第一
人"。他们两人在1926年相识后成为朋友，海恩斯的钢琴与阿姆斯特朗的小号的配合达到出神入化
的境地。——审校者注

[3] 比莉·哈乐黛（1915—1959）是美国爵士乐坛的天后级巨星；莱斯特·扬（1909—1959）也是爵士
乐巨人，次中音萨克斯管演奏家。1936年两人开始进行合作演出，友谊深厚。——审校者注

[4] 保罗·德斯蒙德（1924—1977）是美国爵士乐作曲家，中音萨克斯风演奏名家，西岸酷派爵士的传
奇人物；戴夫·布鲁贝克（1920—2012）是美国西海岸风格的爵士钢琴家、作曲家，也被人们称为
爵士传奇音乐家。两人合作的《休息五分钟》（Take Five）曾获格莱美名人堂奖。——审校者注

[5] 迪齐·吉莱斯皮（1917—1993），美国波普爵士乐风的宗师，拉丁爵士的创始者，是位兼具喇叭手、
编曲、乐队经理及歌手等多重身份于一身的爵士乐界巨人；查理·帕克（1920—1955），美国中音
萨克斯演奏家，也是对波普爵士乐的最大贡献者之一。他们两人在一次即兴演奏会上相遇，一拍即
合并成了爵士乐历史上最成功的一对搭档。——审校者注

[6] 米基·鲁尼（1920—2014）和朱迪·加兰（1922—1969），均为美国著名的电影演员，1937年开始
两人搭档出演了多部电影中的情侣。——审校者注

威廉·鲍威尔（William Powell）和玛娜·洛伊（Myrna Loy）[①]，约翰·韦恩（John Wayne）和玛琳·奥哈拉（Maureen O'Hara）[②]，约翰·吉尔伯特（John Gilbert）和葛丽泰·嘉宝（Greta Garbo）[③]。

"神奇时刻型"的音乐双人搭档中，最成功的（也是最著名的）搭档组合可以说是约翰·列侬（John Lennon）和保罗·麦卡特尼（Paul McCartney）[④]。这一双人搭档被列为"神奇时刻"类而不是完美的"双子星"类，是因为他们之间的"伙伴"关系相对较短（尽管始于少年时期，却在 20 多岁就结束了），而且"合作"时间更短——在制作《佩伯军士孤独之心俱乐部》这一专辑时，列侬和麦卡特尼基本上都是在独唱了。然而，从 20 世纪 60 年代初由德国汉堡市起步到 60 年代末成为全球巨星的这一不算长的时间里，列侬和麦卡特尼创造了有史以来最具价值和影响力的流行音乐合集。两人合作的巅峰要算是《佩伯军士孤独之心俱乐部》专辑中《生命中的一天》（A Day in the Life）这一首歌曲。此时，列侬以"对现代社会的混乱进行批判"为主要内容而写作和演唱的歌词，遇到了麦卡特尼的城市无产阶级小调，从而产生了巨大的爆炸力。现在回想起来，根据两人单飞后的职业表现来看，无论是列侬还是麦卡特罗都不可能单独写出这首歌。

在商业界，最容易找到类似"神奇时刻型"伙伴关系的地方是在专利申请领域。很多的现代科技是跨学科的（电气工程和软件编程，或固体物理和无机化学，或微波和半导体技术，以及最近的计算机科学和生物工程），这些几乎总是需要

---

① 威廉·鲍威尔（1893—1984）与玛娜·洛伊（1905—1993）均为美国著名电影演员，他们二人在 1934 年合作的《大侦探聂克》开启了夫妻档喜剧侦探片的先河，也开始两人银幕情侣的传奇，两人先后合作拍摄了 14 部电影。——审校者注

② 约翰·韦恩（1907—1979）与玛琳·奥哈拉（1920—2015）均为美国著名电影演员。两人在 1939 年开始出演银幕情侣，先后合作过 5 部电影。——审校者注

③ 约翰·吉尔伯特（1897—1936）与葛丽泰·嘉宝（1905—1990）均为美国著名电影演员，二人在 1926 年开始合作出演银幕情侣。——审校者注

④ 约翰·列侬（1940—1980）英国摇滚乐队"甲壳虫"的灵魂人物，他在 15 岁时组建了摇滚乐队："采石工人"（The Quarrymen），两年后列侬和 15 岁的保罗·麦卡特尼（1942—）相识后，立刻邀请保罗加入自己的乐队，从此开始了两人之间的创作伙伴关系。而"采石工人"在 1960 年更名为"甲壳虫"乐队。——审校者注

两个分别居于不同领域的创新者之间进行长达数月的合作。在互联网时代，这类"伙伴关系"的范围发生了延展，搭档对象还会包括程序员、市场营销专家以及其他看似不相容的工作领域的行家。皮埃尔·奥米迪亚（Pierre Omidyar）创立 eBay（一个拍卖网站）时还是一个程序员，他聘请杰夫·斯科尔（Jeff Skoll）担任首席执行官（也是第一名员工），而杰夫·斯科尔是一个同时拥有斯坦福大学 MBA 背景和互联网背景的搭档。在谷歌，两位创始人谢尔盖·布林和拉里·佩奇则都是斯坦福大学计算机专业的研究生。

当代最著名的"神奇时刻型"双人搭档的例子恐怕非苹果公司创始人史蒂夫·乔布斯和史蒂夫·沃兹尼亚克两人莫属。可以说，本书作者从这对搭档（以及 eBay 的"奥米迪亚—斯科尔"组合、谷歌的"布林—佩奇"组合）组建之日起，就有机会看到他们的合作历程。流行的说法是，这两个年轻人在高中时相遇，已经是接近完美的一对搭档（正如我们在前面的章节中所讨论过的），然而事实并非如此。首先，这对搭档并非童年时代的朋友。因为他们的年龄差，所以他们的高中时代实际上只重合了一年。当时沃兹尼亚克已经是一个"著名的"年轻技术专家（他第一次赢得媒体关注是因为他在初中时的一个科学项目，在高中时又因为他在校园安置假炸弹事件而被媒体关注）。[1] 而那时，史蒂夫·乔布斯还只是个"小孩"而已。

他们两人年轻时的角色与未来的角色差别甚大。沃兹尼亚克是一位健谈的人，有着自己的工作和清晰的职业规划。乔布斯（在未来成为数百万人心目中具有超凡魅力的偶像）相当害羞，精明到令人讨厌，相对而言不擅社交。他们是如此不同，但在第一次相遇时就擦出了火花。沃兹尼亚克在这位更年轻的男孩身上看到了对工作的狂热、远见以及更重要的——为实现梦想制订计划的能力。乔布斯带来一种好似上天注定的使命感，使沃兹感觉生命充满激情。虽然他们的名字将永

---

[1] 沃兹尼亚克在高三时发明了一部电子节拍器，它的声音和定时炸弹定时器的声音相似，沃兹的恶作剧就是将节拍器和一些大电池捆在一起，放在学校的一个储物柜中，并且对这个节拍器进行了设置，只要储物柜门打开，节拍器的计时速度就会加快。——审校者注

远绑在一起，事实上，他们在一起紧密工作的时间不到十年，在苹果公司里共事的时间也只有几年。

假如沃兹尼亚克不曾遇到史蒂夫·乔布斯，那么很有可能他会留在惠普公司，然后随着惠普业绩下滑而搬到俄勒冈州的科瓦利斯[①]，接着就跟很多人一样，他很可能回到硅谷……成为家酿计算机俱乐部（Homebrew Computer Club）[②]的一位成员。不论苹果公司有没有出现，个人电脑的革命都会发生，它可能会晚几年才开始，但是有如二代苹果出世这样声势浩大的事件就不可能发生了。如果沃兹尼亚克继续待在惠普公司，而且他也能在惠普这些年的数次裁员中挺过来，那么他很可能成为惠普公司里的一个普通的上了年龄的工程师，手上有一些专利，他将带着这些专利度过退休之前的最后几年。再看史蒂夫·乔布斯，他这种类型的天才要想（以风险资本家的身份）找到投资对象是非常不易的，即使是在硅谷的那些创初公司中也是如此，他可能会经历一个接一个的失败。对于那些不是由他亲自管理的企业，他的个性将会在各种交易中成为破坏因素，他太苛刻了，以至于他最终很难成为风险投资家。最后，他将不得不离开硅谷。

但是以上的假设都没有发生，因为沃兹和乔布斯形成了"神奇时刻型"搭档。这类双人搭档是人类世界中最具创意的现象之一，就像超新星爆发：两个截然不同的个体在很短暂的时间内连接在一起，而这种连接使两个人都发挥出自己的巅峰能力，这真是一个奇迹。想想爱迪生和他的助手威廉·J.哈默（William J. Hammer）[③]为白炽灯泡伏案工作；想想约翰·巴丁（John Bardeen）和沃尔特·布

---

① 苹果一号开始销售时，沃兹仍在惠普的计算器部门工作，当时这个部门搬到了科瓦利斯市。——审校者注

② 家酿计算机俱乐部是 20 世纪 70 年代的计算机业余爱好者组成的俱乐部（1975 年 3 月—1986 年 12 月）。沃兹和乔布斯都是其成员，1976 沃兹使用俱乐部内自由共享的信息，制作了第一台个人电脑苹果一号。——审校者注

③ 威廉·J.哈默（1858—1934）在 1879 年成为爱迪生的实验室助手，1883 年他在给灯丝补充另一个电极时发现了电子整流效应。爱迪生在 1883 申请专利后这一发现被命名为"爱迪生效应"。它成为电子管技术的发展基础。——审校者注

拉顿（Walter Brattain）① 为半导体晶体管鞠躬尽瘁。在商业界，最不寻常的"神奇时刻型"双人搭档要算出手阔绰的公子哥威廉·杜兰特（William Durant）和冷静清醒的高理性人阿尔弗雷德·斯隆（Alfred Sloan）②——这一对搭档持续时间不长，但他们使通用汽车公司走上了一条不凡之路——成为那一时代全球最具价值的公司。

在艺术领域，最著名和最具影响力的"神奇时刻"搭档存在于巴勃罗·毕加索（Pablo Picasso）和乔治·布拉克（Georges Braque）③ 之间。他们两人合作时间很短暂，在之后的几十年里也鲜有碰头。但在他们成为搭档的那具有传奇色彩的几个月的时间内开创了立体主义，并且奠定了现代艺术的方向。类似的搭档还有此前 20 年由文森特·凡·高（Vincent van Gogh）和保罗·高更（Paul Gauguin）④ 组成的这一对，但这一对的稳定性更弱。

"因成功而被合体型"

这是双人搭档的类别中最奇怪、最可怕、也是最令人瞩目的一类，它是一种"对立的伙伴关系"。具体来说，这一类双人搭档的特点就是：两个人在一起取得了巨大的成功，但是因为种种原因（生活方式、个性、职业生涯阶段等）无法与对方和睦相处。事实上，这种对立常常会导致彻底的仇恨……最终，两个人会以大声争吵、暴力或某种传奇的分手方式终止合作关系。

---

① 约翰·巴丁（1908—1991）和沃尔特·布拉顿（1902—1987）均为美国物理学家，他们二人与威廉·肖克利在 1947 年一起发明了点接触晶体管，因此共同获得 1956 年诺贝尔物理学奖。——审校者注

② 威廉·杜兰特（1891—1947），美国通用汽车公司的缔造者。阿尔弗雷德·斯隆（1875—1966）是通用汽车公司的第八任总裁，在通用汽车公司岌岌可危时受命，后帮助通用汽车成功崛起。——审校者注

③ 毕加索（1881—1973），西班牙画家、雕塑家，他是现代艺术的创始人，西方现代派绘画的主要代表。布拉克（1882—1963），法国立体主义绘画大师，雕塑家。他们两人 1907 年结识，共同发起立体主义绘画运动，开始立体派风格创作，直到 1914 年结束合作。——审校者注

④ 凡·高（1853—1890），荷兰后印象派画家。高更（1848—1903），法国后印象派画家、雕塑家，与凡·高、塞尚并称为后印象派三大巨匠。他们两人在 1887 年 11 月相识后便互视为知己，交流艺术与创作，1888 年 10 月 24 日开始，凡·高与高更在法国一个叫阿尔勒的小镇一同渡过了 62 天，两人的关系在一次拔刀相向、凡·高失去自己的耳朵之后终结。——审校者注

最著名的例子——这也是电影《醋歌畅戏》(*Topsy-Turvy*)①的原型——是维多利亚时代轻歌剧团队的传奇组合威廉·吉尔伯特（William Gilbert）和阿瑟·沙利文（Arthur Sullivan）。这两人看上去不仅鄙视彼此，而且痛恨他们所陷于其中的窘境：若单飞，职业生涯将再无建树；若合作，不朽之作将源源不断。被困在这样一个伙伴关系里，就像是一个定制的地狱——世界强制地将你们两人永久性地连接在一起，因为你们看上去是如此完美的合作伙伴，甚至是不可分割的。与此同时，如果你解散组合，那么你所有的成功和名望都将销声匿迹。当然，也有一些"因成功而被合体"类型的搭档成员会因为不快乐，而甘愿冒险解散组合。

"因成功而被合体型"的搭档之所以出名，可以说就是因为它的"不稳定"性质。首先，如果没有获得巨大成功，他们会高兴地分手。同时，这种搭档也满足了某种人性的邪恶：对"伟大成功却伴随着同样巨大的挫败感"的幸灾乐祸，等待"不可避免的毁灭"到来的兴奋感。当毁灭真正到来时，它经常制造出畅销书和回忆录。

"因成功而被合体型"的搭档几乎无处不在。美国音乐人理查德·罗杰斯（Richard Rodgers）和洛伦茨·哈特（Lorenz Hart）②——后者是一个糟糕的醉汉，以至于罗杰斯在他们成功的顶峰把他甩了，选择与奥斯卡·哈默斯坦（Oscar Hammerstein）③去冒险。海滩男孩乐队（The Beach Boys）的成员迈克·洛夫（Mike Love）和布莱恩·威尔逊（Brian Wilson），在分开几十年之后最近又重聚，然后又再次分手。来自美国芝加哥的著名影评人吉尼·席斯科（Gene Siskel）和罗杰·艾

---

① 这是 1999 年上映的一部英国喜剧电影，以 19 世纪为背景，处境是豪华的歌剧院，主角是一对歌剧作曲及作词拍挡，上半部是两人的斗气斗戏。——审校者注

② 理查德·罗杰斯（1902—1979）是美国作曲家，洛伦茨·哈特（1895—1943）是美国词作家，二人于 1919 年结识后，开始进行音乐剧的合作，20 多年的友谊中共完成了 29 部音乐剧，由哈特作歌词，其中不少插曲成为流行歌曲。——审校者注

③ 奥斯卡·哈默斯坦（1895—1960），美国著名音乐人、歌词作家、音乐剧制片人、导演，1943 年开始同理查德·罗杰斯合作，两次获得奥斯卡最佳原创歌曲奖。代表作品包括《南太平洋》《国王与我》《音乐之声》等。——审校者注

伯特（Roger Ebert）两人，无论是在气质上还是在职业上，都是天然的竞争对手，但他们发现自己最大的名气是他们共同组成的影评人搭档。还有英特尔的创始人罗伯特·诺伊斯和安迪·格鲁夫，尽管他们创造了世界上最有价值的公司之一，但他们长期处于争斗状态（至少有一点，格鲁夫充满煽动性，而诺伊斯冷淡而无所谓）。

我们将在"双子星"部分讨论艾弗利兄弟（The Everly Brothers）[1] 组合，但在某种程度上，他们也属于这一类。但是他们之间的捆绑关系相比山姆与戴夫（Sam & Dave）乐队[2] 来说要弱不少，据说塞缪尔和戴夫的分手事件里涉及了流血冲突。约翰·列侬与保罗·麦卡特尼的搭档关系在《白色专辑》（The White Album）[3] 时代，就开始显露出"因成功而被合体"搭档的特征。罗德·斯图尔特（Rod Stewart）被杰夫·贝克（Jeff Beck）[4] 解雇，迪齐·吉莱斯皮刺痛凯比·卡洛威（Cab Calloway）[5] 都是经典例子。鲍勃·霍普（Bob Hope）和宾·克罗斯比（Bing Crosby）[6] 创造了电影史上最成功的双人搭档，但在银幕之下两人很少见面。迪恩·马丁（Dean

---

[1] 艾弗利兄弟组合是 20 世纪 60 年代风靡美国的乡村音乐组合，曾被美国《公告牌》评为有史以来最受欢迎的二重唱组合之一，它由兄弟两人唐·艾弗利、菲尔·艾弗利组成。——审校者注

[2] 山姆与戴夫是一个美国灵魂乐和 R&B 二人组合，由高声部的塞缪尔·大卫·摩尔和低声部的戴夫·普拉特组成，他们从 1961 年开始一起演出，直到 1981 年分开。在摇滚名人堂中，他们是最成功的灵魂乐二重唱。——审校者注

[3]《白色专辑》是指甲壳虫乐队发行于 1968 年的第 9 张录音室专辑《甲壳虫》（The Beatles），因为专辑封面上除了钢印而成的乐队名字之外没有任何图像和文字，所以通常称为"白色专辑"。这张专辑标志着甲壳虫乐队分崩离析的开始。——审校者注

[4] 杰夫·贝克和罗德·斯图尔特都出生于英国，在 20 世纪六七十年代活跃于摇滚音乐界，杰夫在吉他演奏领域中独霸一方，罗德则被视为天才歌手。两人在 1967 年联合贝斯手罗恩·伍德和鼓手安斯利·邓巴一起成立了杰夫·贝克乐队，但两人在 1969 年反目，乐队解散。——审校者注

[5] 凯比·卡洛威（1907—1994），美国爵士歌手，擅长充满活力的拟声唱法并带领了美国最受欢迎之一的黑人大乐团，在 20 世纪三四十年代大受欢迎。迪齐在 1938 年加入凯比的管弦乐队，在 1941 年的一次演出中，乐队另一成员将一个蘸了吐沫的纸团扔到了凯比身上，凯比认定是迪齐，并因迪齐拒绝承认而将其解雇。在当时迪齐已结识查理·帕克。——审校者注

[6] 鲍勃·霍普（1903—2003），生于英国，美国电影、电视、广播喜剧演员，电台与电视主持人、脱口秀谐星及制作人。宾·克罗斯比（1903—1977），美国的著名歌手、演员、制片人。两人在 20 世纪 40 年代搭档主演了大量的"通向"系列喜剧片。——审校者注

Martin）和杰瑞·刘易斯（Jerry Lewis）① 在他们分手后的几十年里也没有说过话。美国著名编剧尼尔·西蒙（Neil Simon）在 1975 年出品过一部向毕生奉献给喜剧表演的老牌笑匠的致敬之作——喜剧影片《阳光男孩》，在其中他极好地捕捉到这类搭档之间那种"又爱又恨"（主要是恨）的复杂关系的本质。

"因成功而被合体型"的搭档之间并非一直处于"激烈争吵"这种状态。事实上，如果一开始在他们之间没有发生一些"化学反应"，那么他们是绝不会联手的。但是即使这样，他们之间的分界线也是显而易见的。这类搭档团队经常出现，因为至少在一开始，他们高度匹配的才能组合能够带来巨大的机会，这些机会的诱惑常常会压倒彼此个性、态度或脾气方面的差异。但是，不论随后获得的名声有多大，这些差异带来的冲突都永远得不到解决……相反，差异往往会被放大。因此，在早期成功的兴奋下可能被忽视的小摩擦，随着时间的推移会发展成为巨大的裂痕，新成就的获得，并不会使裂痕变小，反而会不断地使局面恶化。

你可能会猜测这类搭档究竟能够持续多长时间。就像婚姻一样，有的"因成功而被合体型"搭档似乎一开始就注定会持续几十年，虽然这一过程始终伴随着双方的争执口角；另一些则可能显得平静很多，看不出来有什么危机……直到其中一位在某个早晨醒来后做了个决定：自己将永远不再跟对方合作。如果你恰好身处这类搭档之中，你所能做的就是充分利用你们这两个"不相容的"双人搭档的力量，能持续多久就用多久，同时你需要为突如其来的关系破裂做好准备，确保当"爆炸"真正发生的时候你能够逃到安全地带……另外，你还可以从现在就开始规划你们在 1/4 个世纪之后的重聚之旅。

有一种推测相当有趣，它认为这类搭档看起来如此成功（虽然很短暂）的一个原因是：潜在的搭档数量是无限的，因为搭档之间不需要考虑"相容"这一约

① 迪安·马丁（1917—1995），美国著名歌手、喜剧演员、电影制作人；杰瑞·刘易斯（1926—2017）美国著名喜剧演员、影视剧以及舞台剧演员、电影制作人、剧本家和导演。二人在 1946 年于大西洋城 500 号俱乐部工作时相识，开始合作演出，成为美国最热门的舞台喜剧搭档，然后在 1949 年二人开始合作拍摄了 16 部电影，1956 年两人分道扬镳。——审校者注

束条件——这一点与那种要求成员必须"可相容"的双人搭档相反，在"可相容"的约束之下，合适搭档的数量是相当有限的。但这种"成功"也是某种幻象：在这类搭档中，平庸的组合并不少，你很少看到，其实是因为他们很快就分开了。要坚持与一个自己讨厌或鄙视的人天天待在一起，这需要以真正的成功为补偿。

这类搭档会获得成功的另一个原因不是非常明显：两个成员能够结为搭档，是因为他们在决定合作的时候，他们已经拥有了一个"扬对方之长、避己方之短"的绝佳主意。这并不意味着他们不会哄骗对方、承诺说自己会尽力使这个好主意成为现实（此处，你再一次看到它跟婚姻是多么相似），但至少他们知道这些差异存在，并且会找出一些变通方法或者制定其他策略来应对彼此之间的差异（冲突）。

最终，即使他们失败了、分手了，"因成功而被合体"这一组合仍然是令人难忘的传奇缔造者。他们的成就本身是传奇的一部分，这毋庸置疑，同时还值得记住的是：他们是如何实现这些成就的——两个人，经常互相对骂，经常因对方赢得的任何荣誉而感到愤怒和嫉妒，每个人都感觉被困在一个令人忧伤的合作关系里，他们的名字永远被连在一起，每个人的记忆也都与对方缠绕在一起……然后，不知何故，他们创造了奇迹，有一些甚至是不朽的。如果你遇上这样的搭档，你怎么可能会忘记？这可是绝好的自传素材，这些自传将会进一步使这种"因成功而被合体型"的双人搭档更加出名。

"里应外合型"

"里应外合型"的双人搭档可算是 21 世纪的一个现象，它是互联网所催生的经济全球化的产物，是来自发展中国家的 20 亿新消费者借助互联网进入全球经济之后所引发的结果，是适应"为所有新老客户创造定制化解决方案"这一竞争性需求而出现的应对方式。这一方式采用的策略是创建一个双人小组，其中一人来自某地办事处或总部，另一人来自公司所瞄准的下一个待开拓市场。来自总部的人代表的是公司的经验和文化，来自市场一线的人带来的则是对目标消费者及其所在的市场、社区和国家的理解。在操作层面，市场一线的人员负责提供杀入当地市场的具体措施，而总部人员则为一线搭档的措施提供指导，确保这一措施能与公司的产品、服务、资源和规定保持一致性；如果出现不一致的情况，就要针对一线搭档的策略向公司的高管层进行解释（以获取支持）。能够使这类双人搭档形成并能切实运作的前提是以下技术的出现：互联网技术、全球通信技术、云技术、电话会议和"网真技术"[1]。

"相似型"双人搭档

"1+1>2 型"

"1+1>2 型"到目前为止，这是第一个可以通过有意安排而创建的双人搭档类型。事实上，鉴于两个彼此合适的人能够碰上对方是个低概率事件，这种类型的配对基本上都需要来自外部的力量才能促成。

"1+1>2 型"的双人搭档是"成就彼此"的伙伴关系：也就是说，在这两个人组成搭档之前，他们彼此的生活或事业都是不完整的、没有得到最大成就的。这些人通常是大器晚成者，因为他们在个性或技能方面存在特定的局限性，要想通过自己的行动来突破这些局限，对他们来说基本上是不可能的。有的情形下，这种局限性可能就是简单的"厌恶风险""过度焦虑""缺少勇气"——而所有这些，他们的合作伙伴能够帮他们加以弥补。看似不可能形成搭档的北达科他州高中的田径教练达雷尔·安德森和戴夫·齐托曼在形成搭档后所创下的新纪录，就是一个"成就彼此"搭档关系的典型例子。

一定要注意，有一点至关重要（这一点使它有别于下文所要描述的其他团队

---

[1] 网真技术即此前提到的远程呈现，是通过结合创新的视频、音频和交互式组件（软件和硬件），在网络上为人们提供多种环境下的"虚拟体验"，相对于传统的视频技术具有显著的优势。——审校者注

类型）：构成这种类型的双人搭档的两个人在性格特质和属性特征方面具有很多可比性……而他们的经历已证明，他们自身无法实现自己全部的潜能。这类搭档属于同质程度最高的双人搭档类别之一。

在整个人类历史进程中，始终贯穿着"1+1>2型"的双人搭档。斯坦·劳莱（Stan Laurel）和奥列佛·哈台（Oliver Hardy）[①] 两人在无声电影时代各自的单独表演并无巨大建树，而当他们开始联手，电影史上最伟大的喜剧组合（之一）就此诞生了。比尔·盖茨和保罗·艾伦在成立微软公司之前，都只是西雅图的一所私立中学里不算显眼的计算机迷。

这种类型的搭档关系使每一个个体都能够获得各自单打独斗所不能企及的成就。要创建这样的双人搭档需要投入时间和精力，但这些投入的回报是巨大的。毕竟，你正在将两个"失败者"（或者，更准确地说，未能发挥潜能的雇员）一起转变成最高成就者。这比出去招聘两个超级明星员工要划算得多。此外，因为这类搭档仅有在进行合作时才能真正获得成功，所以搭档成员彼此都会关心如何维持他们之间的关系，否则他们就会重回旧时。

这种类型的双人搭档所面临的最大和不可避免的风险是：当搭档成员随着时间推移开始成长、发生变化，怨恨和嫉妒可能会突然出现。

"双子星型"

这是"完美的"双人搭档类型，是个体最理想的团队合作形式：组成搭档的两人是如此相似，以至于每个人都可以毫无障碍地承担起对方的职责。

这个名字来自希腊神话。卡斯托耳与波鲁克斯（在拉丁文中被称为双子座）是双胞胎，他们感情如此深厚，以至于当兄弟两人当中的凡人卡斯托耳死去时，

[①] 斯坦·劳莱（1890—1965），英国喜剧演员，曾是喜剧演员查理·卓别林的替身；奥列佛·哈台（1892—1957），美国喜剧演员。二人之前均成名于无声电影时期，他们从1927年开始合作演出，他们组成的喜剧二人组在20世纪20年代至20世纪40年代极为走红。——审校者注

宙斯允许波鲁克斯向卡斯托耳分享自己的不朽生命，两人轮流在奥林波斯山和冥界①生活。卡斯托耳与波鲁克斯这种双人搭档是灵魂伴侣式的组织——它是如此值得拥有，又是如此稀缺可贵。这类搭档可以是有血缘关系的——经常以兄弟姐妹形式出现，比如，奥维尔·莱特（Orville Wright）和威尔伯·莱特（Wilbur Wright）②兄弟或乔治·格什温（George Gershwin）和艾拉·格什温（Ira Gershwin）③兄弟；也可以是两个完全不同但因为他们的共同努力而十分般配的好友，比如，比尔·休利特和戴维·帕卡德或沃伦·巴菲特和查理·芒格。

这样的兄弟姐妹组合或最好的朋友组合是"双子星型"双人搭档的终极形式。但这一类型中更有意思的是这种二人组——开始于其他相对更多见的双人搭档类型（比如"阴与阳型"），然后向"双子星型"这种更高水平的二人组类型演变。这些搭档逐渐变得如此完美、如此互助，使得他们之间的亲密关系仅次于火热爱情或持久而幸福的婚姻。这些完美搭档就跟情侣一样，无论他们在个性特征和行为举止上是多么不同，他们之间都会向对方展现出（相应地，也会为彼此赢得）近乎完美的信任。一个经典的例子是汤姆·珀金斯（Tom Perkins）和尤金·克莱纳（Eugene Kleiner）④的伙伴关系，前者是喜爱炫耀、机智精明的，后者是谦逊有礼、温文儒雅的，他们共同创造了世界上最具影响力的风险资本公司。

因为"双子星型"搭档在本质上不存在两个个体之间的摩擦，所以在这些双人搭档类型中，它具有独一无二的"强大且有效"的特点。它不仅仅是两个单一个体所拥有的智力、天赋、能力的相加，它其实是做乘法。这样的搭档有很强的

① 在希腊神话中，奥林波斯山（Mount Olympus）为众神居留地，冥界是所有死者唯一的去处，由冥王哈迪斯（Hades）掌管。——审校者注
② 奥维尔·莱特（1871—1948）是威尔伯·莱特（1867—1912）的弟弟，两人为美国的发明家，飞机的制造者，通常简称为莱特兄弟。——审校者注
③ 乔治·格什温（1898—1937）是艾拉·格什温（1896—1983）的弟弟，艾拉是美国著名的抒情诗人，乔治是著名作曲家。——审校者注
④ 汤姆·珀金斯（1932—2016）曾担任过惠普公司的高管，尤金·克莱纳（1923—2003）是美国仙童半导体公司的创始人之一，两人在1972年共同创建了美国著名的风险投资公司凯鹏华盈（KPCB），发起、投资了硅谷的很多知名公司，包括美国在线、网景、亚马逊和谷歌等。——审校者注

创造性和决断力，而且因为他们可以轮流投入专注力和精力（就像神话中的双子星），所以他们看上去也是不知疲倦的。

从工作属性来看，"双子星型"搭档并不总是必需的。如果你是在装货码头或某个销售办公室工作，那么你不需要（也不会想要）这样的双人搭档。但如果你是在研发、市场营销或IT领域，这种搭档类型可能就是你非常需要的了。在执行高管层呢？恐怕不需要。那么对于董事长和CEO呢？绝对需要——这种类型的搭档可以说是我们所能想象到的唯一最佳的高管组合……如果美国商界也有名人堂，那么这种"双子星型"搭档的名字就会占满一面墙：前面我们提到的休利特和帕卡德，拉里·埃里森（Larry Ellison）和雷·莱恩（Ray Lane）[1]，华特和洛伊·迪士尼兄弟（Walt and Roy Disney）[2]，安德鲁·卡内基（Andrew Carnegie）和亨利·克莱·弗里克（Henry Clay Frick）[3]，尤利西斯·S.格兰特（Ulysses S. Grant）和威廉·特库姆塞·谢尔曼（William Tecumseh Sherman）[4]，等等。

这些高管层级别的搭档运行卓越的一个原因可能是：不论是处于快速成长期的小型初创企业，还是大型的股份公司，这些公司的领导者都必须面对数量巨大、范围广泛的各种需求，从战略到日常事务管理、再到公共关系处理等，这些事务由两个人处理会优于由一个人处理，尤其是两人能够齐心协力，对他们自己

---

[1] 拉里·埃里森（1944—）在1977年创立了数据库软件公司甲骨文公司并兼任CEO，雷·莱恩（1947—）在1992年甲骨文公司面临危机时加入，担任总裁兼营运长官（曾被视为甲骨文公司的接班人，但在2000年6月离开）。——审校者注

[2] 华特·迪士尼（1901—1966）及其哥哥洛伊·迪士尼（1893—1971）在1923年创建迪士尼兄弟工作室，后来发展为迪士尼公司。弟弟华特是一个梦想家和创意天才，哥哥洛伊是经营公司的高手，担任公司CEO、总裁，保证了迪士尼公司财务的稳定和各个部门有效的运转。——审校者注

[3] 安德鲁·卡内基（1835—1919），美国钢铁大王，创立了卡内基钢铁公司。亨利·克莱·弗里克（1849—1919）是当时美国中西部的煤炭大亨，1882年他将一半工厂卖给卡内基并进行了公司重组。弗里克负责经营，并在1889—1899年间进入卡内基兄弟公司，他是一个低调而埋头苦干的人，在他的管理下，帮助卡内基公司从缺乏组织和系统管理的局面转变为有系统有组织并富有利润的状态。——审校者注

[4] 尤利西斯·格兰特（1822—1885），美国南北战争后期北方军总司令，第十八任总统。威廉·特库姆塞·谢尔曼（1820—1891）是南北战争中北方军中地位仅次于格兰特将军的将领，格兰特将军的左膀右臂，格兰特在担任总统期间将其提拔为美国陆军总司令，他以优异成绩毕业于西点军校，是一个沉默但富有管理才能的人。——审校者注

所不熟悉的领域，他们完全信任另一人所做的决策。此外，在某些极端需求出现、对他们的时间和精力提出挑战时，这些搭档之间可以临时顶上从而不错过每一步。因此，当帕卡德被要求去华盛顿担任国防部副部长时，休利特挺身而出、独自运营整个公司，而惠普的员工、客户和股东几乎没有注意到变化。（有一个很明显的细节可以让我们对这种卓越的伙伴关系中的情感深度有所了解，那就是当休利特在公司数千名员工前宣布帕卡德的临时离开时，他难以控制地失声痛哭起来。）

不过即便如上所说，"双子星"团队也不是完美无缺的。在某种程度上，他们可能变得封闭——就像一对幸福的夫妻，他们的爱情是那么充实、和谐，以至于他们干脆退出了过去的友谊和社会交往关系。再有，当这些"双子星"团队因为成员死亡或其他外部事件而解体时，带来的影响可能是毁灭性的。正如这类搭档所产生的效果是乘法效应，而不是加法效应，所以它们的解散产生的不是减法效应，而是除法效应。幸存的团队成员可能会经历类似离婚、丧偶后的状态，长期处于抑郁之中，生产力低下，想寻找替代搭档却往往无功而返。

在所有跌宕起伏、成就非凡的"双子星型"搭档里，最具典范的是 20 世纪 60 年代风靡美国的乡村音乐组合艾弗利兄弟。在兄弟两人菲尔·艾弗利和唐·艾弗利还是孩子的时候，他们就开始在父母的乡村音乐广播节目里一起唱歌。到 20 岁时，他们已经成为流行音乐史上最成功的二人组之一。这不仅仅是因为他们那富有传奇色彩的美妙和声，或者是由布莱恩特夫妇（Boudleaux and Felice Bryant[①]，这也是一对完美的"双子星型"组合，菲利斯居然在遇见她的丈夫之前，在梦里就先见到了他）这些著名的乡村音乐和流行歌曲作者为他们创作的动听歌曲，艾弗利兄弟的长相一样，穿着打扮也一样，在他们 30 岁前，可以说是不可分开的。

[①] 布莱恩特夫妇是一对传奇的乡村音乐巨匠，他们一生为无数个乡村乐传奇歌手们创作过 1 500 首歌曲，有很多歌曲家喻户晓。他们所创作的《我需要做的就是去梦》（*All I Have To Do Is Dream*）由艾弗利兄弟于 1958 年首次演唱大获成功。——审校者注

正如摇滚和乡村音乐的爱好者们所周知的，这对"双子星型"组合于1973年7月14日在加州的诺特草莓农场（Knott's Berry Farm）① 结束合作。当时，人们已看到他们在滥用毒品，精神疲惫不堪，并且对彼此的长期陪伴已产生厌倦，最后，艾弗利兄弟以我们所能想象到的最公开的方式分手——唐在舞台上砸了吉他，暴怒而去，留下菲尔独自完成表演。据报道，两个人在十年后他们父亲的葬礼上才重新交谈。在那些年里，两个男人看上去都怅然若失，并且都一直在寻找着新的合作伙伴却都无果。最终，在1983年9月23日，作为流行音乐史上最感人的重聚之一，兄弟俩冰释前嫌，出现在皇家阿尔伯特音乐厅，重新启动合作关系，就像从未结束一样。

"患难与共型"

这类是"营救型"的双人搭档。也就是说，这是在两个人都面临自己职业生涯甚至是个人生存的最后一次机会时所形成的团队。"患难与共型"搭档关系在电影中很常见，因为它拥有与生俱来的戏剧元素以及有关成功和救赎的情节高潮——想想西尔维斯特·史泰龙（Sylvester Stallone）和布吉斯·梅迪斯（Burgess Meredith）在电影《洛奇》② 中所扮演的角色。如果你在电影中听到这样的话："我已走投无路了"或"你是我最后的希望"，那么这可能就是一部拥有"患难与共"搭档的电影。

在小说中，"患难与共"的故事总是振奋人心的，在现实生活中也同样如此——当然部分原因可能是，我们很少听说这种类型的搭档失败的例子。当今时代最著名，抑或是最具影响力的"患难与共"故事要属"匿名戒酒互助社"（Alcoholics Anonymous）的创始人比尔·威尔逊（Bill Wilson）和罗伯特·史密斯（Robert

---

① 诺特草莓农场是一个呈现美国西部拓荒时期及淘金热潮时代风貌的主题乐园，农场里有墨西哥节日村庄、史努比营地等主题园区。——审校者注

② 《洛奇》讲述了一个寂寂无闻的拳手洛奇获得与重量级拳王阿波罗争夺拳王称号的故事，1976年在美国上映，并获得当年奥斯卡最佳影片。其中，史泰龙饰演拳手洛奇，梅迪斯饰演一个老拳击手、也是洛奇的拳击教练米基。——审校者注

Smith）的故事。据说，比尔·威尔逊参加过一战，又在战后大繁荣中成为华尔街坐拥上百万美元资产的知名股票经纪人，但因为嗜酒落得几乎一无所有。1935年1月，他在俄亥俄州的阿克伦市开拓生意，发现自己又要堕入嗜酒状态，在绝望中，威尔逊打电话给当地的牧师，要通过这些牧师认识其他的嗜酒者。于是，威尔逊和罗伯特·史密斯医生（阿克伦市一个臭名昭著、从未清醒过的酒鬼）联系上了。他俩在史密斯家里见面了。从第一次见面开始，这两个都因为沉迷酒精而差点儿失去家庭和事业的人，决定联手创办"匿名戒酒互助社"。两人携手共进，不仅创建了有史以来最成功的戒酒项目（该项目现在已普及到世界各地），而且保持了两人余生的清醒。

"患难与共型"搭档会带来一个有趣的问题。一方面，他们可以创造出引人瞩目的成果——比两个人单独创造的总和要大得多；但是，另一方面，由于起点是如此之低，其最终结果可能达不到"引人瞩目"的程度——尤其是你可能会发现，你付出两份薪水后所得到的成果，其实找一个简历里没有不良记录的人就可以搞定，更不用说你为此还承担了不小的风险。

当然，你可能会很幸运。"患难与共型"搭档彼此之间怀有深深的忠诚（毕竟，他们挽救了彼此的生命），这使他们的力量坚不可摧：这可以说是发挥了极端力量的"我在你的6点方向"型搭档。在前面"双子星型"部分，我们提到了格兰特和谢尔曼——的确，他们对彼此的保护是众所周知的，但他们其实也很符合"患难与共型"搭档的特点，至少在南北战争开始时是这样。因为谢尔曼曾说过："当我疯狂时，格兰特站在我身边，当他醉酒时，我站在他身边；现在，我们始终站在彼此身边。"

在美墨战争后到美国南北战争开始前的这段时间里，格兰特和谢尔曼两人都跌到了生活的谷底。谢尔曼深陷于西部军队的各种无效指令里，错过了美墨战争。然后，在南北战争开始时，他接到命令重返军营，在肯塔基州吃力不讨好地领导一支部队，他因为某些事情而精神崩溃，被免除职务。

相比之下，格兰特是更早期战争中的英雄，但是在被独自委派至西部军队后，开始表现出一种因为与妻子分离而酗酒引起的低迷状态，这种状态持续了几年。随着时间的推移，最终导致他被迫从军队辞职。接下来的七年中，格兰特在一个又一个生意中不断失败，他的家庭也进入了贫困状态。

换句话说，谢尔曼的话并不夸大。仅仅是因为军队极度缺少有经验的军官，所以他们两人得到了联邦军队提供的一次机会。他们很快在夏洛战役（Battle of Shiloh）[①] 中证明了他们个人以及作为搭档的价值所在。

因为"患难与共型"搭档建立在两个跌入谷底之人的互助关系基础上，所以组成搭档的两人之间通常有着超乎常人水平的承诺度。这种相互承诺具有令人惊叹的力量——如果组成搭档的这两人在他们刺眼的失败背后，潜藏着他们那令人印象深刻但尚未实现的天赋，这力量将尤为惊人。如果你能找到他们，雇用这些"失败者"将会是一个便宜买卖：没有人想要他们，雇用他们的成本很低，同时，他们对"营救"自己的组织的忠诚度和他们对彼此的忠诚度不相上下。但是，请牢记，如果一个人滑倒了，他也会带倒另外一个人。

"差异型"双人搭档

"阴与阳型"

组成"阴与阳型"搭档的两个人拥有不同技能，并且当他们组合在一起时能够产生完整且强大的竞争力。这类双人团队通常出现在销售人员、教育工作者、执法人员（以及罪犯）中，也常见于创意行业（比如广告、艺术设计和文案策划）。

在经典的"阴与阳型"搭档里，通常一个人是艺术型，另一个就是经验型；

---

① 夏洛战役是南北战争时期的关键战役之一，1862 年 4 月在田纳西河附近爆发，最终以格兰特组建的田纳西方面军的胜利而终，当时谢尔曼作为格兰特手下的师长，发挥了重要作用。——审校者注

或者一个人擅长口语表达，另一个就擅长书面表达；或者一个人外向，另一个人内向。这种组合经常出现在娱乐产业中。比如许多歌曲创作者与词作者，从罗杰斯和哈特（或哈默斯坦）到杰罗姆·科恩（Jerome Kern）和多萝茜·菲尔兹（Dorothy Fields）[①]，一直到艾尔顿·约翰（Elton John）和伯尼·托平（Bernie Taupin）[②]；或者表演者—创作者搭档，如迈克尔·杰克逊和昆西·琼斯（Quincy Jones）[③]或弗兰克·辛纳屈（Frank Sinatra）和纳尔逊·里德尔（Nelson Riddle）[④]。另外，也存在于表演者—经纪人之间，比如约翰尼·卡森（Johnny Carson）和亨利·布什金（Henry Bushkin）[⑤]，路易斯·阿姆斯特朗（Louis Armstrong）和乔·格拉泽（Joe Glaser）[⑥]，以及其他数以百计的人。

在商业世界，"阴与阳型"搭档有几种常见的形式：商人与科学家（工程师），销售人员与合同专家，市场营销人与生产制造者。在小公司，经营者与不同业务的合伙人这种伙伴组合是最常见的一种。在高科技的初创企业，企业家与高科技专家（最著名的莫过于苹果公司的乔布斯和沃兹尼亚克）的组合无处不在，如果一个新公司缺少这种组合，它的发展前景可能会受到投资者和潜在雇员的怀疑。

---

① 杰罗姆·科恩（1885—1945）是美国音乐剧历史上最伟大的作曲家之一，多萝茜·菲尔兹（1905—1974）是词作家、剧作家，两人合作为电影《摇滚时代》创作的《你今晚的样子》以及《女士，好自为之》中的《我最后一次见到巴黎》，为科恩赢得了两项奥斯卡金像奖最佳歌曲奖。——审校者注

② 艾尔顿·约翰（1947—），英国著名流行音乐创作歌手，伯尼·托平（1950—）是著名作词人，两人于1967年相识后就合作至今。——审校者注

③ 迈克尔·杰克逊（1958—2009）是美国著名歌手、表演家，昆西·琼斯（1933—）是美国著名的黑人音乐艺术家、唱片专辑制作人。昆西帮助迈克尔灌录了第一张个人专辑并就此走红，后又录制了包括《战栗》在内的数张大受欢迎的专辑。——审校者注

④ 弗兰克·辛纳屈（1915—1998）是美国20世纪的流行音乐巨星，歌手、演员，纳尔逊·里德尔（1921—1985）是美国著名的编曲家、作词家、音乐总监。纳尔逊是弗兰克的几张畅销专辑的编曲人。——审校者注

⑤ 约翰尼·卡森（1925—2005）是美国著名的节目主持人，亨利·布什金是其生前合作多年的律师。——审校者注

⑥ 路易斯·阿姆斯特朗（1901—1971）是美国爵士音乐的灵魂人物，是世界上最伟大的小号演奏家之一；乔·格拉泽（1896—1968）是著名的艺人经纪人，因其帮助几位爵士音乐家转变事业逆境而出名，其中就包括路易斯·阿姆斯特朗。——审校者注

在日常生活中，最常见却最不出名的"阴与阳型"搭档是创新者和沟通者这种组合，在所有的行业中都是这样。那些最成功的人同时拥有极高的决断力和行动力，这种情况本身就很少见，如果还要期待这个人同时还是一个伟大的沟通者，那么难度就更大了，因为一个人能将所有属性融合起来的情形实在太罕见。相反，拥有优秀的沟通能力的人却有很多，尤其是将复杂的概念转化为简单易懂的故事以及强有力和直观的隐喻的能力。将这两种类型的人组合在一起能产生卓越的结果，但是这需要时间，随着时光推移，组合的效果会越来越好，因为作为记录员（演讲稿撰稿人或代笔作家）的那个人能够更好地学习到另一个主角的表达习惯和思考过程。最高水平的此类搭档能够改变世界，比如彼得·罗宾逊（Peter Robinson）为罗纳德·里根（Ronald Reagan）① 撰写了著名的"柏林墙演讲稿"。即使达不到那么高的水平，这类搭档仍然可以对一家企业的总公司、事业部，甚至部门层面都产生有价值的影响。

即便如此，"阴与阳型"搭档还是具有天生的不稳定性：这是两种截然不同的人类个性的结合体，而这两种个性从某种程度上说，本质是不相容的。这类搭档如果遭遇失败，那么基本上都会走向分手和相互指责。但是另一方面，成功也会导致早期分裂，比如说各方都不能充分欣赏另一方的价值和贡献，认为自己才是真正的成功之源，那么当他们获得成功后，他们彼此并不充分相信这些成功来自双方共同的努力，而是认为如果是自己独自完成的话，结局可能会更加成功。这也是无数音乐搭档的故事，发生在很多在大型团队中的歌手、歌曲创作搭档和喜剧搭档间，如迪恩·马丁和杰瑞·刘易斯。它也会发生在创意搭档间，如华特·迪士尼和乌布·伊沃克斯（Ub Iwerks）②。最重要的是，它会发生在商业的合作伙伴间。

① 罗纳德·里根（1911—2004）在1981—1989年期间担任美国总统，彼得·罗宾逊在1983年开始担任里根总统发言稿的撰写人。里根1987年访问西柏林，在著名的勃兰登堡门前所做的演讲即由罗宾逊撰写，其中《拆毁柏林墙》尤为著名。——审校者注

② 乌布·伊沃克斯（1901—1971）是美国制作人、动画师，他是华特·迪士尼的朋友，与迪士尼兄弟一同创办了华特迪士尼公司，是米老鼠最早的创作者之一。他在1920年开始与华特·迪士尼合作开公司，1926年加入迪士尼工作室，在1930年因严重的意见分歧而分手，直到1940年回归迪士尼工作室，再未离开。——审校者注

不幸的是，此类搭档的裂痕常常很早就会开始——伟大的成功常常带来无法修复的分歧……除非后面会经历若干年没有什么成果的"重聚"时光，因为在这些年里，他们很少会展现出搭档之初的那种合作威力（由此也就能对彼此有更多的认知与信任）。

下面是一个"阴与阳型"搭档的经典例子：

"艺术家与天使"

这是一种"投资"式的伙伴关系，类似于风险投资家和企业家。这种双人搭档中，各个成员所拥有的技能组合呈现巨大的差异。他们在形成搭档关系时，不仅有着差异很大的利益和需要诉求，而且他们所追求的"成功"虽不同，却共生。

"艺术家与天使"类的典型例子是一对兄弟：著名的印象派画家文森特·凡·高和他的弟弟提奥·凡·高（Theo van Gogh）[①]。正如你可能知道的，弟弟提奥在经济上和情感上为他那著名的艺术家哥哥提供支持。的确，在文森特短暂的一生中，弟弟提奥是他作品的唯一买主。提奥是一个成功的艺术品交易商和一个对印象派表示公开认可的关键人物，在文森特的精神状况逐渐恶化的过程中，始终与他站在一起，为他提供资金，帮助他去医院检查，毫无质疑地陪伴着他，直到生命的最后。可以肯定地说，如果没有提奥·凡·高，这个世界恐怕就不会看到文森特晚期的杰作，而其中的一部分是迄今为止最有价值的艺术作品。

然而悲剧的是（这也提供了刻画这对搭档情感深度的另一个视角），提奥在他哥哥去世后只活了六个月，死于据说是由梅毒引起的精神病发作，但同样有可能的是，正如他的死亡证明上写的那样，死于"遗传性、慢性疾病，过度劳累和悲伤"。

"艺术家与天使"搭档最经常出现在创造性的艺术领域，这完全不会令人惊

[①] 文森特·凡·高（1853—1890），著名的荷兰后印象派画家，代表作有《星空》《向日葵》等；提奥·凡·高（1857—1891）是一个成功的艺术品商人，他死后与文森特葬在一起。——审校者注

讶。在历史上有很多这样的例子——宫廷画家（意大利文艺复兴时期的列奥纳多·达·芬奇、西班牙浪漫主义画家弗朗西斯科·戈雅、德国的霍尔拜因），为教皇服务的艺术家（意大利文艺复兴时期的艺术家拉斐尔、米开朗琪罗和贝尼尼），作家（意大利政治思想家马基雅维利、英国诗人和政论家约翰·弥尔顿、英国文艺复兴时期的散文家和哲学家弗朗西斯·培根），作曲家（英籍德国音乐家亨德尔、奥地利音乐家莫扎特、德国音乐家贝多芬），他们都将自己的成果奉献给了他们的赞助人。

这种搭档关系不仅仅只存在于早期时代——在距今不远的几个世纪，这种效忠关系只是转移到了其他类型的富有赞助人身上。例如，奥地利诗人赖纳·马利亚·里尔克（Rainer Maria Rilke）和他富有的情妇，以及和他那瑞士实业家赞助人维尔纳·莱因哈特（Werner Reinhart）之间的关系，或者，相反地，被视为当代最伟大的艺术赞助人和收藏家之一的佩姬·古根海姆（Peggy Guggenheim）[1]和瓦西里·康定斯基（Wassily Kandinsky）、马塞尔·杜尚（Marcel Duchamp）、杰克逊·波洛克（Jackson Pollock）之间的关系。这些年来，艺术家们经常从政府寻求资助（例如美国艺术基金会），或通过传统赞助人成立的基金寻求资助。

在现代社会，"艺术家与天使"搭档也呈现出另一种具有同等影响力的表现形式。一种是企业的最高执行官与企业内最具创造力的个体之间发展出的亲密关系。汽车工业长期以来一直有组成"执行官—设计师"团队的特点，从通用汽车公司的劳伦斯·费希尔（Lawrence Fisher）和哈利·厄尔（Harley Earl）[2]，到斯蒂庞克

---

[1] 佩姬·古根海姆（1898—1979）是位于威尼斯的佩姬·古根海姆美术馆的创办人，她的收藏几乎涵盖20世纪所有重要艺术流派及代表艺术家，被视作20世纪最富远见的收藏家之一。康定斯基（1866—1944）是俄罗斯画家，现代抽象艺术在理论和实践上的奠基人，索罗门·古根海姆美术馆是康定斯基作品的最大藏家之一。杜尚（1887—1968）是著名的法国艺术家，是达达主义及超现实主义的代表人物和创始人之一，他是佩姬的艺术顾问。波洛克（1912—1956）是美国重要的抽象表现主义绘画大师，佩姬是其最早的推动者。——审校者注

[2] 哈利·厄尔毕业于斯坦福大学设计专业。劳伦斯·费希尔是通用汽车公司旗下凯迪拉克汽车公司的总经理，在1926年雇用厄尔为新车设计车身。后来厄尔被聘为全职设计师，直接对首席执行官负责。——审校者注

（Studebaker）汽车公司的弗吉尔·埃克斯纳（Virgil Exner）和雷蒙德·洛威（Raymond Loewy[①]，称得上是 20 世纪最伟大的工业设计师，他与数位其他公司的高管保持着类似的关系）。

时尚设计师也会因"艺术家与天使"搭档关系而闻名于世，他们的搭档通常是隐藏在自己身后的商界精英（有时是人生伴侣）。这种情况可以追溯到皮埃尔·韦尔泰梅（Pierre Wertheimer）和可可·香奈儿（Coco Chanel）[②] 的关系，而诸如伊夫·圣·罗兰（Yves Saint Laurent）、乔治·阿玛尼（Giorgio Armani）、克里斯汀·迪奥（Christian Dior）等时尚设计师也有类似的传奇故事。

但是，在现代社会中，"艺术家与天使"搭档最成功的范例存在于天使投资人和创新企业家之间。因为，天使投资人往往在一家公司早期起步阶段介入，为投资对象提供前期资金以使其顺利完成产品和服务的开发，进而为第一次大规模的风险资本的引入（即我们常说的"A 轮融资"）做好准备。他们常常与自己投资的企业家紧密合作，携手同行。如果没有天使投资人，大多数小型初创企业很可能都无法完成第一步：形成产品。

"艺术家与天使"搭档代表着终极的功利主义关系，因为搭档二人在技能或爱好上基本没有重叠。也正因此，在所有的团队当中，这类团队最务实，最不易受情绪风暴、竞争心理、嫉妒心等左右，而这些问题在其他类型的团队里是比较常见的。事实上，在所有的双人搭档类型中，"艺术家与天使"搭档中的成员是最有可能愿意出力帮助对方获取最大成功的，主要原因就是：两人对成功的衡量标准迥异。

[①] 雷蒙德·洛威（1893—1986）是美国工业设计奠基人，著名的设计除了斯蒂庞克汽车阿泛提号之外，还有壳牌石油标识、灰狗巴士、宾州铁路机车 GG1 和 S-1、Lucky Strike 雪茄包装、"Coldspot" 冰箱以及空军一号的涂装等。斯蒂庞克汽车公司在 1936 年聘请洛威作为设计顾问，弗吉尔·埃克斯纳作为斯蒂庞克汽车公司的首席设计师，在 1939 年开始与洛威一同工作。——审校者注

[②] 可可·香奈儿（1883—1971），法国时装设计师，香奈尔品牌的创始人，20 世纪时尚界重要人物之一。她于 1914 年以自己的名字创立了香奈儿品牌，但品牌的发展是依靠法籍犹太裔商人皮埃尔·韦尔泰梅的投资起步。他们在 20 世纪 20 年代合作成立香奈儿香水公司，韦尔泰梅占 70% 股份，香奈尔本人占 10%（后被韦尔泰梅家族收购）。——审校者注

因为"艺术家与天使"搭档间的关系是高度实用主义和互助性的，所以这类搭档通常会表现出同样的"功利性"的生命周期。这类搭档的形成往往是为了解决特定的商业或创新性的挑战难题，一旦难题被成功解决，团队也就随之解散，绝不会因任何情感牵绊而推延。解散时点如此精确，也就意味着这些团队只会在生产力最高的期间内运行，从而产出最佳结果。唯一真正的危险来自这一搭档中的"天使"开始利用"艺术家"之时，就像斯文加利[①]式人物，比如汤姆・帕克上校（Colonel Tom Parker）之于"猫王"埃尔维斯・普雷斯利（Elvis Presley）[②]，或唐・金（Don King）[③]之于他的那些拳击手。

"平衡力型"

这一类搭档类似于"阴与阳"组合，但跟"阴与阳"搭档在技能上的绝配相比，"平衡力"搭档间的匹配更多地体现在性格和个性特质方面。"阴与阳"搭档在专业层面上彼此互有需要；"平衡力"搭档不仅如此，他们在个性层面对彼此也互有依赖——因为从他们各自的个性来看，基本上都是有缺陷的。

如前文所述，"阴与阳"搭档具有天生的不稳定性，在这一方面，"平衡力"搭档表现更甚——他们常常因骄傲和怨恨心生嫌隙而破裂，而且，无论是对彼此的依赖还是对彼此的厌恶，都会带来"破裂"隐患。此类搭档关系常见于小说，因为他们之间的这种奇妙关系既会带来"伟大成就"，也会带来"痛苦分离"，甚至是"暴力相向"的结局。

"平衡力"搭档通常都很有名，因此他们也都会成为无尽的好奇猜测的对象。正如截然不同的两人构成的夫妻，经常会被问到以下问题："他们这两人是如何认

---

① 斯文加利是英国小说家乔治・杜・莫里耶笔下塑造的用催眠术控制女主人公、使其唯命是从的音乐家，意指控制别人思想的人。——审校者注

② 汤姆・帕克上校是美国著名摇滚歌手"猫王"的经纪人，"猫王"的巨大商业价值绝大多数要归功于他的促销天才。——审校者注

③ 唐・金（1931—）是美国拳击经纪人，是当今全球最成功最有影响的职业拳击推广人，曾成功推广过包括阿里、泰森等在内的世界著名拳王。——审校者注

识的？他们是不是完全没有共同之处？到底是什么使他们愿意继续在一起？"比如，害羞内向的和夸张搞笑的，胆小鬼和大英雄，技术天才和天生领导者，纨绔子弟和普通职员。

大众流行文化中最著名的"平衡力"搭档要数柯克船长（Captain Kirk）与其大副斯波克先生（Mr. Spock）[1]。但实际上，此类组合随处可见，比如 Facebook 的年轻创始人马克·扎克伯格和他的"成人监督员"、Facebook 的首席运营官谢丽尔·桑德伯格女士，再如甲骨文的董事长拉里·埃里森和首席执行官萨弗拉·卡茨（Safra Catz）女士。通常探险家搭档是这种组合，包括刘易斯（抑郁的）和克拉克（乐观的），罗伯特·皮尔里（Robert Peary）（催化剂）和"北极鹰"保罗·赛普尔（Paul Siple）[2]（安定剂）。在"双子星型"搭档中我们提过的奥维尔和威尔伯·莱特兄弟看起来也表现出了某些"平衡力"搭档的特征。

经验表明，最佳的摩门教[3]传教士团队通常都是"平衡力"搭档，他们的"情感完整性"（emotional completeness）使他们能够应对在异国环境中工作并且要把工作做好的那种巨大压力。这为我们了解"平衡力"搭档的团队运作方式提供了一个窗口：当面临的挑战困难大、压力高，有时甚至相当危险时（这不仅要有敢冒风险的勇气，而且需要面对事实进行冷静评价的能力），大多数人缺乏其中一种特质或两种都缺乏，他们很快就被压垮；但是一对具有互补特质的搭档，全面拥有迎接挑战所必需的观点和态度的可能性则要大得多。

---

[1] 柯克船长和斯波克是美国 1966 年开始的科幻影视剧系列《星际迷航》中的主角人物，柯克船长是宇宙飞船的舰长，斯波克有一半外星人血统，是柯克船长的大副，是高度理性的角色。——审校者注

[2] 罗伯特·皮尔里（1856—1920），美国探险家，是首位抵达北极的探险家（1909 年）。保罗·赛普尔（1908—1968）美国探险家，参加过六次南极考察，其中有两次是他作为美国最高级别的童子军（鹰军）的代表参加的。与罗伯特·皮尔里一同前往北极探险的是他的非裔美籍助理马修·汉森（Matthew Henson），也是他最为信任的伙伴。此处疑为作者笔误。——审校者注

[3] 摩门教全称为"耶稣基督后期圣徒教会"，1830 年成立于美国纽约州，教会后来西迁至美国犹他州盐湖城，全球教会成员超过 1 400 万，是美国第四大宗教团体。其传教士是以两人一组的形式进行。——审校者注

因为"平衡力"搭档能够触及人的心灵深处，所以他们强大得不可思议，大到能够克服几乎所有的个性差异、背景差异和生活方式差异所带来的压力。这是因为，由另一位伙伴带来的"完整感"体验，让人感到如此舒服、令人满足，以及最终的成就感——这创造了我们能想象到的最强有力的正向反馈环。由此产生的结果就是，这种伙伴关系看上去是如此的不可能，以至于让外部观察人士摸不着头脑：玩世不恭的淘小子与毫无幽默感的用功学生成为搭档；濒于犯罪边缘的人与严守规矩正直的人成为搭档；笃信宗教者和无神论者；顾家的人和浪子……要找到这些类型的"平衡力"搭档的成功范例，并不需要花多少力气搜索，比如参议员奥林·哈奇（Orrin Hatch）和爱德华·肯尼迪（"Ted" Kennedy）[1]，演员威利·考克斯（Wally Cox）和马龙·白兰度（Marlon Brando）[2]。这类搭档关系需要注意的危险之处在于，"平衡力"搭档之间的这种依赖关系在最糟糕的情况下可能会导致灾难性的分手，甚至暴力。

这并不出乎意料，"平衡力"二人组最突出的特征之一就是他们的差异性。虽然双方在个性上会有剧烈的"化学反应"，但有时，彼此之间的不同是如此巨大，以至于他们只是简单地选择忽视这些差异——如果这还不够，他们会保留一部分自己的个人（偶尔，还包括生意）空间不让对方介入。事实上，这是衡量"平衡力"二人组威力大小的一种方式：其成员在多大程度上愿意接受另一半的不同个性、态度、信仰和行为，而这些如果放在其他任何人身上，他们都是绝不接受的。

我们在下文会看到，英特尔公司早期的三位领导者创造了最成功的三人组，但在此前实际上是个双人搭档：罗伯特·诺伊斯和戈登·摩尔。这两人的个性特征和生活方式截然不同，但是他们互相信任、彼此钦佩——他们相互融合的个性使他们创建出了 20 世纪最重要的两个公司：仙童公司和英特尔公司。

---

[1] 奥林·哈奇（1934—），美国共和党人，自 1977 年起担任犹他州的参议员。爱德华·肯尼迪（1932—2009），美国民主党人，自 1962 年起一直是美国马萨诸塞州参议员。——审校者注

[2] 威利·考克斯（1924—1973），美国的喜剧演员和电视电影演员，并不算出名。马龙·白兰度（1924—2004）是美国的传奇电影明星。两人从十岁开始成为亲密朋友，持续终生，白兰度死后与考克斯的骨灰合葬在死亡谷。——审校者注

　　硅谷历史上最成功却不为人所知的"平衡力"搭档是保罗·巴兰（Paul Baran）和史蒂夫·米勒德（Steve Millard）[1]。巴兰是当今时代最伟大的发明家之一，他发明的包交换（packet-switching）技术被普遍认为对互联网的发明起了关键作用，而他在"VoIP"（即将模拟信号数字化）上的发现对蜂窝电话（cellular telephony）的发明也起到了关键作用。但据一些客户说，跟巴兰共事是很困难的。相比之下，他的合作伙伴米勒德则是亲切的典范，外交官的化身，他经常被称为硅谷交际最广泛的人。早年，他在一家《财富》500强公司担任副总裁，负责数十亿美元的业务。

　　巴兰和米勒德两人共同创建了5家公司，在这些公司中，巴兰一直是完美的工程师和发明家，但是，他的人际交往技能平平。所以，米勒德的工作职责除了引进投资者，还有安抚员工情绪。确实，米勒德在文化建设和人事管理方面投入了很多时间，以至于外界常评论说"巴兰专注技术而米勒德关注人"。可以说，单靠他们当中某一个人的力量，或是缺少另一人所具备的关键技能作为补充，都不可能创建出成功的公司。而他们两人开创的5家公司都成功上市，而且每一家的股票市值最高时都超过了10亿美元。

　　尽管两人如此不同，但他们始终作为搭档在运作。在保罗·巴兰去世那天，他还在与米勒德讨论成立一家远程医疗领域的新公司的想法。

　　还有一种更加极端的"平衡力"搭档，即"两面神"（Janus）[2]搭档——紧密结合的两人背靠背、同心协力，一位对外，面向外部事务，一位对内，关注团队运营。在日常生活中，你肯定在一些友谊和婚姻关系中碰见过这种组合。在这些关系里，他们采取"主内与主外"或"居家型与社交型"的关系模式。"主内与主外"搭档跟本章中的几种双人搭档类型相似，两个成员的关键区别就在于：他们所在领域的差别很大，而他们是各自所在领域中的专家，无论是在技能还是气质上，他们也

---

[1] 保罗·巴兰（1926—2011），美国科学家，曾在兰德公司担任技术工程师。史蒂夫·米勒德是马兰的合作伙伴，他们两人共同创建了多家公司。——审校者注

[2] 两面神是罗马神话中最古老的神祇，他有前后两副面孔，向前的一副老年人的面孔是面向未来的，向后的一副青年人的面孔是面向过去的。——审校者注

很少涉足另一个人的领域。事实上，"主内与主外"搭档彼此很少互动，仅仅是交换一下彼此的工作笔记而已。

在商业领域，这种搭档通常不是以他们的关系为中心组建的，而是因不同职业的特殊需求而成。例如，在销售领域，一些最强团队是由一个天生的销售人员（外向的、口才极佳的、易于接近的）和一位秘书或者销售经理、营销管理这样的人员搭档，后者很少离开区域公司的办公室，却比任何人都清楚如何做好一揽子交易、定价、确保生产部门按时供货并且是按最高的优先级给自己的团队供货。在企业的其他领域中也可以发现类似的组合，也就是将持续关注外部的人与另一位确保内部系统的运营能够使业绩维持高峰状态的人搭档。

你可能已经注意到，前面所讨论的很多搭档都展示出了这种"主内与主外"搭档的特征，尤其是在他们职业生涯的早期，例如"双子星"搭档中的拉里·埃里森和雷·莱恩，华特和洛伊·迪士尼，安德鲁·卡内基和亨利·克莱·弗里克，"神奇时刻"搭档中的威廉·杜兰特和阿尔弗雷德·斯隆，当然还有其他类型中此处未提到的搭档。这很可能是由初创企业的特定本质所决定的，即创业阶段需要一个人确保组织体系的正常运行（包括产品的设计与制造），同时也需要一个人向企业的潜在投资者、客户和员工推销企业本身。

鉴于此类搭档的形式众多，我们总结出其中三种最为典型和有效的形式。

"探测器和研磨机形式"

术语"探测器和研磨机"来自律师事务所（它们还有第三个角色，"看守人"，负责掌管业务）[1]，它意味着一种劳动分工：一人主外，负责发现新的商业机会，掌控市场营销和推广；另一人主内，服务新客户，撰写简报方案等。在各家商业性的

---

[1] "探测器"（Finder）、"研磨机"（Grinder）和"看守人"（Minder）是美国律师事务所中的等级，分别指案源开拓合伙人、项目主办人和业务主管人三种角色。案源开拓人负责拓展客户，项目主办人负责为具体客户提供对应的法律服务，业务主管人负责维护客户和管理项目，其中项目主办人级别最低，业务主管人级别最高。——审校者注

服务代理企业中，你基本上都能找到此类组合——广告、出版、公共关系、设计、营销等，"合伙人企业"亦然，比如律师事务所、咨询公司、会计师事务所或工程公司。

"投手和守场员形式"

"投手和守场员形式"[1]是"探测器和研磨机形式"的纵深专业版。"探测器和研磨机形式"通常着眼于更长期、更广范围的工作内容（也就是说，他们面对的是整个代理机构或企业的长期运营），而"投手和守场员形式"的专业性更强，更常见于大型的合伙企业或代理机构——主要原因是小型创初企业通常常负担不起这类专家的昂贵成本。"投手和守场员形式"搭档的核心是"达成交易"："投手"负责瞄准潜在的客户进行初步开拓、探查客户需求，"守场员"则随后跟进了解更详细的客户需求，或者按字面喻义来看，"投手"针对潜在交易进行了接触并获得了初步意向，而"守场员"进而上场确定意向的详细需求，并将它转化为真实的协议与合同条款。

"探险家和导航员形式"

当团队要快速通过一个未知领域时，必须有一个人关注前方的障碍和威胁，同时另一个人必须紧密跟随，时刻查看指南针和地图，寻找地标。如果"探险家"不能履行其职责，团队将很快陷入困境；如果"导航员"失败了，那么团队会迷路，或者原地打转，或者在到达目的地后无法返回。此类团队的原型可以在伟大的探险家群体里找到：库克（Cook）和布莱（Bligh）[2]，皮尔里和汉森，希拉里（Hillary）和诺盖（Norgay）[3]，卡森和弗里蒙特。

---

① "投手"（Pitcher）和"守场员"（Fielder）均为棒球比赛术语，棒球比赛中进行防守的任一队员都叫守场员，而向攻方的击球员投球的守队队员叫投手。——审校者注

② 即詹姆斯·库克与威廉·布莱。詹姆斯·库克，注释参见第一章；威廉·布莱（1754—1817），英国海军军官、航海家、探险家，曾随同库克船长第三次远航太平洋。——审校者注

③ 埃德蒙·希拉里（Edmund Hillary，1919—2008），新西兰登山家。丹增·诺盖（Tenzing Norgay，1914—1986），夏尔巴人，尼泊尔探险家。1953年5月29日，希拉里在丹增的引导和陪伴下，携手从珠穆朗玛峰南侧登上顶峰，完成人类对世界最高峰珠穆朗玛峰的首登。——审校者注

"不平等型"双人搭档

"牢记原力（force）型"①

具有"原力"的搭档是导师式的关系，搭档中的两人是"不平等"的。在典型情况下，这类搭档中会有一位年长的资深人士，由其担任另一位年轻伙伴的顾问和导师。这一双人搭档类型的名称来源于电影《星球大战》中欧比旺·肯诺比（Obi-Wan Kenobi）和卢克·天行者（Luke Skywalker）间的关系，也就是一位老师父和一位极具潜力的年轻徒弟，如果老师父的教导足够成功的话，这个年轻徒弟就好比是老师父的"年轻版"。

毋庸置疑，"牢记原力型"搭档中最经久不衰的版本是"长辈带晚辈"形式，它起源于君主和贵族的继位模式——在同业公会的体系中存在更多，因为这一体系中有成熟的师父带徒弟机制。此类搭档是"牢记原力型"搭档最常见的表现形式，很可能比"老师—学生"这种关系更古老。

不过需要注意的是，"师父带徒弟"仅仅是"牢记原力型"搭档的表现形式之一。虽然它依然是贸易界的主导者，但职场领域似乎是由另一类的导师关系所主导的，即由一位经验丰富的男性高管和一位更为年轻的女性商人组成的导师关系，其中，由年长的导师引领年轻人穿越经营企业的雷区。

有趣的是，因为潜在的误解，这种"老少配"的导师关系不经常被谈及，但实际上它到处都是。本书的作者之一曾主持一个全国性的公共电视采访系列节目《孤注一掷》，这个节目有一季的内容是专门留给最高级别的女性高管的，她们来自范围广泛的行业，从汽车行业到金融行业，再到计算机行业。因为我们根本没有注意到这其中存在的导师关系（即使发现了，这些关系也不会成为杂志的封面

---

① 《星球大战》系列电影是 20 世纪福克斯公司出品的科幻电影，"原力"是电影中的核心概念，指一种超自然的而又无处不在的神秘力量，是所有生物创造的一个能量场，同时也是绝地武士和西斯尊主（正邪）两方追求和依靠的关键所在。欧比旺·肯诺比与卢克·天行者都是绝地武士，前者作为师父，向后者教授了"绝地之道"。——审校者注

故事），所以当我们发现有一个话题不断地被提及时，我们备感惊讶，这个话题就是：有一位男性导师在她晋升至高管的过程中发挥了至关重要的作用。等到这一季节目的尾声阶段，我们已经学会了如何在每次采访的一开始询问关于导师的问题，并且我们也有充分的信心知道这一问题必会得到积极回应。

不用说，"年长男性—年轻女性"这一关系本身就带有独特的危险性，尤其是人们会对年轻女性在向更高管理层级努力时的所作所为产生偏见或嫉妒。不过现实情况是，这些关系极少会发展成浪漫关系。相反，大部分看上去像是父亲与女儿之间的关系，虽然截然不同，却有着同样的生命力与驱动力。考虑到现在女性高层管理职位数量在不断增加，有人可能会认为这将使此类导师关系变得越来越少。但这种论断其实是基于这样一种假设而得出的，即这种搭档完全是基于效率因素而形成，但实际上其产生的根源可能是更深层次的。

"牢记原力型"搭档的另一个著名版本是老运动员带年轻运动员的组合——老运动员快接近职业生涯终点或已经改行成为教练，他会选择一名年轻运动员置于自己的羽翼之下，并将自己所获得的智慧和经验传送给这位新人。棒球教练约吉·贝拉（Yogi Berra）[1]在担任纽约扬基队教练的数十年间一直在扮演这样的角色；在他之前，东尼·拉泽里（Tony Lazzeri）也因保护年轻的乔·迪马吉奥（Joe DiMaggio）[2]而广为人知。另一个著名的导师是斯坦·穆休（Stan Musial），他带出了跟自己同一代的肯·博耶（Ken Boyer）、卢·布洛克（Lou Brock）以及下一代的年轻人阿尔伯特·普荷斯（Albert Pujols）[3]。在篮球领域，最著名的导师是教练

---

[1] 约吉·贝拉（1925—2015），前美国职业棒球大联盟的捕手、教练与球队经理，作为球员，他曾三次获得美国联盟最有价值球员的奖项，作为教练，他曾担任纽约扬基队总教练、纽约大都会队总教练，分别拿到了美国联盟冠军和国家联盟冠军。——审校者注

[2] 东尼·拉泽里（1903—1946），曾是扬基队史上最佳球员之一，1938年开始担任扬基队教练；乔·迪马吉奥（1914—1999），曾为美国职业棒球大联盟的棒球球员，美国棒球史上的传奇人物，1936~1951年间效力于扬基队。——审校者注

[3] 斯坦·穆休（1920—2013）、肯·博耶（1931—1982）、卢·布洛克（1939—）、阿尔伯特·普荷斯（1980—）均是美国职业棒球大联盟的著名球员，都曾效力于美国职棒圣路易斯红雀队。——审校者注

菲尔·杰克逊（Phil Jackson），一位亲自执教 12 年的教练，他带出了下一代中最著名的天才球星——"飞人"迈克尔·乔丹①。

体育界中的师徒制模型可以在更加广泛的行业里找到，从表演界到军事界。在军队里，年长的老兵（海军士官长、陆军士官长、射击中士）接收优秀的下级军官为徒。特种部队的项目，从英国特种空勤团（SAS）到美国海军的海豹突击队（US Navy SEALs）以及美国陆军的三角洲特种部队（Delta Force），都以各自的导师计划著称。这些导师计划在经验丰富的老兵和入伍新兵之间展开，是现实情境中的一种补充训练方式，而这种现实情境很难通过培训进行复制。

"牢记原力型"搭档拥有许多至关重要的优点：

◇ 他们不需要经历无意义的重复学习。也就是说，虽然一个成员的学习曲线比较长，但另一个成员不需要重新学习，在这种情况下，这个搭档从创建伊始就是具有生产力的。相比之下，"双子星型"搭档中的成员可能都比较年轻，这两人将不得不共同经历学徒阶段……那就意味着，他们要达到最佳状态需要若干年的时间。

◇ 他们具有巨大的跨越时间的优势。年长的一方可能有几十年的经验，现在正接近其职业生涯的晚期。通过将智慧和经验传授给年轻的搭档，他们的专长仍然可以维持巅峰状态继续使用更多的几十年。假设年轻的成员现在也变成"老兵"了，那么他可以继续带新徒，于是高效生产力又可以持续半个世纪甚至更长时间了。欧洲有一些伟大而令人尊敬的同业公会，比如伦敦同业公会（包括诸如药剂师、枪炮制造商、眼镜制造商、五金商以及出租车司机等行业，其中出租车司机的同业公会是最为出名的），这些公会中的师徒关系甚至可以追溯到 13 世纪之前。这就克服了"老少配"二人组合的最大弱点：他们注定会早早地失去一位成员。

---

① 菲尔·杰克逊（1945—）作为美国 NBA 主教练，曾 11 次带领球队夺冠，其中曾分别带领芝加哥公牛队和洛杉矶湖人队三度完成三连冠。迈克尔·乔丹（1963—），著名的美国职业篮球运动员，多年效力于芝加哥公牛队，受教于菲尔·杰克逊。——审校者注

◇ 他们消除了单一个体职业生涯变化的局限性。一个已到中年、上有老下有小、开始为退休做准备的人，与一个年轻的、还没有房屋抵押贷款压力、正准备在世界上大展宏图的大学毕业生相比，他们的性情、活力以及个人目标都是大为不同的。将这样的两个人组合在一起，而且如果这对组合运转良好的话，处于两个极端的力量就会相互平衡，它将是一个既成熟又有野心、既审慎又有冒险精神、既富有耐心又不知疲倦的团队，是一个很难被击败的团队。

◇ 他们创造出完美的能力背景。年轻人的困难在于，不管他们的精力和才华有多么出众，他们仍然缺少经验来判断：这个新主意是可行并值得跟进的吗？还是说这只是在重蹈覆辙，应该尽快放弃？因为缺少经验，就可能会带来巨大的时间和金钱上的浪费。相比之下，成熟老到的年长者对于内部运营中什么方法会奏效、什么方法没有用这些问题了然于胸，就好像有一部百科全书在他们脑中，但是他们对新兴市场和最新一代消费者缺少真正的了解。因此，让他们组合在一起，将构建出一个完美的团队：他们能够带着"哪些可行、哪些不可行"的长期经验积累，快速切入一个市场。

在企业界，会计与审计事务所巨头毕马威（KPMG）的导师计划尤其出名。毕马威的导师计划在其位于荷兰阿姆斯特尔芬市（Amstelveen）的总部开展，公司每年新招的（全部）数百名实习生都要参与。其中有一些只是参与夏季实习，另外一些人将会参加全国性的培训计划，还有一些人将会被送到毕马威的国际项目上进行实习。不论他们选择哪种方式，毕马威都做出承诺，对于每一位实习生，在实习伊始就会为其配备一位导师，同时，毕马威对导师也有强制要求，即要求他们承诺"为实习生提供工作指导、帮助回答日常性的问题"。

为什么要这样？用毕马威自己的话说，就是："导师能够激发你迎接挑战、争取成功。他们会使你看到更多机会、更广泛的领域；他们会给予你富有价值的建议，帮助你在职业生涯中脱颖而出。"

那么，所有的这些"导师—实习生"关系都会变成"牢记原力型"搭档吗？很难。因为有很多实例表明，实习生很少接触到导师，即使是在实习期间也是如此，更不用说他们离开毕马威之后，就算是后来留在毕马威工作也难有机会继续与导师接触。另一方面，毕马威的合伙人与经理都很忙，有不少人跟分配给自己的年轻实习生的接触程度仅仅达到满足公司规定而已，之后就再也不会与实习生交流。不过，即便如此，毕马威还是收获了足够多的成功搭档，充分证明了毕马威对导师计划的承诺获得了真正的回报，而且随着时间推移，这些"导师—实习生"关系的逐渐成熟必将会带来更多回报。

毕马威的导师计划还会带来一种收益。我们知道，团队几乎总是比个人更有生产力，但是，组建团队是要花费时间的。作为年轻的大学毕业生，当他们突然进入本国的一个陌生区域，或者是世界上另一个国家的陌生办公室，他们将需要一些时间去找到与自己成为搭档的人，更不用说跟这个搭档去组建更大的团队需要多少时间……在相对短的实习期里，他们个人不会有足够的时间来完成以上工作。那么，通过将年轻人与富有经验的人配对，毕马威从根本上缩短了学习曲线——在实习生进入公司的第一天，就让他们进入一个能胜任工作（即使还谈不上非常高效）的二人组。这些"新兵—老兵"二人组可能不是最优组合，但它比一个失魂落魄的人浪费很多时间想要适应环境的情况要好很多。

"遥远的偶像型"

这种类型是终极的"远距离"搭档模式。这种模式下，人们会从一位伟大并早已逝去的人物身上找寻到一种精神激励——某种伙伴关系的感觉。例如，在司汤达（Stendhal）的《红与黑》（*The Red and the Black*）中就描述了这种"遥远的偶像型"搭档：一位年轻的乡村男孩费尽心力爬到法国社会的顶层，支持他的主要力量就来自他所痴迷崇拜的偶像——拿破仑，他渴望效仿皇帝的野心和冷酷。

"遥远的偶像型"组合其实是一种真正的灵魂伙伴关系。这类关系是最终极的导师关系：一位成员已去世很久（或者至少是无法接近），在世的成员与其从未真正谋面。因此，搭档间的关系完全是单方面的，在世的这位经常会问自己："如果是我的偶像或导师，他现在会怎么做？"当然，偶像只会用固定的警句、格言来回答。

由此可知，"遥远的偶像型"搭档的核心运作机制是：在世成员对已辞世的著名人物（即遥远的偶像）进行深度研究，他会整理关于"遥远的偶像"的历史记载（尤其是他的语言和文字记录），并从这些现存的资料中学习，这种研究与学习可能会终其一生，也使他对"遥远的偶像"的了解能够达到这种程度——他能想象出这位心中的搭档可能给出的建议，甚至推断出历史资料中所没有的新话语。

你可能会觉得，将这种类型的搭档纳入本书似乎有些匪夷所思。毕竟，我们如何管理这样的团队？它如何成长？已经离世几百年甚至上千年的偶像的意见，怎么能够直接适用于 21 世纪这个互联网世界的商业决策？

事实上，这种类型的搭档关系比我们知道的更加常见。《思考致富》（*Think and Grow Rich*）一书邀请读者想象自己与一个历史上负有盛名、被称为"大头脑"（mastermind）的董事会共进晚餐。这类书籍在今天可能有些不合时宜，但是年长的读者可能还记得，在 20 世纪 80 年代有一部由史蒂夫·艾伦（Steve Allen）制作的电视连续剧，主题与《思考致富》类似，也是关于与伟大的历史人物一起用餐的。话说回来，即使这类书籍真的过时了，也不意味着当今的人类已经足够成熟而不再需要这种搭档关系。

相反，这种搭档关系已经变换出多种形式，所以，我们看到大量的流行商业书籍从历史人物身上萃取关于职业发展与竞争力提升的建议，比如中国的政治家和哲学家孙子，普鲁士军事理论家卡尔·冯·克劳塞维茨（Carl von Clausewitz）[①]，甚至是最不应该的，征服世界的暴君匈奴王阿提拉[②]。即使其中有些书是半开玩笑不可当真的，也丝毫没有降低人们赋予其的严肃性——不计其数的商业人士从内心接受这些建议并将其应用于他们自己的职业生涯。

另一种现代式的"遥远的偶像型"搭档的写照是商业导向的传记作品与理想化的电影。这两者都来自对于伟人的圣徒传记——理想化的传记肖像。这类传记始于文艺复兴时期，持续至20世纪，直到利顿·斯特拉奇（Lytton Strachey）的《维多利亚名人传》(*Eminent Victorians*)出版——《维多利亚名人传》改变了传记文体，它所采用的怀疑主义和写实传记的手法成为潮流，并持续至今。

每年都会涌现大量的关于商界名人的历史与传记的新作品，可以说，这些作品的重要任务就是要将书中偶像置于现代生活情境，从中获取能适用于当今时代的经验教训。作为作者，我们自己也很难抵抗这种趋势的诱惑：里奇在《福布斯》专栏中就会定期罗列来自产业界、政界和体育界的名人教训；迈克尔在写惠普公司的历史时，甚至提供了"来自比尔与戴维的经验教训"的附录。与此同时，近年来最受欢迎的书籍，从沃尔特·艾萨克森（Walter Isaacson）的《史蒂夫·乔布斯传》，到多丽丝·卡恩斯·古德温（Doris Kearns Goodwin）的《仁者无敌：林肯的政治天才》，都不仅仅是因为内容获得知名度，同样也是因为书中所写的这些名人的教训可以被应用到现实生活中。有些对象（如美国总统亚伯拉罕·林肯、富兰克林·罗斯福和西奥多·罗斯福总统、乔治·华盛顿，英国首相温斯顿·丘吉尔）被世代作为偶像——关于林肯的书已数以千计。

此类搭档关系如此流行和持久的一个原因在于，它们避开了两个成员由于每日的共事而出现的摩擦。灵魂搭档从来没有恼人的习惯，没有心情不好的时候，

[①] 卡尔·冯·克劳塞维茨（1781—1831），普鲁士将军，著有大量军事著作，包括《战争论》。——审校者注

[②] 匈奴王阿提拉（406—453），凭借弓弦和马蹄建立并率领一支强大的蛮族军队，在公元5世纪一度把罗马帝国和整个欧洲踏在铁蹄之下。他具有多变的性格、残暴的名声。——审校者注

从来不会背叛你，出现意见不合或关系破裂的概率为零；而且，偶像们从来都不会做出让你大吃一惊的事情，从来都不会失败，至少他们不会以意想不到的方式出现。你很清楚，他们已经成功了，故事的结局皆大欢喜（至少他们的历史地位是这样的），这也正是你选中他们的原因。与此同时，你永远也找不到另一个具有如此品质的搭档。如果一个搭档能同时拥有乔治·华盛顿的勇气，亚伯拉罕·林肯的正直，以及英国女王伊丽莎白一世、乔治·巴顿（George Patton）[1] 和阿尔弗雷德大帝（Alfred the Great）[2] 都具备的决断力，那真的应该好好研究一下。

另一方面，"遥远的偶像型"搭档关系永远都不需要因情境变化而成长或调整。灵魂搭档本质上是二维人物，如果活着的伙伴对其观点或信念有误解，他们也不能进行更正。也就是说，这位活着的伙伴是唯一的（可能是带有偏见的）解释者。除了少数例外，这些灵魂搭档所能提供的智慧不仅少，而且视野有限，这就意味着很多这种"智慧"其实是被不合理地硬塞进大多数情境中的。

可以这么说，"遥远的偶像"搭档之所以能够充满信心地运转，就是因为其中有一位世界级的伟人，同时，他又是已长眠的那位。

"矛与盾型"

这是包含"保护"关系的搭档。看上去，这跟"我在你的 6 点方向型"和"牢记原力型"两个类型会有一些相似，它们之间的差别在于：跟"我在你的 6 点方向"搭档相比，"矛与盾型"搭档中的一个成员是强有力的且承担责任的，而另一位是柔弱且易受伤害的；跟"牢记原力型"搭档相比，"矛与盾型"搭档的存续时间通常更短且有更多的利害关系。也就是说，在面临一些根本性的威胁（通常来自官僚体系）时，搭档中的一位承担着保护另一位（通常是反叛者）的责任。

---

[1] 乔治·巴顿（1885—1945），即巴顿将军，美国陆军四星上将，以在第二次世界大战欧洲战场先后指挥美国陆军第七集团军和第三集团军而闻名。——审校者注

[2] 阿尔弗雷德（849—899），英格兰盎格鲁 - 撒克逊时期韦塞克斯王朝的国王，由于其英勇的统帅臣民对抗北欧维京海盗民族的入侵，被后世尊称为阿尔弗雷德大帝。——审校者注

如果你是在企业界或者政府里工作，那你可能已经碰见过此类搭档，或至少听说过。他们存在于"制度化的神话"（institutional myths）[①]中。在一个典型的场景中，一个拥有独特才华的员工常常执着地要实现自己的新想法，却被企业文化撞得头晕目眩。要么是他的想法太超前，太激进，或者不能与企业当前的商业战略相匹配，要么就是他这个富有创造力的个体还没有积攒足够的政治影响力，以使他在官僚系统里为自己找到一个有庇护的安全位置。如果让他自己去闯，那他特立独行的风格很快就会吸引习惯抵抗变化的"组织抗体"的注意，比如簿记员、中层管理者、成本会计、运营管理者等，这些"组织抗体"会立即驱逐对现状造成潜在威胁的人。

幸运的是，这位"反叛者"有一位保护神，企业中的"骑士"，他选择保护反叛者不受制度的威胁。这位英雄选择这么做的原因有时是正当的，有时候是不正当的，不管怎样，"反叛者"不合常规的风格被保存下来了……然后，运气好的话，整个公司从此走上一条崭新的阳光大道。

有一个当今时代的"矛与盾型"搭档虽不为人知，却是最成功的，他们创造了被誉为 20 世纪最伟大的发明：微处理器。

英特尔公司发明微处理器的故事是众所周知的。比吉康（Busicom）是一家日本计算器公司，在 20 世纪 60 年代后期的台式计算器大战中失败，它决定将全部赌注压在对其产品中使用的集成电路进行彻底的重新设计上，希望以此重夺市场胜利。尤其引人注目的是，比吉康公司想要将当时的标准芯片组中的芯片数量由几十个减少到 8~12 个，从而获取在价格、复杂性和尺寸方面的无敌优势。比吉康公司与美国的一家半导体公司——英特尔公司签订了协议进行共同开发。那时候，英特尔公司刚脱身于仙童半导体公司。比吉康公司当时之所以如此选择，不仅因为英特尔是电子技术领域的领导者，更重要的原因是，它是由集成电路的共

[①] 制度化的神话，指组织中的很多要素被高度制度化，制度规范发挥了神话的功能，无所不管、无人超越。——审校者注

同发明人罗伯特·诺伊斯运营的公司，而诺伊斯后来也被视为日本电子业的英雄。

刚刚起步但充满奋斗激情的英特尔公司拿到了比吉康公司的合同。然后比吉康派来一些工程师，聪明而年轻的英特尔科学家特德·霍夫（Ted Hoff）被指派为团队负责人。最初的计划是，比吉康团队承担大部分的工作，霍夫则充当顾问的角色并主持工作。与此同时，他还需要将大部分时间投入到如何帮助英特尔克服存储芯片产量大幅下降对公司造成的威胁。

霍夫承担了上述两份工作，但他很快意识到，他对于如何建立计算器芯片组有更好的想法——基于由美国数字设备公司（Digital Equipment Corporation）制造的具有革命性意义的最新 VAX 小型计算机的体系结构，可以只用 6 个甚至更少的芯片。然后他去找诺伊斯，请示获得许可来实现自己的想法。诺伊斯有充分的理由拒绝他的请求。英特尔公司的副总裁安迪·格鲁夫（合情合理地）对霍夫提出要求：比吉康的科学家已接近任务尾声，他应该将更多时间投入到挽救英特尔的存储芯片的业务上。与此同时，计算器业务现在已经全面崩溃，比吉康正趋向破产，这意味着它可能无法再为迄今为止已完成的工作付费了。

但是，作为数字时代最伟大的梦想家和最无畏的决策者之一，诺伊斯听从了他自己的直觉。他将霍夫和微处理器藏在公司一个角落上的实验室，并告诉他，只要出现灵感，他可以随时去研究关于微处理器的想法。同时，诺伊斯不仅保护霍夫免受格鲁夫的干涉（一度还有来自联合创始人戈登·摩尔的压力），还要顶住来自公司其他人、董事会及投资者的质疑。他还允许霍夫组建顶级团队，其中包括英特尔的工程师斯坦·麦卓尔（Stan Mazor）和（从比吉康派来的）嶋正利（Masatoshi Shima），更有甚者，尽管英特尔正在压缩预算，他还是从外部挖来了仙童公司的超级明星、硅栅极的发明者费德里科·法金（Federico Faggin）。当 1969 年末霍夫因其他工作离开这个项目时，正是这个团队在圣诞假期中、在其他实验室空空如也时持续奋战，创造出了世界上第一个微处理器——四芯片组 Intel 4004。

在接下来的十年中，英特尔放弃了存储芯片的业务，全身心投入到微处理器的设计和生产上，这使英特尔后来成为历史上最具价值和最重要的公司之一，并成为电子时代的关键角色。霍夫、费金、嶋正利因此而获得荣誉无数，有朝一日甚至可能会赢得诺贝尔奖。但是请注意，诺伊斯，这位深具魅力、胆大无畏且不断受幸运女神眷顾的硅谷传奇人物，是这个故事的神秘英雄，他敢于押上自己的名誉甚至是自己公司的存亡，来帮助另一个并不强大的人实现自己的梦想。

"矛与盾型"搭档可能是所有搭档类型中最有趣的一类，一个重要原因就是：提供保护的一方在搭档关系中并没有获得多少利益，反而失去了很多。他们必须付出相当的努力，通过政治力量或文化力量来帮助另一位他们可能了解甚少的搭档来推进某一方案，而这一方案却是难以得到其他人的信任与支持的。有时候，这些"骑士"（保护者）的动机是高尚的——他们确实相信被保护者的想法是正确的，他们想要将组织从自满中唤醒，他们有帮助不被看好者的天然冲动，抑或是他们在这个特立独行的人身上看到了他们自己年轻时的影子。有时候，保护者的动机又是卑劣的——他们想借助这些新想法（的成功）冲上 CEO 的宝座，他们想通过挖走竞争对手团队中的最佳人才以抢得先机，再或者他们仅仅是因为无聊而想找个新挑战而已。但无论动机如何（有时候外部观察者并不清楚他们的动机），可以说他们都是英雄，因为他们选择了干预和行动，而不是往后退缩、不敢冒风险。

至于"反叛者"，也就是搭档中的"矛"，常常表现出"有勇无谋"（或至少相当天真）的特点，比如《魔戒》（*The Lord of the Rings*）[1] 中的霍比特人佛罗多，与他搭档的"盾"就是人类之王阿拉贡；再如《诱拐》（*Kidnapped*）[2] 中的"矛"是戴维·巴尔弗（David Balfour），他的"盾"是艾伦·布瑞克·斯图尔特（Alan

---

[1] 英国作家约翰·罗纳德·瑞尔·托尔金的长篇奇幻小说，霍比特人佛罗多从其堂叔处继承了魔戒，阿拉贡帮助佛罗多·巴金斯完成了销毁魔戒的任务。——审校者注

[2] 英国 19 世纪著名作家罗伯特·路易斯·史蒂文森的经典作品，主角戴维·巴尔弗是苏格兰贵族，在双亲过世后被其叔叔绑架并卖到船上为奴，艾伦·布瑞克是流亡的苏格兰反叛军，戴维与艾伦在船上相遇并携手逃跑。——审校者注

Breck Stewart);《王子与贫儿》(*The Prince and the Pauper*)① 中的"矛"是换成了汤姆·坎迪（Tom Canty）身份的王子爱德华，他的"盾"是麦尔斯·亨顿（Miles Hendon）……在很多小小说中也能看到这样的例子。（它们中的大部分是为孩子写的，强调的实际是与家庭生活中"父与子"和"父与女"并行存在的一类关系。）

走出文学，回到现实的商界和政界，这个特征通常没有那么精确。此处的"反叛者"常常有两种情况：要么是因为太年轻而无法在组织内部拥有较大的权力或者占据某些重要岗位，比如公司实验室的科学家；要么是虽身为政府部门中的高层人物，但是既没门路进入权力大厅，也没经验应对来自权力大厅的影响。当人们在对这类人物进行刻画时，经常会被描绘成这样的形象：起初疲惫不堪或是腐败堕落，甚至会利用新人为己谋利，但后来良心发现，冒着职业生涯巨大风险甚至是生命风险去拯救弱者。例如，电影《史密斯先生到华盛顿》(*Mr. Smith Goes to Washington*)② 里詹姆斯·史都华（James Stewart）扮演的主角杰佛森·史密斯（Jefferson Smith），相对应的"骑士"人物便是克劳德·雷恩斯（Claude Rains）扮演的资深参议员约瑟夫·潘（Joseph Paine）

最重要的是，"矛和盾"搭档是非常可贵且有效的，因为它把不可能在一个人身上找到的相反特质组合了起来：经验和活力，技术才华和管理技能，充满朝气的乐观主义和成熟老到的实用主义。这就是为什么当这些搭档成功时，他们不是使共同运营的组织发生了一些"变化"，而是使组织发生了"变革"。

即使如此，成功的概率也是相当低的。这类搭档中的"骑士"需要经常提醒自己一个重要问题："这真的值得我鞠躬尽瘁吗？"一场公司内的"起义"虽然

---

① 美国作家马克·吐温的代表作，描写王子爱德华和贫儿汤姆通过一个阴差阳错的偶然机会互相换了位置，王子变成了贫儿，贫儿成了王子。麦尔斯·亨顿是一位从战场上归来的战士与绅士，变成贫儿的王子爱德华在他的帮助下回到了王宫。——审校者注

② 1939 年在美国上映的电影，杰佛森·史密斯是一位满怀理想的幼稚青年，被挑选进参议院暂代病重的参议员空缺，从而来到华盛顿；约瑟夫·潘是史密斯仰慕的参议员，也参与了贪污腐败。——审校者注

足够刺激，但这不意味着它是正确的；虽然是以强力推动的，但也不意味着它会成功。即使你成功了，你的名声可能已受到损害，以至于你不得不在别处寻找工作。如果你失败了，那么后果可能会更加严重——你的竞争对手也不会喜欢"反叛者"的。因此，在你对现状的反抗之心还没有强烈到不可忍受的程度时，你最好认真思考并决定：这是不是你想要的战斗？这是不是你想带着你那更年轻、阅历更浅的搭档去经历的情况？你的公司将要面对的组织混乱和揭丑局面，真的值得吗？

以上，我们列出了 12 种不同类型的搭档，以及一些变体，说实话，如果我们想要阐述得更详细，这个种类的数量可能会翻倍。想想吧，你遇到过多少合作良好的（成功）搭档（尤其是夫妻），却让你挠破头也想不明白"他们到底看中对方什么了？"更不用说，在商业的职场世界里，也有同样的令人费解的搭档。当谈及爱情这一主题时，人们常会怀着一种神秘的信仰感慨说：每个人都注定会遇到那个特别的人。我们深信，在职场生活中，也同样如此。

让双人搭档高效运转

双人搭档的种类如此繁多，如何选择？特别是当我们为解决某个特定难题要组建双人搭档时，如何挑出合适的人组成搭档？这一需要我们仔细考虑的问题，看上去着实有些令人却步。不过现实情况是，大多数的双人搭档都会继续合作，进入未来。未来是不确定的，但至少，我们要记住以下关键点：

◇ 每一对搭档都是不同的。

◇ 不能仅仅基于相容性或者依靠直觉来甄选搭档人选。

◇ 有些极为成功的双人搭档并不符合我们的预期；更确切地说，搭档双方在年龄、才能、性格和气质等各个方面都可能迥然不同。事实上，有的搭档成员甚至不以现实的形式存在。

存在如此众多的双人搭档类型的好处在于，就像不同形状的建筑模块或乐高积木一样，它们可以组合出无穷无尽的更大团队。

不过，仅仅完成对双人搭档的不同类型进行识别和区分是远远不够的。事实上，更重要的挑战在于如何富有成效地应用这些对于团队的新领悟。这就是说，我们需要：

◇ 识别需求。请记住，通常情况下，团队规模越小越好。所以，首先要问自己以下问题：二人组对该工作而言，是最好的选择吗？工作内容是什么？工作小组有具体职责并且归属于更大一级组织，还是说小组将在组织的边缘工作，承担开疆扩土的任务？如果二人组的职责被严格限制，那么毫无疑问，我们所需要的是能"被"我们构建的搭档类型（如"平衡力型""主内与主外型""艺术家与天使型"，甚至"矛与盾型"），而不是那些"自发形成"式的搭档类型（如"双子星型"）。对于前者，选人只是搜寻简历的问题；对于后者，更像是碰运气的事，可能会需要对不同的搭档的生产力进行测试。

◇ 成员互识。对于成功的双人搭档，尤其是那些由不同类型甚至拥有相反的个性、态度和技能的个体组成的搭档（如"阴与阳型"），一个经常被忽视的威胁在于，团队成员可能意识不到另一位成员的成就并给予相应的尊重，他们甚至可能根本不重视对方。这就需要依靠一位管理者来精心安排对双方的介绍，使他们从一开始就对彼此的重要性有更多的了解，帮助他们培养出相互的尊重。这一点被证明在更大的群体里尤为重要。

◇ 确定目标。在某些情况下，我们确切地知道我们想要一个组合完成哪些工作：为现有产品开发新功能，拓展并实现特定的销售目标，开设新的办事处，缩短服务响应时间，等等。在另一些情况下（比如"患难与共"），目标可能是改善团队成员自身的业绩。还有一些目标可能更模糊，但尽管模糊，重要性却不亚于其他目标，例如"发现一个可以扩大公司产品销售的新市场"。管理双人搭档（以及所有类型的团队）的核心，就是要使团队的性格特点能够与分配给它的任务相匹配。换言之，不要把公司的业绩押在一个未经证实合作有效的搭档身上，尤其是当这一搭档是由两个迥异之人组成之时；也不要给一个教条的、严格按规章办事的搭档分配那种没有固定限度、自由性更大的开放式任务。

◇ 建立衡量标准。在大多数企业中，这是最简单的一步。的确，如果我们有一对科学家，他们追求的是同一个特定的设计目标，那么，建立衡量他们绩效的指标体系是相当简单的。不过，当我们面对的是让一对"问题"搭档走出职业困境，或让公司的明星团队共同努力为公司开发新市场等情形时，"如何衡量绩效"就会是更有挑战的问题。

◇ 用适当的强度进行管理。找到合适的管理者与找到合适的团队同样重要。严厉的监工适合管理"主内与主外型"搭档或"阴与阳型"搭档，因为这样的监工不太在意团队的情绪健康问题，而这恰好是这两类搭档的优势。相比之下，"我在你的 6 点方向型"搭档的管理者仅仅需要设定目标，然后就可以离开了。"双子星型"搭档的管理者在大多数情况下只需要确保二人组保持在正常轨道上即可。"矛与盾型"搭档的管理者的首要任务是确保团队的发力方向是正向积极的，而不是破坏性的或无政府主义的。

◇ 敏锐观察。正如你可能已经注意到的，许多二人组（尤其是非常强大的那些）基本上都不是通过行政命令创建起来的，相反，他们总是自我创建，通常都是自发的。有时候，他们是环境的产物，比如为了应对不断恶化或日趋危险的环境。其他时候，他们是基于一些难以形容的因素而构建的，比如个性类型、背景、兴趣，甚至是信息素。事实上，这就是团队管理者所面临的最大挑战，包括内部视角（搭档之间的关系）和外部视角（与更大团队的适配）。这就需要管理者进行归纳总结，也就是说，要时刻警惕，敏锐捕捉新出现的优秀团队，然后将它们放在最能发挥其优势技能的环境中。

◇ 创造机会。即使是管理自发形成的团队，也有很多途径来提高团队成功的概率。一种方式是让人们在物理空间上互相接近，看看是否会有火花。有趣的是，这最有可能发生在两种极端时刻：当公司做得非常好，

具备做实验的奢侈条件时，以及当公司深陷困境，愿意承担前所未有的
风险以求生存时。

◇ 坚持记录。通常情况下，一个团队（包括二人组）组建后，或是成功完
成任务，或是以失败告终，再然后团队就解散了，没有人会专门记录它
们的存在。然而，本书所要强调的就是：每一个团队都是独特的，它们
是不同个性特征的组合，具有不同的结构特点，也有自己的绩效记录。
是时候开始跟踪这些变量了，随着时间推移，就可以使用它们来创建新
的、具备更大成功可能性的团队。

◇ 管理演化阶段。最后，团队（包括二人组）都具有生命周期。在团队运
作之初、达到顶峰期以及接近衰退期等这些不同的阶段，团队会呈现出
明显的差异化特征。出于同样的原因，在团队存续的不同阶段，对它的
管理方式也必须有所差别。如果管理者对此不够敏感，那么可能团队刚
开始时光彩四射，之后却遭遇了意外失败。聪明的管理者会关注并识别
团队发展阶段的演化情况，并根据变化调整自己的沟通方式、驱动机制
以及奖惩措施。

区别对待不同类型的双人搭档

当谈到对完美搭档的关心和爱护时，作为领导者，你的第一步就是要识别出
最具才华的人，尤其要注意那些被描述为难以相处、不受欢迎、异于常人或者行
为古怪的员工。也要格外关注组织里那些通常被认为是最聪明或最具创造力的员
工，特别是他们当中那些无法完成预期任务的人，有跳槽风险的，或者是有被辞
退风险的人。

现在，暂且别看这些个体身上那些显而易见的强项，先专注于他们的弱点。
比较这些弱点，看看它们能否互相中和，从而彼此搭配。如果你在这群人中找不
到合适的匹配者，那就看看组织中的其他地方。有谁在感性层面（比如情绪特点）
和此人是匹配的？记住，不要带着任何先入为主的观念进入这个流程。要知道，
最佳搭档可能是相似的，也可能是完全相反的，或者是介于两者之间的。关键在

于，某项工作如果没有其他人能做，至少这两个人在一起能够形成互补，从而完成任务。

接下来，让这些潜在的搭档近距离接触，尽可能将他们与外界的影响隔离开来，尤其是同侪群体，因为外界影响可能会放大差异，破坏协同效应。不要要求这对搭档在当前的项目之外（比如在参加公司聚会时、下班后，甚至是在商务旅行时）有很深的交情。更需要注意的是，分配给他们的任务应该满足这样的条件：他们有必要的技能，但又不可能独自完成。

你已经完成了第一阶段。你现在应该退出来，同时保持对他们的进展与变化的监控。如果这对搭档被证明功能异常，或者相反地，过于享受团队氛围而忽略了完成任务，那就解散它；如果被证明生产力很高（在很短时间内就会看到明显的成效），那就让它继续下去，并且要给它安排更多有挑战性的项目，为它清除来自公司官僚体系的障碍。一个富有生产力的"平衡力"搭档将创造更多的奇迹。

到目前为止，你已经完成了最困难的工作——创建了一个前所未有的成功团队，挑出了两个表现不佳的员工并使他们变成为组织创造价值的人。接下来，从长远看，你现在的任务就是：找到一种方式让这些成功的搭档留在公司，因为他们很可能创造出更大的贡献。但是如果你失去他们了，也不必惊讶。例如，"平衡力型"搭档很可能从组织中脱离（毕竟，他们为什么需要你呢？），转而去创建自己的企业。

对于公司而言，"神奇时刻型"搭档获得成功时，带来的不仅是巨大的机会，同时也有巨大的威胁。就算是驱逐他们也可能是个灾难：他们可能创建一家新公司，并且挤垮你的公司。也就是说，你可能创造了一个巨大的怪物，但它也可能会让你成功超越你最疯狂的梦想。

相比之下，"牢记原力型"搭档比较容易创建，只要你能像毕马威那样将相关的流程正式化，并融入企业文化，就可以实现。

"患难与共型"搭档就像英国军队的"敢死队"——敢死队队员攻击一个看似坚不可摧的敌军据点，只要成功，就可以免除他们原来面对的军事法庭审判、监禁或死刑。这种方法潜在的逻辑就是：存活的概率如此之低、所需的勇气如此之大，因此一次成功的袭击完全可以抵消士兵身上原有的污点。给你的"患难与共型"搭档分配最不可能完成的任务，只给他们短暂的时间（比如三个月）来完成任务。如果他们成功了，奖励但不晋升他们；如果失败了，将他们剥离出组织。

对"艺术家与天使型""矛与盾型"搭档的管理应该要少，但要毫不留情。有太多的人才在注定会失败的项目上浪费精力，所以，只要他们落后，就立刻解散搭档。"主内与主外型"搭档是企业最需要下功夫维持的，因为他们的才华具有相反的性质。对于这类搭档，对企业的忠诚会是一种有效的驱动因素。最后，对"里应外合型"团队应该毫不留情。因为这对搭档之间没有情感卷入，哪怕是最轻微的挑衅争吵，你都可以随时将两人分开，重新组队。

通过对双人搭档的研究，我们看到了经久不衰的人类关系结构，其中一些甚至可以延续一生。现在，我们要来看看三人小组，这种结构最易出现变化，也最不持久，然后我们将会谈及更大规模的团队结构。

TEAM GENIUS

本章小结

1. 双人搭档的类型

根据"场合"界定的双人搭档

◇ "我在你的 6 点方向型"　　　　◇ "神奇时刻型"

◇ "因成功而被合体型"　　　　　◇ "里应外合型"

根据"相似性"界定的双人搭档：

◇ "1 + 1 > 2 型"　　　　　　　◇ "双子星型"

◇ "患难与共型"

根据"差异性"界定的双人搭档：

◇ "阴与阳型"　　　　　　　　　◇ "平衡力型"

根据"不平等性"界定的双人搭档

◇ "牢记原力型"　　　　　　　　◇ "遥远的偶像型"

◇ "矛与盾型"

2. 双人搭档的管理

◇识别需求：通常，团队规模越小越好。

◇成员互识：精心安排介绍，培养相互的尊重。

◇确定目标：使团队的"性格"特点与目标任务相匹配。

◇建立标准：建立衡量绩效的指标体系。

◇适度管理：找到合适的管理者同样重要。

◇敏锐观察：敏锐捕捉新出现的优秀团队。

◇创造机会：让人们在物理空间上互相接近。

◇坚持记录：跟踪团队变量以获得更高的成功概率。

◇管理周期：不同阶段应采用不同的管理方式。

TEAM
GENIUS

08

———

三人组：最具爆发力的不稳定组合

三人组有哪几种常见类型？

如何管理各个类型的三人组？

THE

NEW SCIENCE

OF

HIGH-PERFORMING

ORGANIZATIONS

三人小组、三驾马车、三胞胎——我们对三人团队有无尽的迷恋和好奇心。大仲马笔下的三个火枪手（波尔托斯、阿多斯和阿拉密斯）和他们的口号"人人为我，我为人人！"一直以来都在给人带来无穷的愉悦，小说的电影版本每隔几年就会被重拍这一事实充分证实了这一点。

不过很少有人注意到，直到第四位成员达达尼昂加入以后，三人团队才真正活跃起来。当然即便如此，三个火枪手依然是小说的主要背景，只是他们的形象几乎没有什么区别。而达达尼昂，这位"非成员"（或者更准确地说，如小说结尾所强调的，他是"三人组"的第四位成员）的形象是丰满而鲜活的。也许这就是为什么是他（而不是其他人）为另外三人想出了那句著名的口号。

如果说双人搭档就像惰性气体（组成搭档后变得相当稳定），那么，三人团队就更像放射性元素：他们看上去只有短暂的存续时间，很快就会解体，回到组团之前的自然状态。在本章开始你就需要认识到这一事实，这一点非常重要。也因此，对于三人小组，你要使它们的存续时间尽可能长，但不要依靠它们谋生，也不要在它们失败时深感惊讶。

进入 NFL 名人堂的三人组

有史以来最成功的三人组，是你在数十年间可能每个周日都在观看，却一直没有注意到的。它曾经换过一个关键成员，但从没有影响三人组的效果。在这个三人组的四名成员里，有三个现在进入了 NFL[①]"名人堂"——如果有足够多的人了解了第四位成员的作用，那他也有可能进入"名人堂"。有趣的是，这个三人组成功的关键并不在于成员本身，而在于管理他们的人，这个人设计出一种办法，使三人组的部署具有了革命性的变化和毁灭性的力量，并因此而永远改变了整个行业。

我们所说的三人组是旧金山 49 人队（一支职业橄榄球队）在 1985 年至 1995 年各赛季的进攻力量的核心。四位成员分别是四分卫乔·蒙塔纳（Joe Montana）以及在 1991 年有效取代他的位置的史蒂夫·扬（Steve Young），跑卫罗杰·克雷格（Roger Craig）和外接手杰里·莱斯（Jerry Rice）。招募三人组、设计出最具革命性的"西海岸进攻"模式以最大限度利用成员才能的是教练比尔·沃尔什（Bill Walsh），他常常被誉为有史以来最优秀的 NFL 教练。

那么，为什么该三人组如此有效？它赢得了四次超级碗冠军，使蒙塔纳、扬、莱斯和沃尔什四人进入 NFL 名人堂，也使这一时期的球队跻身有史以来最著名的球队之列。要找到答案，我们就需要深入了解沃尔什设计的"西海岸进攻"模式（这一模式在后来被争相效仿）以及其中的每一名球员所扮演的角色。有意思的是，成功的秘密并不在于知名球员的那些明显的优势技能——蒙塔纳在遭受攻击时保持冷静的传奇本领、扬的运动天赋和莱斯那著名的双手，真正的秘密隐藏在三人团队当中最不出名的那位以及他非凡的"欺骗"天赋上。

想一下这个三人组经典的进攻方式：四分卫蒙塔纳或扬拿球、退后并转身。跑卫克雷格向前跑，要么通过手递手传球拿球并带球向前推进，要么做手递手传

---

① NFL：National Football League，简称"NFL"，即美国职业橄榄球大联盟，是北美四大职业体育运动联盟之首，也是世界上规模最大的职业橄榄球大联盟。——审校者注

球假动作，并假装要向某一端移动。如果蒙塔纳或扬在这时拿着球准备做"四分位选择"（由于两人分别是左撇子和右撇子，他们的移动路线就显示为彼此的镜像①），那么他们或者带球跑（这是扬的强项），或者跟着克雷格，向他侧向传球，或者将球传给在前场的莱斯，而这时的莱斯已摆脱防守，更何况他还拥有一双 NFL 历史上最灵活的手（接球）。

这是一种极具破坏力的进攻方式，其他 NFL 球队用了一代人的时间去学习如何防守。虽然很多球队想复制"西海岸进攻"模式，却从没有一支球队像 49 人队那样有效。

再次回到之前的问题——为什么它运转如此有效？有两种解释，一个简单，一个复杂。复杂的那个是比尔·沃尔什，碰巧本书的两位作者都与比尔·沃尔什熟识。里奇曾在《福布斯》科技版的专栏中对沃尔什进行过多次采访；迈克尔则帮助沃尔什整理他的想法，目的是写一本关于教练的书。关于这位已过世的传奇，让我们两人印象最深的都是他那非凡的、近乎超人的脑力组织。甚至当他坐在地板上、因忍受着慢性背痛而将脊柱贴在办公室的墙上时，他也会这样说："教练工作有四个组成部分，后勤、战略、战术和突发事件。其中后勤有八项内容，招募……"他可能会按这种方式谈论一个小时，按照脑海中一个巨大的、难以置信的详细提纲去谈他的想法。

沃尔什的教练模型的核心，我们称之为"受控的随机性"（controlled randomness）。这听上去像一个不合逻辑的推论，但"受控的随机性"意味着，教练沃尔什非常清楚，像美式橄榄球这样的快速移动、不可预测并带有猛烈撞击的运动，是不能完全受控的。虽然不能够完全受控，但是可以在不同层次上事先设定特定的结构，而这些结构能够引导事件的发展。因此，就得出了沃尔什的分层教练模型：

---

① 四分卫抛球时会采用自己最有利的一侧手臂，对于左撇子和右撇子，侧身方向和抛球路线是相反的，所以作者此处称为"镜像"。——审校者注

◇ 1. 后勤：招募与教练风格及最关键球员的天赋匹配的、尽可能最优的团队。

◇ 2. 战略：根据对手的情况规划整个赛季的计划，在赛季末确保团队达到巅峰状态。

◇ 3. 战术：在战略的指导下，为个人制订比赛计划。建立一个强有力的比赛计划并坚持到底。

◇ 4. 突发事件：像军队的将军一样，你必须知道，所有的计划在比赛枪响的那一刻就开始土崩瓦解。不要惊慌，果断采取新举措应对新现实。

值得注意的是，在每一层次上，沃尔什都会"预备"一定程度的随机性——不可预测并可能会随时出现。因此，他会在他那著名的笔记板上，提前准备比赛的前十个进攻脚本。很多人认为沃尔什这样做了之后，他就不会像很多教练那样因赛场上的球队行动而变得过于兴奋，进而开始临场的呼叫战术，最后导致比赛偏离原定脚本。这确实是事实，但人们没太注意到的是，画在笔记板上的进攻脚本是经过精心挑出来的，目的就是在他的现场指挥中"注入"随机性——使49人队的进攻战术不可预知，使对方的防守队员不得不持续猜测。沃尔什的"随机性"策略在他的其他传奇故事里也会经常看到，比如1990年新奥尔良超级碗开始前，当球队抵达酒店时，跟打扮得像一个酒店侍者的沃尔什不期而遇——加点儿意想不到的幽默可以让球队保持放松。[1]

现在让我们回到之前的话题"西海岸进攻"，你将看到沃尔什那神话般的"受控的随机性"。如果你仔细看，你会发现在这个复杂的进攻路线中，关键人物是罗杰·克雷格。克雷格是有史以来最全面的跑卫之一：1986年，他成为NFL首位单赛季获得1 000码冲球码数和1 000码接球码数的球员。而这种双料能力恰恰是沃尔什进攻战术的核心所在，对于克雷格自己的进攻也是至关重要的。

---

[1] 1988年沃尔什从49人队的主教练位置退休，因此他在1990年与球队碰面时不是教练身份。——审校者注

　　具体的做法是：当克雷格接近蒙塔纳或者扬时，他们之间手递手传球的真假概率，从历史数据看，基本相同。这意味着防守方（防守线锋及其后面的线卫）不能凭借克雷格的主要技能下决断，但对于大联盟的其他跑卫来说，这招是有效的（比如说，华盛顿红皮队的约翰·里金斯）。因此，他们就会出现片刻犹豫，看罗杰·克雷格的下一步行动。（如果他们没有犹豫，继续执行某个防守战术，比方说，防跑，那么这会被教练沃尔什注意到，然后将计就计，要求执行一个假的手递手传球）。

　　这就是罗杰·克雷格真正的天赋所在。早在 1983 年，克雷格在被旧金山 49 人队招入球队之前，就因高抬腿奔跑风格而出名，这一能力使他很难被拦截，也帮助他在为内布拉斯加大学橄榄球球队（剥玉米人队）效力期间创造了几项纪录。但是，几乎没有人（除了沃尔什）注意到克雷格的另一个天赋：欺骗性，也就是说，克雷格能够做出极佳的手递手传球假动作。

　　因此，蒙塔纳或者扬在旋转移动中把球递传（即手递手传球）给克雷格，克雷格熟练地用双臂保护着球，向端线冲去。那他到底有没有球呢？防守球员略加犹豫，半秒钟的时间过去了……

　　这是假的！立刻转入传球保护模式——蒙塔纳走向口袋（pocket）①，或者扬转向他的左边。同时，感谢克雷格造成的对方防守球员的片刻迟疑，莱斯（美国橄榄球大联盟历史上最著名的外接手）利用这时间已经深入了防守方区域——这可是莱斯一直以来都需要的。只见球从四分卫手中抛出（如果是蒙塔纳，那球就是柔缓、顺时针方向旋转飞出；如果是扬，那球就是迅猛、逆时针方向旋转飞出），然后在空中被莱斯的一双大手抢下……一气呵成。

　　如果没有罗杰·克雷格给莱斯创造的半秒优势，他还将会是美国橄榄球大联

---

① 当进攻方的四分卫拿球后，进攻方的进攻锋线需要为其做口袋（pocket），即传球保护（pass protection），努力为自己的四分卫争取更多的时间来进行传球目标选择，并且让自己的外接手跑的更远。——审校者注

盟历史上最著名的接球手吗？也许会是，但是他恐怕获得不了那么多的接球纪录。如果没有比尔·沃尔什教练这位战略天才的指导，莱斯、扬和蒙塔纳会成为后来的橄榄球传奇人物吗？那就要另当别论了。我们所知道的是，在正确的领导（沃尔什）和组织（"西海岸进攻"模式）下，三个拥有非凡技巧的人能够完美合作并达到巅峰；而且，同样引人注目的是，即使三人小组中的一个人发生了变动（蒙塔纳被扬代替），成就依旧。

现在，沃尔什的理念已经被橄榄球运动界全面吸收，从 NFL 到 Pop Warner 青少年橄榄球联盟，比尔·沃尔什（"教授"）常被誉为职业橄榄球历史上最具创新的教练，也是所有体育运动中最伟大的教练之一。但是要充分感受他取得的成就，你需要看看以往的隆巴尔迪杯[①]和关于他的传说，用全新的眼光去看过往的比赛录像和他所设计的那些富有成效的进攻。在这三人团队的巅峰时期，除了西海岸进攻这一明显的结构上的创新，在那些进攻中，还有其他一些神奇的事情发生。

我们还想起另一个伟大的三人组——"廷克—埃弗斯—钱斯"[②]，他们在体育运动中都充分地展露了自我，进入了职业棒球联盟名人堂。不过这些耀眼的三人组也对我们提了一个警告：设计一个理想化的三人组，和让他们在现实中真正发挥作用，完全是两回事。

根据我们的经验，三人组必然会采取如下四种形式中的一种。

2+1 三人组：最原始的组合

这是最原始的三人组，其核心是一对搭档，因为某种需要增加了第三个成员，新增的这个成员的角色至关重要，却不是像双人搭档那样亲密的角色。

---

① 隆巴尔迪杯（全称为文斯·隆巴尔迪杯）是美国职业橄榄球大联盟年度总决赛超级碗比赛的冠军奖杯，以美国橄榄球历史上著名的教练文斯·隆巴尔迪的名字命名。——审校者注
② 乔·廷克、约翰尼·埃弗斯和弗兰克·钱斯是芝加哥棒球队的三个队员，他们的三人组的故事在下文中有详细叙述。——审校者注

这种三人组的最大优势之一就是，它其实不是真正的三人组，而只是一对搭档加上一个充当顾问或专家角色的第三人。在某些方面，这是两全其美的关系。虽然双人搭档在结构上更强壮，效率通常也更高，但是，从定义上也能看出来，双人搭档缺少三人组所拥有智慧的深度和广度。增加一个全能选手作为第三个成员是非常有价值的，因为第三人能够在必要的时候为团队增加专业知识、时间和精力。在双人搭档双方的技能相似的情况下更是如此，增加的第三人，能够在有需求时增加不同却至关重要的技能。

"2+1"组合里有一个特别有用的场景：项目中的两个核心成员本身是技能互补的，第三个人又为项目带来了他自己的特有专长——比如，一个软件专家对两个硬件专家，市场营销或宣传对一个设计师和一个制造商。理想情况下，三个人就可以通力合作了，但这还不是全部优势——"2+1"组合的另一个优点是：第三位参与者仅需要兼职，当需要的时候再深度介入即可。而这种模式也为第三人（只有有限的时间参与）打开了一扇成为世界一流专家的大门。

在科学史上，最著名的例子当属晶体管的发明。沃尔特·布拉顿（Walter Brattain）和约翰·巴丁（John Bardeen）是贝尔实验室的物理学家，在20世纪30年代末，他们看到一份材料，其中说明了如何将绝缘体（硅、锗等）与特定的杂质（如氟）"掺杂"（即"浸渍"），从而形成"半导体"。电流能够通过半导体，并且可以被另一个更小的电流进行开关控制（硅开关或"门"）。

布拉顿和巴丁希望使用这些新的半导体进行实验，但二战爆发了。战争结束后，二人返回实验室，开始研究这一新技术的应用——他们想将新技术应用于创建固态电子开关上，这种开关体积更小、温度更低，比当前使用的易脆的玻璃真空管更省电，最重要的是更耐用。

时机恰好。他们的上司是威廉·肖克利（William Shockley），当时担任贝尔实验室固体物理组的组长，他被分配了开发"固态放大器"的任务。肖克利向这两位科学家提供了一个建议：观察半导体。肖克利虽然身为这两位科学家的上级，但他把大部分时间留给布拉顿和巴丁，使他们单独在一起工作——这绝对是一件好事，因为肖克利后来常被认为是史上最糟糕的老板之一。说到这儿，有必要提一下肖克利与"八叛徒"（Traitorous Eight）的故事：1955 年，肖克利在硅谷创建了一家公司，招到了八个才华横溢的年轻人才，而这八个人后来忍受不了肖克利的领导，在 1957 年集体离开了公司，肖克利大骂他们是"叛徒"，而这"八叛徒"后来成立了仙童半导体公司，成为硅谷的火种。这也是为什么肖克利会被视为硅谷的创建人的原因。

回到"2+1"的主题上。在固态放大器的开发过程中，当布拉顿和巴丁遇到技术难题时，肖克利会为他们提供解决方案。不过，布拉顿和巴丁仅仅会在这些问题被证明确实棘手时才会靠近这位著名的科学家，因为肖克利不仅是一位天才，他同时也是一个几乎无法共事的人：傲慢、偏执、对一般人不屑一顾。

只要布拉顿和巴丁去找肖克利，肖克利必不会辜负他们——不幸的是，肖克利所做的不仅仅是解决问题。当两位科学家最后展示他们的最新成果"晶体管"时，肖克利愤怒地斥责他们背着自己做这些，他认为最初的方向是他提出的，重要的问题是他解决的，所以所有的荣誉都应该归他。据说布拉顿当时冲着他大喊："这里每个人都应该有足够的荣耀！"但这也没能阻止肖克利到贝尔实验室的公司总部要求为新设备（他描述为"场效应晶体管"）申请专利，在"提出最初设想"这里只留下了肖克利自己的名字。

一直到人们发现"场效应晶体管"的基本专利已经存在的时候，贝尔实验室才决定申请"点接触晶体管"专利，并写上了三个人的名字，发明时间为 1947 年 12 月 23 日。巴丁声明：这种情况是不可容忍的。他很快离开贝尔实验室，去了伊利诺伊大学（在那里，他因为超导体的工作将在未来赢得第二次诺贝尔奖）。布拉顿要求调到美国电话电报公司（AT&T）的另一个部门。尽管巴丁和布拉顿仍然保持了亲密的友谊，但他们与肖克利几乎零接触。在他们三人那张著名的实验室合影里，肖克利坐在显微镜前，有一种紧张的气氛……这是接下来的近十年里，三人最后一次共处一室。

九年后，巴丁、布拉顿和肖克利被授予诺贝尔奖。那时，肖克利已经离开了贝尔实验室（因为他的离开，实验室曾有多次庆祝活动），前往加利福尼亚开创了自己的公司——肖克利晶体管公司，并因此变得富有。他和他的新员工一起庆祝他获得诺贝尔奖，而这些新员工在几个月后也离开了他。

当他们抵达瑞典参加诺贝尔奖颁奖仪式时，那两位实验室老搭档一起闲逛，就像以前一样（他们是典型的"阴与阳"搭档：巴丁是在办公室里思考的理论家，布拉顿是使巴丁的愿景——在这里，就是那个著名的塑料箭头，用两根金丝，压进锗晶体表面的选定部位——变为现实的建造师）。他们对肖克利在很大程度上是唯恐避之不及。尽管如此，颁奖仪式结束后，人们还是看见三位为彼此举杯庆祝，直到深夜。毕竟，他们改变了世界，他们的名字将流传于世。

并行三人组：最强大的组合

事实上，这是我们通常所认为的三人组：两位搭档共享同一位成员，但另两个成员却很少互动。

"并行三人组"是最强大的三人组结构。这主要有两个原因：第一，因为这类三人组中的成员并不在一起工作，这使得在其中两人（暂且称为外部人）之外再补充一个在相关领域最优秀的人（暂且称为内部人）成为可能，这种情况下，两个外部人不用担心他们之间的相容性，仅仅需要考虑他们与唯一的那位内部人之间的相容性即可。

第二，来自"并行三人组"结构的另一特点，即其天生的官僚层级：内部人好比两个外部人之间的交通警察，他是三人组中毫无争议的领导者。这就化解了大多数三人组中成员争夺主导地位的压力。内部人设定规则，担当"合成者"，设定目标和里程碑，以及解决纷争。

我们此前讲述的一个"并行三人组"的故事，很值得在这里重述：1970年，英特尔公司发明微处理器的三位科学家。

该项目始于一家日本计算器公司比吉康，它与当时还是一家经营存储芯片公司的英特尔洽谈一个定制化的订单——减少新型台式计算器所使用的芯片数量。比吉康公司当时正陷于绝望之中，计算器业务正在经历一场洗牌，比吉康公司已在这场战斗中落败，公司管理层认为，如果没有一个真正的突破性创新，公司将难以生存。

英特尔公司指定的项目负责人是一位名叫特德·霍夫的年轻科学家。他从日本公司的需求里看到一种重新思考芯片架构的方式，这种方式以美国数字设备公司这一类公司所制造的最新小型计算机为基础。当时比吉康公司派了一个团队到英特尔，由霍夫负责管理。在项目推进过程中，霍夫意识到，也许有另一个更好的方式来设计这些芯片组，于是，他找到了英特尔的联合创始人罗伯特·诺伊斯（他是集成电路的共同发明人），提出做一个类似"臭鼬工厂"（skunk works）[1]项目的建议。虽然诺伊斯从存储芯片制造的低生产率中已经知道当时的英特尔处于破产的风险中，但是他仍给霍夫开了绿灯，尽自己所能将这个项目隐藏起来。

接下来，霍夫组建了一个设计团队，由费德里科·法金、嶋正利和斯坦·麦卓尔三人组成。正是这三人创建了世界上第一个微处理器Intel 4004，以及后来的Intel 8008——现代处理器的真正先驱。但是这三位科学家几乎从来没有时间以"三人组"的形式一起工作。的确，就像他们的前辈肖克利、布拉顿和巴丁一样，他们三位也很少共处一室。

---

[1] 臭鼬工厂是洛克希德·马丁公司高级开发项目的官方认可绰号。臭鼬工厂以担任秘密研究计划为主，有着高度自治的管理模式，避免组织内部的想法创意等由于官僚主义而被限制。——审校者注

事实上，微处理器是法金的项目，所以由他组织团队、建立成品性能参数、领导四芯片组的具体设计和生产。因为法金的专长是硬件，他倾向于与嶋正利进行更多地合作，给嶋正利分配了针对不同芯片的具体任务。当嶋正利回日本后，法金还接管了所有的硬件设计工作。麦卓尔作为软件专家，倾向于更加独立地工作：他的工作就是在芯片准备好时，将操作代码加载到4004上。

因此，在现实中，英特尔微处理器三人组是两个有重叠的双人组在运作，一组是法金和嶋正利，另一组是法金和麦卓尔。它与贝尔实验室三人组截然不同，贝尔实验室三人组是一个紧密的二人组加上第三人，而这个二人组与第三人保持了一定的距离。产生差异的一个原因是，微处理器三人组是按上述方式形成的（并不是因为它是出于绝望而创建的）。另一个原因是，英特尔三人组将彼此视为平等的伙伴，法金作为领导的角色也很清晰。在40年后，美国国家技术创新奖委员会也这样认为，它将奖章颁给了法金和麦卓尔（三人组中的两个美国人），以及有远见的霍夫。（遗憾的是，诺伊斯已经与世长辞。）

串行三人组：最有活力的组合

"串行三人组"与"并行三人组"在成员的时间安排方面有所不同。"串行三人组"中，各成员简单有序地相互组对工作，并且组对时间短暂；而"并行三人组"中是一个成员（内部人）将自己的时间分给其他两位成员（外部人）。

"串行三人组"特别强大，因为成员彼此之间没有让步妥协的需要。不需要有"并行三人组"中的内部人角色，这个内部人不仅为团队带来他自己的技能，而且要具备成为交通警察和外交官角色的能力。确切地说，只要这三人能建立一种安排机制来约束相处不算和睦的搭档之间的接触，并且可以根据需要在或长或短的时间内再次连接或断开连接，那么，这三人都将自由地全速前进。而这也意味着，你要为这个团队招募到最好的人。只要他们在一起，他们注定是势不可当的。

我们知道，发明微处理器的著名"并行三人组"是由英特尔公司更为著名的三人团队管理的。迈克尔曾写过一本关于罗伯特·诺伊斯、戈登·摩尔和安迪·格鲁夫这个三人组的书。[①] 可以说，这是历史上最成功的商业三人组，因为在21世纪初，英特尔一度是这个星球上最有价值的制造公司。同时，作为摩尔博士传奇定律的原型守护者，这个三人组也被誉为现代数字世界的创建者。

如果你读过英特尔的官方历史，你就会知道，这个三人组总是被描述为由三个实力相当的人组成的三驾马车，作为一个团队通力合作，带领英特尔成为半导体行业的先锋，并享有荣耀。现实情况则复杂得多：三个人彼此间的关系不仅复杂，而且有时会相互矛盾——就跟真实的人类关系一样，而不是神话。

这三个人是如此不同。罗伯特·诺伊斯是天生的人生赢家：优雅、富有魅力、狂野、敢冒风险，他几乎总是完胜对手，他将职业生涯看作一场游戏。如果这是一个公正世界，以及如果他能活得更长的话，他本应获得两次诺贝尔奖，其中一次就是集成电路。[②] 戈登·摩尔是一个乡间男孩，一位小治安官的儿子，高科技领域最强大的思想家之一。他和蔼、谦逊、不爱出风头，他提出了著名的半导体定律——被证明是现代生活的节拍器的"摩尔定律"。安迪·格鲁夫，性情激烈但极富才华，可说是20世纪下半叶最伟大的商业领袖。

仅看简历，应该非常清楚，没有一种迹象表明：这三人会一起手挽手在当代所有行业中竞争最激烈的领域经营最具创新力的公司。诺伊斯和他的雇员格鲁夫的关系尤其是这样，诺伊斯看上去对什么事都不在乎，而格鲁夫几乎事事严肃。事实上，诺伊斯甚至完全不把格鲁夫当回事（别忘了，他曾经背着格鲁夫给微处

---

① 想更多地了解作者的观点，可参考由湛庐文化策划、浙江人民出版社出版的《三位一体：英特尔传奇》。——编者注

② 诺伊斯与杰克·基尔比共同发明了集成电路，这一发明在2000年获得诺贝尔奖，因诺伊斯已于1990年逝世，所以未能得奖。另一次是指他在肖克利半导体公司时形成的"负阻二极管"概念，因被老板威廉·肖克利拒绝而终止研究，而一年后索尼公司科学家江崎玲于奈发表了同样理论的文章，并在1973年因此文获得了诺贝尔奖。——审校者注

理器项目开了绿灯），同时，格鲁夫也瞧不起诺伊斯，他认为诺伊斯对公司和员工不负责任。公司组建之初，当格鲁夫听说诺伊斯将要加入英特尔，他甚至犹豫了一下才决定加入。另外，摩尔摇摆不定，因为他既是诺伊斯的搭档和朋友，也是格鲁夫的导师和老板。

还有比这更复杂的，因为尽管格鲁夫非常钦佩摩尔，但他们之间从来没有什么社交活动；同时，格鲁夫和诺伊斯以及他们的家庭之间经常有交往，至少在早些年是这样。当格鲁夫随着年龄增长以及登上全球舞台后，他变得越来越像诺伊斯。而诺伊斯后来参与到政府和行业倡议的"半导体生产技术联合体"的创建工作中，这项工作迫使他全力投入，并以一种他从未用过的方式进行管理……这些无情的压力导致他在 62 岁时英年早逝。

更能说明问题的（也是英特尔公司在做公司宣传时的一个现实难题），就是他们三人的合影仅有一张！要知道，他们作为"三位一体"的三人组领导了公司将近 20 年，在诺伊斯去世后，另两位继续领导公司超过 10 年。而且，如果我们忽略那些宽领带和大胡子，这张照片本身也颇有象征意义：诺伊斯和摩尔一起站在桌子后面，而格鲁夫将一条腿放在桌子上面——既是内部人，也是外部人。

那么，这三个截然不同的男人，是如何不仅共同管理了一家在商业史上增长最快的公司，而且领导这家公司在一个万亿规模但竞争异常激烈、无数对手已灰飞烟灭的行业中拔得头筹的呢？

答案就是：他们持续不断地想办法共同工作，却从来没有真正一起工作过。他们三人中没有一个内部人充当核心角色，就如"并行三人组"中的那样。

诺伊斯是官方的公司最高执行长官，但正如我们看到的，他有时候会成为反叛者，成立额外的项目，他也因厌恶冲突而名声不佳（尤其是在格鲁夫眼里），因为他天生无法解雇任何人。摩尔也好不到哪里去，他对公司日常运营毫无兴趣，相反，他只关注如何确保英特尔成为技术领导者。格鲁夫是三人组中专注公司运营的一位，但作为三人组中的年轻成员，他的决定不断地被其他人否决，最令人沮丧的是来自诺伊斯的否决，因此，他花了大量时间去争取他认为自己应得的独立和责任。

然而，尽管有这些摩擦和怨恨，三人组仍然能卓越地工作，为什么？有三个理由：

◇ 他们的才华和资历与顶尖公司的经典组合非常匹配：首席执行官（诺伊斯）、研发主管（摩尔）、首席运营官（格鲁夫）。

◇ 英特尔增长如此之快，面临如此激烈的技术和市场竞争挑战，这足以让三人用全部时间全身心投入。

◇ 英特尔的长期成功，提供了他们提升到更高层面的可能性。因此，当诺伊斯成为国家的行业管理人物后，他慢慢地从英特尔撤离，为格鲁夫留出空间运营公司并展现他的真实才能。与此同时，摩尔，作为行业传奇人物及公司董事长，将继续作为诺伊斯的朋友和格鲁夫的导师履行职责。

我们感觉，所有成功的"串行三人组"都有这样的特点：具有复杂性、爆炸力和活力，并能不断地调整他们的能力搭配以适应需要。他们会寻找一种适合他们彼此相处的方式——有时候是使直接接触最小化，有时候是将第三人做当中间人、替身或过滤器，有时候只需避而远之，有时候是咬紧牙关等待更好的时机。他们基本上总是这样做（或忍受）的原因就是：

◇ 尽管存在差异、分歧，但他们尊重彼此的独特才华。

◇ 他们共同发起的项目是如此有趣、富有挑战且回报丰厚，他们彼此间的差异与他们的事业相比，就相形见绌了。

这也符合英特尔三人组的情况。诺伊斯能忍受格鲁夫的操纵手段，是因为他知道格鲁夫能以他本人做不到的足够坚忍的方式运营英特尔。摩尔也是这样，因此无论是在情况良好时还是糟糕时，他都会站在格鲁夫一边。对于格鲁夫，他虽然感觉不被欣赏、受到轻视，但他完全没有嫉妒另两个人的轻松和名声，而他所付出的耐心以及与诺伊斯一起工作的回报就是，他能成为世界上最重要公司的CEO，作为伟大的商业领袖得到认可，甚至成为《时代周刊》的年度人物。

乐队三人组：最可持续的组合

如果说"2+1 三人组"最容易构建，"并行三人组"最强有力，那么，"乐队三人组"（角色经过精心定义、任务单一且定义明确）则是最能获得持续不断的成功的三人组。

提到"乐队三人组"，我们会自然地联想到体育运动中的三人组合，他们的角色职责经过仔细划定，结果也是立竿见影。尤其是棒球运动中的经典三人双杀组合：游击手、二垒手、一垒手。当然，这可能会让我们想起 1902 年到 1912 年间芝加哥小熊队里的一个三人组：游击手乔·廷克（Joe Tinker）、二垒手约翰尼·埃弗斯（Johny Evers）和一垒手弗兰克·钱斯（Frank Chance）——我们在"2+1 三人组"中也曾提及。1910 年 7 月，在纽约巨人队被芝加哥小熊队双杀击败后，巨人队的球迷、记者富兰克林·皮尔斯·亚当斯（Franklin Pierce Adams）在《纽约晚邮报》上发表了一首诗歌《棒球的忧伤词典》：

> 这可能是最悲伤的话语：
> "廷克传埃弗斯传钱斯。"
> 小熊三人组，比鸟儿更敏捷，
> 廷克、埃弗斯和钱斯。
> 无情刺穿旌旗的幻影，
> 使巨人遭受双重打击——

话语如此沉重，带来的只有麻烦：

"廷克传埃弗斯传钱斯。"

因为这首诗，"廷克传埃弗斯传钱斯"成为美国词典里的一个常用短语，意思是：依靠三人组的一系列简单行动就能赢得成功。何为成功？对这几个小熊队的前任内野来说，就是要实现双杀，要成为"投手最好的朋友"就意味要能够共同完成清除垒上跑者，并在记分板上记下"二人出局"。

乔·廷克、约翰尼·埃弗斯和弗兰克·钱斯可能不是史上最伟大的双杀组合（尽管他们曾经的队友、后来在哥伦比亚大学和卢·格里克一起担任棒球教练的安迪·科克利认为他们是），但他们是第一支使比赛如此完美同时又通过记者亚当斯的诗得到了更大宣传的组合。他们还享有其他伟大双杀三人组无法比拟的名望，比如 20 世纪 70 年代洛杉矶道奇队的比尔·拉塞尔（Bill Russell）、戴维·洛佩斯（Davey Lopes）和史蒂夫·加维（Steve Garvey）三人组，以及 1959 年至 1960 年间的芝加哥白袜队中的路易斯·阿帕里西奥（Luis Aparicio）、内利·福克斯（Nellie Fox）和泰德·克鲁苏斯奇（Ted Kluszewski）三人组。

对我们而言，廷克、埃弗斯和钱斯组合的有趣之处，不仅仅是他们组成了一个完整的双杀团队（在 1906 到 1910 年间有 54 次的双杀记录），并帮助小熊队在这几年中夺得了 4 次冠军，更重要的是，他们有着像机器一样的一致性。在那个糟糕的野外场地常常导致无穷无尽错误的时代，这种一致性使他们成了"名人堂"的代名词（实际上，他们三个人在 1946 年一起进入了职棒联盟名人堂）。他们每一个人不仅在自己的位置上表现出色，而且在相互位置的对接处也表现出色——每一个人不仅在比赛中成功地调遣球，而且算好位置，并以无与伦比的精度向伙伴抛球。当时仍是棒球职业联赛的死球时代[①]，所以他们在防守滚地出局上有大量练习，当然也有多次犯错的机会。

---

① 在美国职业棒球大联盟历史上，1920 年以前的时期被称为棒球的死球时代，球员在这段时间很少打出全垒打。——审校者注

不过这只是故事的一半。使廷克、埃弗斯和钱斯三人组照亮历史的，是他们在时机把握和协调上的历史性壮举，尽管事实上游击手廷克和二垒手埃弗斯是相互憎恨的。在 1905 年 9 月，两人在球场上爆发了一次冲突，直到 33 年后，即 1938 年的一次电台节目之前，彼此再也没有说过话。换句话说，在三人组作为球队最著名的运转良好的防御机器一起比赛的时间里，有一半的时间，两个球手相互之间甚至没有交流。然而，他们依然能在数秒之间扭转比赛，并且能够在击球手仍在奔跑时，就将球传到 90 英尺开外击中他。

这就是"乐队三人组"的本质：三个个体各自完成自己的工作（这些工作在很大程度上是相互独立的），他们都发挥出自己的最高水准，接着，他们将这些劳动成果合并进一个更大的、预定好的生产线。当一切运行顺利时，结果将比三部分的总和更好。

我们为什么要将"乐队三人组"与体育运动相关联呢？原因之一是，这些团队是最可见的，并且取得了其所在领域最著名的成就。我们在本章一开始描述的蒙塔纳扬、克雷格和莱斯三人组也是一个著名例子。在体育运动中，我们能在数秒之内看到一个三人组展开的整体性功能，并立即知道它是否成功，而其他领域中的三人组，就没有这么容易观察了。

体育三人组也可以让我们对"乐队三人组"的结构有很好的理解，不同领域中的"乐队三人组"的结构基本相同，比如研究实验室、代码编写部门、新产品研发部门，以及最重要的贸易部门。我们已经研究了"2+1 三人组"，相较而言，"乐队三人组"可以被称为"3+1"，这里的"+1"并不是另一位团队成员或领导者，而是这项比赛、项目或公司部门的规则。正是这些规则起着彼此互动时的"纪律督导者"和运营的"边界条件设定者"的作用。

从本质上讲，在这个限制规则极多的世界（内场防御、争球线进攻、应用程序代码编写、科学实验、消费者测试、产品组装与测试、服务与维修、建筑施工、屋顶搭建等），整体目标已经明确，共同规范也已到位，那么现在，就可以将实际的工作过程分为三个部分，确保每个人在自己的领域内都是专家，这些专家可以自由发挥技能和才能来实现尽可能好的结果。

与"串行三人组"一样，"乐队三人组"最大的优势就是，三个成员之间不存在协调让步之类的关系，因为他们每个人都是独立的操作者。你所要做的很简单，就是走出去，找到匹配每项工作的最优秀的人才。此外，他们基本上也不需要你去帮助他们改善工作，因而三人组的成员就能花更多时间使他们的交界面更加完美——因为三人组每个人的角色本身受到总体规则的限制，目标也很清晰，所以他们的交界流程反而更加容易优化。比如，把球送到二垒，进行频谱分析，手递手传球，将木瓦送到屋顶，完成目标收购……你与团队另两位成员是否合得来并不重要，重要的是你们每一个人要将自己的工作完成得尽善尽美。

也正因如此，"乐队三人组"能够实现比其他任何类型三人组更高水平的业绩——的确，因为目标定义非常仔细，所以此类三人组有时候能达到任何其他三人组类型几乎无法想象的水平。看看奥林匹克水准的接力赛团队你就能明白了。

"乐队三人组"还有一个优势就是：他们更少依赖个体成员。因为有精心定义的规则、相互独立的团队成员，所以替换一个或更多的成员也会相对简单，并且能实现无缝衔接。新三人组有可能没有早先团队那么好，当然也有可能会更好——不管怎样，最好还是坚持新团队的组合，否则的话，可以看看发生在小熊队那个最著名的双杀三人组合间的故事：在一起作战十年后，钱斯因在球场脑部受伤而住院，很快，埃弗斯被任命为小熊队的球员兼教练，这彻底激怒了廷克，随后他要求转会到辛辛那提红人队。

这就是故事的结局，除了"廷克传埃弗斯传钱斯"已成为常用语继续流传。尽管如此，1913 年，芝加哥小熊队仍然派全体内野手上场，包括廷克的替补、埃弗斯和钱斯。他们仍然表现出了大量双杀，只不过没有那么著名。70 年后，小熊队将派出另一个双杀组合，和他们的传奇前辈一样优秀，甚至还有一位比在初始团队时表现得更好的球手——莱恩·桑德伯格（Ryne Sandberg）。比赛是一样的，规则是一样的，只是团队成员不一样了。

三人组的管理艺术

创建和管理三人组实际上比管理二人组更简单，因为三人团队能够展现出内部的结构和自我管理水平，而要在二人组中看到这些，通常不可能。三人组的创建方式也可以很简单：在一个成功的双人搭档中，增加第三人，无论相容与否，他都能带来必要的技能。

"2+1三人组"几乎从不会因内部缺陷失败。如果布拉顿、巴丁和比尔·肖克利都做到这一点，那么你的二人组和任何一个你扔给他们的人肯定也能做到。相反，要破坏一个良好的"2+1三人组"，万无一失的办法就是错误地假设他们是真正的三人小组，用对待三个平等组员的方式对待他们，奖励他们，以及最糟糕的，迫使他们待在一起。有趣的是，这种类型的团队在应对成功时也会有问题，因为在他们之间传递信任是很困难的。

对于"并行三人组"，承担内部人角色的成员必须具有高度的成就。因为三人小组规模太小，以至于不太可能给它配置一个独立领导，所以这个内部人不仅要对项目做出重大贡献，还要在两种状态间不断切换，即向两个外部人（即另两个成员）进行咨询和为他们提供帮助。这样一来，如果你想让"并行三人组"能够一起工作，那这个三人组中就需要有至少一位顶级成员，你必须集中精力寻找到此人。也许你能找到两个以上的更高水平的外部人，想想吧，增加两个这样的人却不用考虑他们之间的相容性——结果就是，你会得到一个无与伦比的三人组。

还记得我们在第二章提及的，研究者是怎样发现"三人组成员待在一起时，如果每个人都扮演着有价值的角色，而且他们的声音都能被倾听到的话，他们就会感到特别舒服"吗？我们相信，研究者所谈论的就是"并行三人组"。

说到管理"并行三人组"，请设定目标和绩效里程碑，然后就撤出来。采取宽松的管理方式，仅仅和团队领导者沟通：你要强化团队领导者的权威。与此同时，当你和领导者沟通的时候，将团队作为一个单位，而不是作为团队领导者的个人冒险来谈论。当团队领导者向你进行状况通报时，你要请他针对迄今为止其他两位团队成员的工作情况进行精确描述。这种方式能够帮你确定这位领导者对另外两位外部人的管理监督是否到位。

当项目完成后，你可以将奖金更多地给予团队领导者，但认可和荣誉应该平等地分配。这个规则应该在项目一开始就明确下来，以避免任何内部斗争。

管理"串行三人组"可以像管理"并行三人组"那样，只是需要在时间维度上有所延长。"串行三人组"的管理者常常犯的最大错误就是：忘记赞扬最早参与但已离开的团队成员，仅仅将荣誉授予待到最终时刻的两个人。

"乐队三人组"的组建更多是通过招募，而不是创建。工作结构常常已经定义好了，所以挑战并不在于找到合适的、相互之间能产生化学反应的成员，更多的挑战来自如何找到填补空缺的最优人才。在这方面确实会有一些挑战，尤其是当其中一位成员的绩效明显弱于其他两个人时：就像一个精密的调谐机制，如果其中一个部分承载不同的重量，那么该三人组就会快速失去平衡。看看垃圾摇滚乐队涅槃乐队（Nirvana），在老鼓手被踢出，戴夫·格罗尔（Dave Grohl）成为新鼓手后，乐队很快就开始在摇滚界发出自己的声音。[1]

这就引出了一个有趣的问题：在一个"乐队三人组"中拥有一个或两个顶尖绩效成员，其余选手表现平平，是否更好呢？或者，你最需要的这个三人组应该

---

[1] 涅槃乐队于 1987 年成立，鼓手多次更换，直到戴夫·格罗尔 1990 年加入乐队，戴夫参与了乐队第二张唱片（1991 年）的录制，而这张唱片使涅槃乐队开始成为热门乐队。——审校者注

是由三个能力水平相对平衡的成员组成，即使他们并非高绩效选手？在体育运动中，答案很可能是前者，但这是出于另外的原因：例如在棒球比赛中，三个选手可以通过其他方式做出贡献（比如击球），这是有可能弥补薄弱的防守的。然而，在商业世界，一个不平衡的团队会立刻分解——所以只要有可能，你或许需要保留这当中的优秀人才供另一个团队使用（比如，作为一个双人搭档或"并行三人组"的成员，或作为另一个更大的团队的领导者），同时雇用一个新的第三人成员，他的才能与前两个人相称。

管理"乐队三人组"，你有三个基本挑战：

◇　确保三人组在最高的生产力和协调水平上运作。

◇　确保三人组不缺少完成工作所需要的资源。

◇　在工作完成后，确保三个团队成员能得到完整且平等（这两点同样重要）的赞誉。

在体育运动和大多数的贸易活动中，"乐队三人组"最重要的一项任务就是练习、练习，再练习。团队成员必须不断地完善自己的独特技能，同时致力于完善彼此交接界面的工作。在商业中，这意味着培训、案例研究、配额甚至是竞争；在体育运动中，这意味着一遍又一遍地练习所有比赛可能涉及的内容，也许上千次都不止，在春季训练、日常练习以及比赛之前的热身等活动中都要不断地练习。作为管理者，你的任务不仅是为练习或培训课程提供机会、场地和设备，而且也要确保团队成员参加并积极活动。

此外，"乐队三人组"需要持久性，发生变动的只是构成小组的这三个人。因为"乐队三人组"经常由才华横溢、值得你拥有的个体组成，你从来不能确定你能拥有他们多长时间。他们可能像廷克、埃弗斯和钱斯那样在一起待十年，也可能明天就被猎头或球探挖走——这确实是坏消息。但也有好消息，那就是你通常可以很容易地为失去的队员补上一个新成员，而且使新人跟上团队的这条学习曲线很短。

最终，跟踪三人组中每一位成员的绩效——过去，现在和未来。当项目完成时（或是体育比赛中，当一个赛季结束时），亲切地给予每个成员奖励。毕竟，从根本上说，他们都是你的雇员，而你可能想要再次雇用他们。

这就是三人团队，最具爆发力、不稳定，而且在很多方面是最为有趣的团队结构。因为他们具有不稳定性，当他们解散时，通常会回到双人搭档，这是最稳定的团队形式。这种安全的退路让人更值得去冒险组成三人团队。

接下来我们将着眼于更大规模的团队类型，从 6 人团队到上千人的团队。但最终，所有这些更大的团队都可以分解成若干双人搭档或三人组，就像几乎所有的几何图形都可以被分解成若干正方形或三角形。事实上，在大型团队里，三人组有时候会通过与其他三人组或双人搭档进行组合，从而形成更加稳定的团队。因此，从根本上看，所有更大的团队都是构建在我们前文刚刚描述过的这两个基本单位的基础上的，仅仅是结构的规模有所变化而已。

换句话说，双人搭档、三人组同接下来要讲的更大规模团队之间的关键区别在于，在更大的团队中，双人搭档和三人组这些基本单位是被内部领导力黏合起来的。

TEAM
GENIUS
本章小结

1.　三人组的类型

◇ 2+1 三人组：双人搭档加上一个充当顾问或专家角色的第三人。

◇并行三人组：很少互动的两个外部人加上一个内部人。

◇串行三人组：彼此之间没有让步妥协的成员简单有序地相互组对。

◇乐队三人组：三个个体各自完成相互独立的工作。

2.　三人组的管理

◇ 2+1 三人组：几乎不会因内部缺陷而失败。

◇并行三人组：找到至少一位顶级成员，设定目标和绩效里程碑，明确奖励规则。

◇串行三人组：同并行三人组一样，只需在时间维度上有所延长。

◇乐队三人组：确保高效协调运作，确保提供所需资源，确保成果平等享有。

TEAM GENIUS

09

中型团队：敏捷且具有影响力的群体

7±2 小组发挥作用的机制是什么？

15±3 团队的特点与类型有哪些？

THE
NEW SCIENCE
OF
HIGH-PERFORMING
ORGANIZATIONS

由于有婚姻和商业伙伴关系的存在，双人搭档在日常生活中就显得极为常见。三人团队，因为其关系非常不稳定，所以相对少得多。四人团队跟三人团队一样，数量也少，但少的原因却恰恰相反——数量少，是因为它太稳固。不管怎样，在我们所遇到的成功的小团队中，大多数的规模从 5 人到 9 人不等——我们称之为"7±2 小组"。

7±2 小组几乎到处都有：公司董事会、风险投资公司合伙人、小型法律和医疗合伙企业、体育运动队（棒球、篮球、排球、赛艇、手球、水球、极限飞盘），浪漫戏剧、情景喜剧的主要演员团队（想想《老友记》《欢乐酒店》《设计女人》《玛丽·泰勒·摩尔秀》《纽哈特》，这个名单简直列不完），摇滚乐团（滚石乐队、海滩男孩乐队、诱惑乐队）、创业团队、美国参谋长联席会议以及美国联邦最高法院。迪士尼公司开初时期的核心动画师团队以"九大元老"（Nine Old Men）著称。仔细看看任何一个现代机构，在它的中心（通常是起决定作用的那个人）周边，你总会找到一个 7±2 小组。

有时候，即使第一眼看上去它们并不存在，实则不然。例如，现代最著名的一个小型团队是由同等出名的 4 个人组成，但是，纵观它的发展历程，你会看到几乎在任何时段这个团队实际上都有 5 到 6 个成员，这恰好使它完美地符合了中型团队的原型。这就是英国摇滚乐队——甲壳虫乐队。

甲壳虫乐队"四绝"始终是约翰·列侬、保罗·麦卡特尼、乔治·哈里森（George Harrison）和林戈·斯塔尔（Ringo Starr）。这是一支出演了电影《一夜狂欢》（A Hard Day's Night）并在纽约谢伊体育场举办过疯狂演出的乐队。这也是一支第一批进入摇滚名人堂的乐队。它可以说是我们这个时代的团队中的不朽传说。

但是，更细致地考察甲壳虫乐队的历史，你就会发现这支乐队的形成有着更加复杂的故事。例如，在乐队初创的几年中，在德国的汉堡和英国的利物浦，甲壳虫乐队大多数情况下是 5 人乐队，包括乐队的初创领袖斯图·萨克利夫（Stu Sutcliffe）和鼓手皮特·贝斯特（Pete Best，后来被林戈·斯塔尔替换）。在乐队的后期，也有同样的情况出现，在制作《白色专辑》时，是由埃里克·克拉普顿（Eric Clapton）作为吉他手，比利·普雷斯顿（Billy Preston，被人称为"第 5 只甲壳虫"）作为键盘手，完成了专辑最终版本的录制。

但是，即使在乐队的鼎盛时期，从 1964 年的《遇见甲壳虫》到 1967 年的《佩伯军士》，"甲壳虫四人组"也只是在演出时才用的称呼。甲壳虫乐队的经纪人布莱恩·厄普斯顿（Brian Epstein）在去世之前不仅在乐队签约唱片事务中起着关键作用，而且他还设计了乐队的标志性形象。还有制作人乔治·马丁（George Martin），甲壳虫乐队自身证实，其实真正的"第五只甲壳虫"是乔治·马丁。从《在我的生命中》类似大键琴的叮叮当当的音符，到《生命中的一天》结束部分的管弦乐旋风，马丁在某种程度上真正设计了乐队令人惊奇的曲风。如果没有布莱恩·厄普斯顿，全世界恐怕都不会听说过甲壳虫乐队；如果没有乔治·马丁在阿比路录音棚[1]里掌控全局，很难想象这个乐队，倾其才华，如何能在《待售的甲壳虫》专辑之后还能有多大的超越。

---

[1] 百代公司（EMI）的录音棚，"甲壳虫"在那里录制了大量的作品。——审校者注

从这些例子可以看出，跟双人搭档相比，在组建 5～9 人的"中小型"（small midsize）团队时，确实存在一些深层次的人性，甚至是基因方面的影响因素。在本章，我们会看到，这种"天生相吸"的团队形成过程也同样适用于 12～18 人的"中大型"（large midsize）团队。

实现团队功能性的"最佳规模"

所谓"中型团队"可以有很多种定义方式，在我们的定义中，这类团队有两大关键特征：

◇ 不超过两个层级的领导层。

◇ 团队成员个人之间全部互相认识。

当然，还有一些其他的特征。你可能还记得我们在第二章中提到的"邓巴数"，英国人类学家罗宾·邓巴是这样描述下面这两个团队的：

◇ 5 人：这个人数可以形成最亲密的朋友和合作伙伴（"亲密圈"）。巧合的是，"5"也是人类对于计数的短期记忆的上限。

◇ 15 人：在这个规模的团队内，人们可以在任何事情上互相取得深层信任。邓巴称之为"共感圈"。

著名的团队学者梅雷迪思·贝尔宾（Meredith Belbin）博士认为，对于一个由 4 ～ 10 人组成的、具有连续的"文化信息"的团队，保障其实现功能性的"最佳规模"是 4 ～ 6 人的小团队。[1] 他认为：

◇ 4 人：我们是一个均衡的团队，我们很容易达成共识。

◇ 5 人：我们当中有一个人似乎总是跟团队格格不入。

◇ 6 人：达成共识需要花费更多的时间，但我们相信我们最终一定能达成共识。

◇ 7 人：有太多的个人贡献互相重合，白白浪费了。

◇ 8 人：大家都畅所欲言，但没有人在听。

◇ 9 人：我们需要有人负责掌控局面。

◇ 10 人：我们现在有一位领导，我们只能接受他的想法。

你一定还记得，在第二章中我们提到了帕金森定律（即官僚机构的发展规律）的提出者，英国历史学家西里尔·诺思科特·帕金森，他坚信一个 8 人团队不可能达成共识。

但另一方面，我们也从现实生活中了解到有很多高效能的 8 人团队存在，从童子军巡逻队到美国少年棒球联合会球队（减去投手）再到美国陆军的"班"。在几乎所有例子中，这种规模的团队都需要一位强有力的领导者。

换句话说，在双人搭档和三人团队中，每个成员的角色都非常精确，当人数多于这个数字时（正如我们下文将要叙述的），人们对于团队的描述越来越模糊。所以，关于中型团队的门槛，关于一个"小组"（team）何时转变成一个"团队"（group）并且增加了一名内部领导者，我们所能做出的最精确描述就是：当这个团队有 7 ± 2 名成员时。而对于再大一级规模的团队，我们借用军队术语称之为"班"或"队"（crew），或者是邓巴所说的"信任或共感"这一层，我们更精确一些，定义为：15 ± 3 人。

超出这个范围，在大型团队的层面，这种上下限的误差幅度[1]在绝对数方面不断加大，但是比例大约稳定在 10%～20% 之间。所以，在美军中，4 500 人建制的"团"，实际人数会以 500 人的规模上下浮动，也可能会更多。不过，我们只针对小规模团队给出了明确的误差幅度绝对数，因为在这些团队中，人数上下浮动的幅度是显而易见的，而对于大型团队，我们就不给出明确的绝对数字了。

---

[1] 在本书中，误差幅度指上下限的浮动比例，以"15 ± 3"为例，误差幅度为 $3/15 \times 100\% = 20\%$，误差幅度绝对数为 3。——审校者注

现在，让我们更加仔细地观察 7±2 和 15±3 这两种中型团队。它们是极其重要的，因为这两种团队类型基本诠释了世界上大多数的运营团队的情况。

7±2 小组：亲如一家的团队规模上限

提到"小组"这个词，你的脑中出现的可能是一个 5～9 人紧密团结的小组。尽管这个视觉化的过程可能有一些生物起源方面的原因，但它可能跟你生活中所接触到的信息更有关系，比如几乎所有你在电视、电影、书籍或者是在线游戏中所看到的小组，都是由 5～9 名成员构成的。

另一个导致这一视觉化的原因与人类的短期记忆有关。正如我们的典型记忆一次只能记住 5～9 个数字，在我们所感兴趣的影像中，一次所能保存的角色也只有 5～9 个。想想白雪公主里的七个小矮人吧，虽然它们的形象会出现在许多地方，但我们当中的大多数人只知道 6 个。或者，请马上回答：电影《十二金刚》（Dirty Dozen）中 7 个以上的主角姓名——恐怕说不出来吧。电影《魔戒》？里面有 4 个霍比特人、1 个人类、1 个小矮人、1 个精灵。很多导演深谙此道，比如日本导演黑泽明导演了《七武士》（The Seven Samurai），莉娜·韦特米勒（Lina Wertmüller）导演了《七美人》（Seven Beauties），根据斯蒂芬·文森特·贝尼特（Stephen Vincent Benét）的小说改编的《七对佳偶》（Seven Brides for Seven Brothers）。当然，还有在霍格沃茨魔法学校的哈利·波特和他的 4 个小伙伴（罗恩、赫敏再加上韦思莱家的双胞胎兄弟）。有意无意地，小说家和剧作家们都明白这个道理，所以，他们把主要人物角色的数量都控制在 6 人左右。如果在故事的发展过程中需要添加新的主角，他们就会让某一个主角消失，或者把他们放入幕后。最终的结果就是，不论我们在书里还是在荧幕上看到的小组人数总是在 7±2 的范围内，这进一步加强了我们心目中对小组规模的认知。

但是，这仍然没有完全解释为什么这样规模的团队可以工作得这么好。如果不是这样，人类在漫长的历史长河中应当会发现并选择更高效的团队规模，但事实证明并没有。所以，这其中一定有某些特别的功能在发挥作用。

在这里我们分析了几种可能的原因，真正的答案，可能隐藏在所有这些原因的特定组合中：

◇ 神奇的数字：数字 6 和 7 有一些有趣的属性。举个例子，6 和比它小的数字都有着特殊的关系。所以，它可以组成两个三人团队，或者 3 个双人搭档，也可以是一个单独的内部领导者带一个双人搭档加一个三人团队，或者是带一个 5 人团队（这适用于 7±2 小组）。这些对于小型团队来说意味着巨大的适应性，所以说 6 个人的规模有着独一无二的优势。同时，7 这个数字在历史上始终与好运有着千丝万缕的联系。虽然原因不明，但 7 与成功确实有些关联。不管怎样，如果人类没有在 7 人规模的团队形式中受益，那这种规模的团队可能早就被抛弃了。相反，人类很喜欢 7 人团队。更有力的证据还有：埃及法老把 7 这个数字留给他们自己（普通老百姓是不可以使用这个数字的），并且所有的事情都围绕这个数字安排。

◇ 功能性：5 ～ 9 人的团队，尤其是这一范围中规模偏上限的团队，可说是具有下面这个特点的团队中的最小规模者：不仅有一个专职的内部领导者，而且任务会分派给若干个子团队（至少两人）。换句话说，如果人数按最少计，7±2 小组是第一个"可以划分成多个稳固的子团队，并且向这些子团队分配多重的并行任务的团队"，当然，与此同时必须有专人承担协调的职能。

◇ 可沟通性：随着人数规模的增加，7±2 小组代表了满足杰夫·贝佐斯"两个比萨"（two pizza）原则的团队的上限规模：最后一次所有团队成员可以坐在一张桌子上开会，也是最后一次他们既可以通过个人关系也可以通过日常工作中的联系来认识彼此。

◇ 管理幅度：请记住，在 7 人团队中，这些成员之间的连接已经一跃而上变成 21 个。在 9 人团队中，连接多达 36 个——而从这儿开始，就要转向纵向管理了。任何一个管理过 9 人以上团队的人都知道，当

9 个人在一个屋子里开会时，就很难彼此记住每一个人的座位了。同样的情况也出现在教室里和战场上，这就是为什么军队和领导力训练项目总是强调"管理幅度"的概念：你能够激励并且从细节上直接指挥多少人或下属？在诺曼底登陆行动中，准将小西奥多·罗斯福（Theodore Roosevelt Jr.）指挥的部队在犹他海滩遭到攻击，他召集了所有指挥官，指着地图告诉他们，部队登陆的地点偏离了目标海滩一英里。然后他宣布："我们就从这里开始战斗！"那个决定仅仅直接传达给 6 位营长，接下来的协同作战使美军第四步兵师在登陆行动中伤亡最少。

◇ 多样性：正如电影里常常出现的老套剧情（特别是在战争题材的电影中），不论何时，当出现一个小组时，小组成员总是会包括各种各样的人——乡下男孩、来自纽约黑人区的爱讲俏皮话的小子、南方人、西南部来的西班牙裔男孩、大学里的知识分子，等等。这一"不变的剧情"也是现实中的一大特点："7±2 小组"是可以展现出成员多样性的最小规模团队，由此它的一大优势就是拥有多样的个性和多种才能。

◇ 企业家精神："7±2 小组"有时成为现代经济中最重要的现象——初创企业的代名词。我们可以看到，那些著名科技公司的创始团队最初都是由两个或者三个人组成的。通常情况是这样：在最初的几周里，创始团队关于公司的最初想法得到了第一次论证，获得了第一笔天使投资，然而这并不算已创办了业务——基于我们与很多初创企业（包括 eBay）打交道的经验来看，在现实生活中，初创企业直到他们搭建起创业团队（通常是 5～9 人规模，而其中又以 6 人或 7 人的规模为最佳）之后才算真正开展业务了，因为只有到那时，他们才可以实现多任务分工：一个子团队力求募集资金，同时，其他子团队负责产品设计和研发。这一现象不仅出现在苹果、微软、谷歌、Facebook 和 Twitter 等公司，也常见于著名的企业内部创业项目，比如麦金塔电脑的创造。这个时候的创始团队也已完成初创企业的 A 轮融资，从而开办了"真正的"公司。如此一来，这一团队（与主要投资人一起）就被称为"创始人"。

基于上述原因，7±2 小组往往是企业内部的经营团队中最灵活、最快速，也最有凝聚力的团队模式。它们也拥有足够数量的成员以展现出真实的多样性、高产的劳动力分工以及高效能的团体。正因如此，这种编制的组合是极为灵活的，它可以独立运行（就像创业团队那样），也可以作为更大团队（如部队的一个排，公司里的一个部门或一个办公室）的关键组成部分，或者，在大量情况下它也是构建巨型组织的基础单元。这些 7±2 小组可以被快速组建和解散，而且，因为它们只有单一的管理层级，所以用它们组合更大的组织是非常简单的。

不过，以上所述并不意味着 7±2 小组是完美的。作为一种小型、快速且灵活的组织，7±2 小组固然有巨大优势，但是如果在不适合的情境中，它也会成为严重的障碍。例如，当危机来临，只有 6 名成员的小组是比较难以压缩的；另外，如果你在最后时刻决定要补充组员，那么谁能有时间来训练这些新成员呢？是你吗？那你将成为所有人中最忙碌的那个。

再有，你打算增加多少人呢？任何超过 3 人或 4 人的规模增加，都会把你的团队变成 10 个或 11 个人的团队，这个规模不太可能只由一个人来管理。这就意味着，如果你只增加一个或两个人，人手可能还是不够，但如果再增加，就会变成增加 5 个或 6 个人了，因为这其中还包括你下属中新增加的管理人员。

不过，这其实是个微不足道的担忧。因为创业者现在是现代全球经济发展的驱动力，尤其是因为最成功的那些初创企业使它们的创始人获得了巨大的回报（为社会贡献了很多亿万富翁）——所以在当今世界，7±2 小组的存在根本不会面临上述的危险。实际上，我们可以预计这类团队的数量将只增不减。

"组织"与"管理"的差异

如果你考虑的是对 7±2 小组进行"管理"，那通常意味着你也是小组成员之一。是否意识到这一点，从理论上讲应该没什么影响，但是在现实生活中，你不能忽视它。因为如果你也是小组成员，那么当你努力组建最佳团队时，有一个想法就会在你的脑海中徘徊——你选的人将会在未来的日子里每天与你朝夕相处、紧密合作，直到项目结束。

所以，如果你不够谨慎，主观性就会悄悄地干扰你做出务实、客观的决策。举例来说，你可能不会选择那些对小组有利但你并不喜欢的成员，由此，你的小组缺少了"多样性"（如果你是个外部管理者的话，这些就不会发生），最终，在你组织起来的小组中，大家会拥有美好的时光，对任何事情都不会有异议，充分享受工作过程，直到有一天，项目中的问题突然如火山爆发。你可以试着找个经验丰富的管理者来核查一下你当前的工作，这对你没什么伤害，又可以帮助你避免上述错误。

作为管理者，你还要监控小组工作，确保实现里程碑计划。你可以从其他人那里寻求支持（作为小组唯一的管理者，你的工作可能十分繁重，所以尽量找个助手或秘书，这样能使你轻松一些），但最终，不管是确保实现每一个里程碑，还是举办小组内的各类庆祝活动，从达成中期的发展目标到团队成员的生日庆祝，所有这些都是你的工作职责。认真做好记录，别搞砸了——在如此小的团队中，一切事情都是带有个人色彩的。

15±3 团队：相互信任的团队规模上限

一个美国人可能每天都会听到两个 15±3 团队创作的作品，但事实上，这个美国人可能对这两个团队一无所知，除非他是流行音乐的忠实粉丝。这两个团队的创建纯粹是为了效益而不是为了名誉，它们的规模都达到了"中大型团队"的水平，原因也一样：只是因为这种规模对于完成手边的任务来说，最为有效。

这两个团队之一就是位于底特律的摩城唱片公司旗下、绰号"疯克兄弟"

（the Funk Brothers）①的演奏乐团。其中，除了贝斯手詹姆斯·贾默森（James Jamerson）和乐队指挥乔·亨特（Joe Hunter），其他成员的名字你可能从来都没听说过，即使你在观看 2002 年关于他们的纪录片《缱绻星光下》（Standing in the Shadows of Motown）②时见过他们。但是，如纪录片中所说，"疯克兄弟"作为一个 1959 年至 1972 年摩城唱片的乐团组合，"演奏过的冠军歌曲比甲壳虫乐队、'猫王'埃尔维斯·普雷斯利、滚石乐队、海滩男孩加在一起还要多"。确实，那个年代，摩城唱片旗下超级巨星的背后都有"疯克兄弟"的影子，从史摩基·罗宾逊（Smokey Robinson）"奇迹合唱团"（the Miracles）到"至高无上女子乐团"（the Supremes），再到"诱惑乐队"以及马文·盖伊（Marvin Gaye）均是如此。而"疯克兄弟"，任何时候出现在录音棚里，差不多都是 13 名成员。

与此同时，远在西海岸的洛杉矶，另一家唱片公司的乐手们（几乎完全同样的规模）被冠以"抢险队乐队"的称号。这个乐队演奏过的冠军歌曲的数量可能比不上"疯克兄弟"，但是它的成员中的许多人都更有名气：格伦·坎贝尔（Glen Campbell）、约翰博士（Dr. John）、利昂·拉塞尔（Leon Russell）、贝斯手卡罗尔·凯（Carol Kaye）、桑尼·波诺（Sonny Bono），以及著名歌手弗兰克·辛纳库拉（Frank Sinatra）的鼓手哈尔·布莱恩（Hal Blaine）。如果说"疯克兄弟"是因马文·盖伊的《道听途说》和《这是怎么了》而广受好评的话，"抢险队"则是因为海滩男孩的《美好感受》和《宠物之声》。

为什么流行音乐的歌迷们对"疯克兄弟"和"抢险队"的了解不多呢？原因之一是，他们的大量工作需要在幕后完成——在巡回舞台上演出的是如"四尖子合唱团"（the Four Tops）或者早期的"飞鸟乐队"（the Byrds）这些知名组合，而不是"疯克兄弟"（尽管有时候他们是在乐池里演奏）。另一个原因则是他们的人

---

① "疯克兄弟"是 20 世纪 60 年代底特律音乐风格的代表乐团，当时此类音乐作品有 4/5 出自他们，他们曾为许多巨星提供音乐伴奏。——审校者注

② 美国 2002 年保罗·加斯特曼（Paul Justman）执导的音乐类纪录片，详尽描绘了著名的摩城唱片公司及其旗下的明星们的传奇故事，获奥斯卡最佳纪录长片提名。——审校者注

数，他们的名单并不在粉丝们的记忆里。

现代前卫摇滚组合也具有这样的特点，比如"欢喜作乐分子"（the Polyphonic Spree）[①]或"拱廊之火"（the Arcade Fire）[②]，你能记住其中一到两个或者更多成员的名字吗？那么"议会—迷幻疯克"（Parliament-Funkadelic）[③]呢？你也许只能记住乐队灵魂人物乔治·克林顿（George Clinton）和贝斯手布特斯·柯林斯（Bootsy Collins），或者吉他手艾迪·黑兹尔（Eddie Hazel，他是乐队经典作品、纯吉他乐曲《蛆脑》的演奏者）。几乎所有这些团队，在没有外界的影响下都自然地达到了他们所需的规模，要么从一开始就是 12～18 人，要么就是快速发展到这个规模。

毫无疑问，15±3 团队不仅仅是音乐领域的常见形态，它对新技术发明领域的长远影响比在流行音乐中的更为显著：微软的创始团队和苹果麦金塔团队分别是由 12 个人和 13 个人组成的。

因此，即使是在流行音乐和数字技术领域中的最边远角落，团队规模也仍然会按自身所需，自然成形。

15±3 团队：组织原则

15±3 团队是可以将成员进行专业分工，并为每个子团队配置专职管理层的最小规模团队。这样的结构能带来实实在在的优势，特别是这意味着那些子团队可以真正地独立运行，而不需要花时间等待某一个管理者在几个子团队中来回穿梭、下达命令。当然，专职的管理者（领导者）的存在，会带来相当大的影响——在团队中，你拥有了一个同伴，他偶尔会从自己的工作中抽身出来，在有限的时间内，利用自己有限的知识，做出关键的指挥决策。你所获得的还不止这些。

15±3 团队是第一个拥有真正影响力的团队。一个达到上限的 15±3 团队有

---

① 来自美国达拉斯的和声流行乐团，由 24 人组成，其中 10 人唱诗，14 人伴奏。——审校者注
② 来自加拿大蒙特利尔的摇滚乐团，最多时人数超过 10 人。——审校者注
③ 来自美国的摇滚乐队，人数达到 13 人。——审校者注

18 名成员，比最小的 7±2 小组（5 人）的 3 倍还要多。这样的团队有足够的火力去完成任何任务，尤其重要的是，团队拥有专职的管理层，这些管理者可以确保团队朝着目标持续前进，他们也训练有素，能够帮助每位成员展现最好的自己，同时保持高昂的士气。这也是为什么军队中的排是最基础的战斗单位。

15±3 团队以同时拥有专业分工和管理层级为典型特点。正因如此，这是第一个有组织结构的团队。特别是，它展现出很多更小规模的团队所不具备的特点，包括：

◇ 管理层级：在 15±3 团队中，我们第一次看到了第二个管理层级的存在，它算是一种最原始的高层管理者，与团队的其他成员有着显著的差异。这意味着，第一次出现明显的指挥系统，在这个系统中，领导者必须通过下一层级的管理者开展工作，而不再是直接管理整个团队中的所有成员。事实上，因为受到人员管理幅度的限制，团队领导很难同时处理整个团队的问题，当然，演讲或者其他信息群发的方式除外。

◇ 专业的领导力：到目前为止，团队领导者仍是典型的团队活跃分子。这就是为什么军队中的 7±2 小组的领导者都会被授予一定的士官衔——中士[①]，因为他们也要参与具体工作，如果有需要，也包括具体的战斗任务。军队中 15±3 类型的团队（排）的指挥官会被授予军官衔，通常是少尉或一级准尉，他们会专门接受领导力培训。（军队中的排会比商业团队中的 15±3 团队要大很多，因为他们额外增加了一个 7±2 建制的班，因此也会有更大规模的指挥团队，包括高阶军士和武器小队——毫无疑问这些在商业团队中是没有的。）同样，商业团队中的 15±3 团队是被一个专业管理者领导的（一个年轻的 MBA，在这个层级就相当于一个少尉），他的职责基本上脱离了团队的具体工作。更准确地说，他的工作是在助理的帮助下全职管理团队，持续地监控团队的绩效和健康发展，并充当与组织内其他部门沟通的连结点，当然，他可能需要秘书或助手提供协助。

---

① 美军中，中士通常担任班长，指挥 9 到 10 名士兵。——审校者注

在商业领域，15±3团队多见于销售办事处、营业部、生产工段，或者沿着组织结构图向上走，也常见于CEO的高管执行团队（C级别的执行高管和集团领导）。在研发部门，15±3团队多见于产品的详细设计阶段，在这里，最初的概念被细化为完整的工作原型，进而转移给制造部门进行生产。

对于创业者，15±3团队是初创企业完成第一轮风险资本融资（即A轮融资）后的常见规模，因为风险资本只会在初创企业的真正产品成形后才会注入企业。

在小学里，典型的15±3团队是这种教学团队：包含14名教师（从K年级①到六年级，每年级两个班），加上一位校长和一位副校长。在百货公司，通常是分店的销售团队加上分店负责人。这样的例子不胜枚举。下次你去洗车或者修车的时候，也可以观察一下。同样的情况也出现在干洗店、咖啡店（所有班次）。不论哪里，只要你有一个小型的商业经营团队，准备去完成一个内容单一、纵向的任务，而且是由老板或者一个全职的管理者领导的，那它可能就是15±3团队的一种变体。

可以说，美国（也包括世界上大多数国家）的小型商业团队基本都是15±3团队。这些团队可归为几种类型：

◇　全集成型：有充分的理由表明，全集成型团队是最稀有的15±3团队。本质上，这些团队的成员都是直接向老板汇报的。当人数规模增长、超过了老板的有效管理幅度时，这些团队内部就会出现一个隐形的结构来分担领导工作——比如，老板的配偶来负责人事和簿记工作，老员工担任实际意义上的"副排长"，老板秘书成了真正的管理者，等等。传统的小企业（比如，那些服务企业或者小型手工作坊）有时就会呈现这种组织结构，而这样的结构限制了他们的发展壮大。

◇　专业型：想想房地产中介公司。办公室里有十几名房地产经纪人，他们

---

① 美国小学的K年级相当于我国的幼儿园大班。——审校者注

所有人都受过专业训练，很清楚应该如何管理自己的客户；同时，他们又被一两个经验更丰富的经纪人进行管理。中介公司的老板（通常和秘书一起）负责房屋的租约、多重上市服务系统（MLS）① 订阅、广告和标牌以及佣金。同样的组织结构也可也在律师事务所找到（事务所的老板会花更多的时间在行政管理和客户关系维护上，而不是做律师），还有医生诊所、会计师事务所、保险代理公司、产权公司等。上述任一情况下，组织结构都是尽可能简单的，因为团队的成员是准独立的，只是他们仍然需要一个伞状的联盟组织以帮助他们实现生产力最大化。

◇ 生产型：专门从事连续生产活动（如定制化的建造、修理、加工、原型制作）的小型企业通常会将他们的 15±3 团队设置成如下结构：若干个两人或三人的子团队，甚至是 7±2 小组，其中一到两个主管人员和一个老板兼销售员（与他们一起的还有合同管理员和其他的外部供货商）。如果你看电视真人秀，你也会看到一些摩托车行、枪支修理铺、旧车修复之类的团队。在现实生活中，随便找一家机械修理厂去看看，你会亲眼看到这一组织模型的范例。

◇ 开发型：现在我们进入技术领域看看新产品的研发和管理。由 15±3 名成员组成的研发团队其实是这一领域内的某种折中结构。他们比我们在软件开发领域看到的典型的 7±2 代码编写小组要大一些，而我们在电影电视（例如电视剧《硅谷》里看到的那种同学会组织）以及诸如谷歌和 Facebook 等公司的官方传记中看到的都是后一种类型。他们也比标准的虚拟团队要大，这些虚拟团队通常按 8 小时一个班次进行工作切换，成员在下班前与位于世界各地的其他个人或双人搭档进行任务交接即可。由上可知，15±3 的开发团队规模偏大，使它很难在凝聚力和灵活性方面比小规模团队做得更好。

---

① 多重上市服务系统（Multiple Listing Service），简称 MLS，是美国的一种房地产营销模式，是由许多房地产经纪人联合起来，共同建立信息系统，共享系统的信息资源，从而实现在更短时间内达成交易。——审校者注

即便如此，15±3 团队在产品开发领域仍有其自身的优势。首先，它在特定的环境里可以更快速。代码就是一行行的编码，所以越多的人一起并行工作，代码就写得越快——要知道，在竞争激烈的行业中，产品上市的速度是重要的竞争优势。将编写代码的工作外包给其他国家的人本身是有风险的，如果你有一个 15±3 团队，虽然规模偏大了一些，但你不需要承担外包风险。此外，你可以将工作任务在子团队中进行二次分工，或者反过来，也可以将子团队合并，从而使某个子团队（工作）的人手加倍。最后，也是最重要，团队中的专业管理者不需要埋头于具体工作，这有助于让他们腾出精力去更好地协调子团队之间关系、持续监控团队的工作进展，以及更好地与外界打交道（因为越小的团队越有可能存在被孤立或者变狭隘的风险）。

正如前文所述，团队的经验法则是"用最小的团队来完成任务"。但是这里我们要提到一类特例：如果你自己有个项目需要一个 9 人团队（或者更糟，要 10 人或 11 人），那么请认真考虑，是否将团队规模增长到 15±3 人，然后用新增的成员去落实项目内部的上层结构的管理事务。这些增加的成本通常都是值得付出的。

扩大团队的规模确实会带来更高的成本。回想一下邓巴数：7±2 小组是人们可以达到亲如一家的氛围的团队规模上限。相比较而言，15±3 团队则是人们可以形成相互信任关系的团队规模上限。这两者之间有着很大的差异（尽管没有我们将在下一章中看到的大），而且是决定性的差异。在 7±2 小组里，每个人都经常与其他人互动，每个人都知道彼此的强项与弱点，并且最终，无论荣耀还是过失，也都要平等地归于所有成员。（还记得我们是怎样针对微处理器的项目分配功劳的吗？）

另外，15±3 团队的人数超过了杰夫·贝佐斯的"两个比萨"原则的上限，因此，要将整个团队的每个成员都集中到一个地方的确十分困难。此外，尽管增加内部管理层有诸多优势，但是新组织和新的运作方式会带来转换和翻译的问题——信息和指令在沿着指挥链向下传递的过程中，有时会发生细微的改变（却是实质上的改变）。

15±3 团队：创建与管理

相对于更小的团队而言，15±3 团队可以做多得多的事情，可以最大化地雇用多样性的成员。原因如下：

◇ 集体：一个能力低下的成员的存在，对于一个二人组、三人组甚至一个 7±2 小组来说，都可能是致命的，如果不能迅速将这个人移出团队，后果将尤为严重。但是一个 15±3 团队则因为规模足够大，所以能够接受一定程度的内部分裂。反过来看，这就意味着你所雇用员工的多样化程度可以比以往任何时候都高——相应地，这可以增加团队成功的可能性。

◇ 规模：一个 15±3 团队也因为规模足够大，所以能够允许成员在团队内部进行一定的流动。这意味着人才如果不能适应他所承担的任务，也可以尝试从事其他工作。

◇ 领导力：在更小的团队中，领导在做自己的工作的同时，还要付出额外的时间进行监督，基本没有时间去指导那些潜质很好、但当前的能力跟工作还不太匹配的团队成员。但在 15±3 团队中，因为有两到三个管理层级，所以具备条件指派一位管理者在高潜力的员工身上投入额外的精力，以保证这位员工能够取得成功。

至于如何管理一个正在运行的 15±3 团队，管理学的基本理论都可适用：通过你的直接下属（管理者）开展工作，但请与团队中的每一位成员都保持联系；持续监控团队的健康；对辛苦和成就给予认可；带领团队抵御外部风险；谨慎地管理财务预算；指导团队克服重大挑战和实现转型。说到底，如果你已经正确地搭建了 15±3 团队，那么它会自己照顾好自己的。

TEAM
GENIUS
本章小结

1. 7±2 小组成功的秘密

◇神奇的数字：数字 6 具有巨大的适应性，数字 7 与成功存在
 关联

◇功能性：可以划分成多个稳固的子团队，并为其分配多重的
 并行任务

◇可沟通性：满足"两个比萨"原则的团队规模上限

◇管理幅度：被迫转为纵向管理前的最大连接

◇多样性：可以展现出成员多样性的最小规模

◇企业家精神：初创企业的代名词

2. 15±3 团队的特点与类型

15±3 团队的特点

◇管理层级：第一次出现第二个管理层级

◇专业的领导力：出现了专业的管理者，全日制对团队进行
 管理

15±3 团队的类型

◇全集成型：所有成员直接向管理者汇报

◇专业型：团队成员是准独立的，有伞状的联盟组织

◇生产型：有若干二人或三人子团队甚至 7±2 小组，以及一到
 两个主管和一个老板

◇开发型：规模偏大的折中结构，但可将任务在子团队中进行
 二次分工

TEAM
GENIUS

10

———

大型团队：多种规模的复杂组合

大型团队有哪两种类型？

领导者如何让大型团队保持特征？

THE
NEW SCIENCE
OF
HIGH-PERFORMING
ORGANIZATIONS

15±3 的规模再往上，团队规模量级的每次增长大约都是前一量级的 3 倍。关于这一点，没有明显的遗传学方面的原因能够解释，更有可能的是，随着规模的扩大，每个管理层级上的管理幅度不断增大，最终团队不得不增加新的管理层级——这直接导致了团队规模的跳跃式增长。

随着团队规模的每一次跳跃式增长，团队之间的人数差距也会越来越大——从 7 人团队到 15 人团队增加了 8 人，从 15 人团队到 50 人团队增加了 35 人，再下一次跳跃将会增加 100 人（从 50 人到 150 人）。这个人数缺口很快就会变得巨大，唯一可能起到微小控制作用的是增长的误差幅度——这意味着如果你选择按误差幅度的上限创建较大规模的团队，而不是按误差幅度的下限创建较小规模的团队，你必将面临更大的投资。这也是另一个要尽可能让团队越小越好的原因。

当我们达到 50 人团队的规模水平时，我们已经离开了"中型团队"的地盘，进入了"大型团队"的世界。在这里，也有两种类型：

◇ I 类公司型：这是指 50±10 团队（以下简称"50 人团队"）。在现实生活中，这类团队相当于中型公司，比如小型制造商，或者已经完成 B 轮融资（即第二轮风险资本投资）的创业企业——能完成 B 轮融资，意味着这家企业已经进入不断向客户交付实体产品的阶段了。这个规模的公司还只居于一个地点，拥有专职的销售人员和不断增长的产品目录。在更大规模的组织里，这类规模相当于一个部门的水平。

◇ II 类公司型：这类公司大概有 150±30 名员工（以下简称"150 人团队"）。它们相当于比 I 类公司更大规模的中型公司，但仍然是私营企业，大多数都还只是接受一个指挥中心的管理。然而，I 类公司型团队的典型特点是以职能划分部门，一般有三个管理层级；II 类公司型团队则有四个管理层级，并且开始显露事业部或分部的迹象。II 类公司型团队，如果是独立的企业，那它是典型的处于 C 轮融资阶段的企业，正面临并购或即将上市。在更大规模的组织里，这就是一个产品群组或小型分部。

I 类公司型和 II 类公司型的团队代表了"知晓型团队"（knowing team）中的最大规模水平。50 人团队是以成员之间的彼此信任为最典型特征的团队类型中的最大一类。在一个 50 人团队里，你可以相当肯定地知道，有没有人在与团队的利益作对，主要原因就是你能认识所有人，即使你的日常工作只是和其中一小部分人打交道，有的甚至在工作中是完全没有联系的。

50 人或 150 人（以下简称为"50/150 人"）规模的公司中有着实实在在的交易，看看它们的雇员、客户、投资者和各类政府机构是如何对待它们的，你就会明白了。对于 50 人团队中的雇员而言，他们希望得到的是长期雇用和获得奖金的机会；对于 150 人团队中的雇员而言，他们甚至还有机会从并购或者首次公开募股中获得更加可观的财富。所以，这些规模的团队（跟那些更大的团队不同的是）中的每个成员都能抓住发财的机会。比如社交网络公司 WhatsApp[①]：经营 3 年、55 名雇员……以 190 亿美元的价格卖给了 Facebook，收获最少的员工也得到了价值 1.2 亿美元的回报。对这两个规模水平的公司而言，股票期权计划通常会分配得更加公平，通过公司内部的等级往上获得提升的机会也更大。

———————
① WhatsApp 公司是一家美国公司，产品是一款类似微信的跨平台应用程序，用于智能手机之间的通信。该公司在 2014 年被 Facebook 收购。——审校者注

50/150 人规模的公司跟更小规模的同行相比，已经更加独立和稳定，这主要是因为它们已经可以依靠自身的运营完成必要的任务，而不再受制于外部的承包商或者供应商——当它们真的与这些外部合作者共事时，它们既有更强的议价能力应对承包商，也有能力指派员工去监督供应商。所谓"可以依靠自身运营"，意味着相对于同行业中的那些小公司，50/150 人规模的公司享有更低的人均间接费用。而在天平的另一端，从市场角度看，50/150 人规模的公司也更加能够抵御市场的震动。它们承受市场周期波动的能力比小规模的公司强——即使它们不能像小公司那样快速地调整方向，它们也比小公司有更多的优势，因为它们拥有维持生存所需要的现金、库存和实体工厂。

接下来，就是创新的问题了：小一点儿的团队更擅长提出一个能够创造产品新种类的重大创意。这就需要 50/150 人（或者更大）规模的公司持续提出一系列的成功新品，与此同时还需要升级它们的早期产品以维持这些老产品的利润曲线。

最终，50/150 人团队拥有一个独特的规模化能力。与那些小团队不同，50/150 人团队所有的人员都集中在一个地点，从生产线和职能部门的员工到公司办公室，再到各级管理层。整个公司的团队，特别是 150 人团队，通过人数的增长就可以实现规模增长，而不需要依靠创新，相比较而言，前一种的增长过程要简单得多。

有趣的是，在支持"150 人"这一团队规模的理由中，最引人注目一个直到近年才出现：它适合作为一个虚拟公司的核心。迈克尔·马隆在 2009 年的专著《未来在昨天已经到来》（*The Future Arrived Yesterday*）中提出，由互联网和计算机驱动的"虚拟"组织的空心感可以被一个持久并紧密结合的小型实心团队所弥补，以这一实心团队为核心，可以创建由成千上万的兼职人员及自由职业者构成的、形式巨大而又变化多端的公司。50/150 人团队，因为信任边界长期存在，可能会成为未来这些公司的持久核心所在。

需要注意的是，在邓巴数中，50 是一个相对模糊的数字，它对应的是（你可能不记得了，我们在第二章里提到过）"在诸如澳大利亚土著居民或非洲南部布希曼人等以传统的狩猎方式为生的人，在狩猎过程中过夜扎营的典型规模"。这好像有些夸张，似乎是为了填补空白而轻率提出的。也许他还看过其他例子。比如，军队中，一个典型的连（3 个排和 1 个司令部）刚好与这类团队的参数相匹配，而且它恰好配得上"公司"这个名称。① 同样的情况也适用于伊丽莎白时代的传奇剧团——莎士比亚的"国王剧团"（King's Men），当它在金色大厅演出时，会有 26 名演员，还配有同等数量的舞台工作人员、裁缝以及其他工作人员。

相比之下，150 人团队是最著名的邓巴数——正因如此，这也是最稳固的人类群体。首先是因为这是符合"团队成员可以彼此知晓"要求的最大规模团队。其次，150 人这一规模的团队，如前面提到的，经营方面的稳固性允许团队雇用一流的管理人才来经营它，而且（多亏股票期权）可以为它配置最优秀的人才。两个因素相结合，就使 50/150 人团队成为具有可怕冲击力的组织。这就是为什么现代世界是由 50/150 人团队（如公司、俱乐部、社会团体、特种部队、管弦乐队以及上千种其他的人类集合）所控制的。

我们将 I 类公司（50 人团队）、II 类公司（150 人团队）这两类团队作为一种类型讨论，是因为相对于不同点而言，它们有着更多的相似之处。从现在开始，我们将要转向这些企业在精细化与规模化发展过程中的问题，它们有别于企业从最小规模发展到再大一级规模的过程中所发生的那些（教科书中常提到的）经典变化。

在 50/150 人团队中，我们看到，真正的"部门化"（departmentalization）出现了。也就是，这些团队中的内部运营组织（部门）拥有足够的成员和基础设施，使它们可以开展近乎独立的运营。这些部门按照不同的专业职能进行划分：生产制造部、研发部、人力资源部、销售和市场部等。此时，50 人团队与 150 人团队

---

① 美国军队中的"连"的英文是 company，恰好与"公司"的英文相同。——审校者注

之间的区别主要在于部门的数量和规模。也就是：销售和市场营销两个职能分开了，进而后者继续细化为公共关系部、广告部和市场部。在 150 人团队的公司中，会有一个 IT 部门，以及一个全配置的财务部门。董事会开始变得更加活跃和正式。还有最明显的，那就是团队形成了高层管理机构——在 II 类公司中，它会包括一个 CEO、一个 COO，也许还有一些其他的 C 级别的执行高管和分部领导。

不过有意思的是，尽管 50/150 人团队拥有许多相同的优势，它们也有着不同的缺点。50 人团队的问题更加复杂而且更令人气馁。正如我们所说，除了 15 ± 3 名成员，团队开始逐渐失去了内部的信任，而这恰恰可能是一个毁灭性的转变。

我们对与托马斯·西贝尔（Thomas Siebel，硅谷最著名的企业家之一）的一次碰面记忆犹新。托马斯·西贝尔创办了在行业中占据主导地位的客户关系管理软件公司——西贝尔系统软件公司（Siebel Systems），并最终以 60 亿美元的高价卖给了甲骨文公司。我们跟托马斯的那次碰面，正好是在他的公司还是 50 人规模的时候。我们在他的办公室里跟他见面，他看上去极度沮丧。

我们问："出了什么问题？"

托马斯回答："我刚刚结束跟一个新的副总裁候选人的雇用谈判。"

我们继续问："候选人不合适？"

"不，恰恰相反。"

"那么，是什么问题？"

托马斯摇了摇头："他开始为在哪间办公室里办公，以及各种其他的特殊待遇来跟我谈判了。"

"这意味着什么呢？"

"这意味着我们不再是一个团队了。我们不再是一家创业公司了，我们不再是所有人都全力一起奋斗了。现在人们加入公司都是为了从中得到什么，"他皱着眉头说道，"我知道这一天终将到来，但没想到来得这么快。"

当团队增长到 150 人规模时，管理挑战开始加倍放大。这也是一个典型时刻：现在团队已经大到能被外界社会注意到了，同时也将第一次成为猎头公司的目标。现在，团队也将开始流失人才，而这些人才是团队迎接下一次飞跃所需要的。

组织和管理 50 或 150 人团队

50/150 人团队很少是从零开始的——这实在是一个太过复杂和昂贵的主张，投资快速回报的前景基本没有。相反，这些团队通常都是"成熟"的，或者是直接随着团队发展而来，或者通过合并一些团队形成的。这会带来一个令人感兴趣的问题，那就是：要从最佳规模的小团队扩张到最佳规模的较大团队，我们怎样填补这中间的人员缺口？对于 50 人团队而言，好消息是：从 15±3 团队到 50 人团队，这一步并不大（看看后面的大型团队的增长幅度，你就知道了）；坏消息是：从 18 人到 45 人，这个缺口（27 人）比 18 人团队的本身还要大。

管理体系自身也必须经历成长，通常只是在已有的两个管理层级之间再增加一层。对于 50 人团队，这意味着在高管层和子团队管理层（即基层管理团队）之间增加了第三个管理层级。常见的形式是：根据共同的技术或者市场将原来的子团队进行归并（通常是两个或者三个），同时为归并形成的新"集群"指派新领导，负责对新集群的管理。

对于 150 人团队，管理体系的成长更加复杂。此时，子团队可能已经发展为"部门"（显然这是更高一级的），并且在内部拥有自己的领导层。就在这里，要增加新的管理层级，重建基层管理团队。不用说，这会使 150 团队在管理体系上变得有些重心过低，但这强于另一种选择——头重脚轻。不过，这一情况会在更大一级规模的团队中得到矫正。

450～1 500 人以及更多：始终保持团队特征

最终，我们来看非常大型的团队，这些团队的人数跨度是从 450 人到 1 500 人以及更多。

这些非常大型的团队与我们之前所研究的小型团队有很大不同，不过有整整一个图书馆那么多的管理和组织理论方面的书籍是关于这类组织的，所以我们就不必在此赘述。作为替代，我们所阐述的是那些在其他管理书籍里并不常见，但对大型组织而言却很关键的问题。

首先，要认识到，大型组织（军队中的营、团、旅，大学院校中的教师、职员和行政领导，上市公司，政府机构，非营利性基金会，广播电视网络公司等）从本质上看，它们仍然是"团队"。事实上，它们是由不同团队构成的让人眼花缭乱的层级结构，其中包括大量的双人搭档、三人小组以及多重的中型和大型团队。这种复杂组合是公司的隐性动力源，尽管这一点很少被承认。如果公司能认识到自己是多个真实"团队"的集合而不仅仅是大量"个人"的集合，进而开始关注对这些"团队"的照料与培育，那么你可以试着猜一猜，这家公司的绩效水平能提高到什么程度。

但是对于公司自身而言，不管它有多么庞大，也还是一个巨型"团队"，所有类型的团队（从拥有 10 万员工的全球化公司到坐在空空的办公室里的两个人）所共有的发展动态特征，它都具备。即使它已大为衰退，它仍然处于"团队"的生命周期之中。换句话说，它需要：

◇ 越小越好，并且尽量接近最佳规模水平；

◇ 关注并持续优化沟通系统；

◇ 尽最大可能实现技能和观点的多样化；

◇ 对团队所取得的成就和里程碑式的突破给予嘉许和庆祝；

◇ 谨慎管理团队生命周期各阶段的过渡期。

虽然以前我们已经罗列过这些要求，但是当一个组织成为一个看不出"团队"特征的大型组织的时候，那就需要再次重温这些要求了。作为曾经采访过数百家公司的记者，我们发现，有太多的大型组织认为，在它们处于年轻而富有朝气的阶段时，那些维持团队的实践已经不适合现在的自己了——因为现在的规模实在太大了。没有什么比这更不靠谱了。事实上，为了员工的士气、忠诚度和协调性，它们更加需要坚持从前的那些实践。当前，这一需求比以往任何时候都要更急迫：因为市场变化越来越快，员工分散在全球各地，人与人之间面对面的交往几乎没有，并且，根本性的威胁可以来自任何方向。

此外，追求内部团队绩效最大化对于提高投资回报率也有重要的影响。当新增雇员在其所在层次的绩效达到最优后，他所带来的投资回报率就开始逐渐下降了，要对抗这一问题只有两种途径，其中一种就是内部团队（既包括大型团队，也包括小型团队）的绩效最大化机制（另一种方法是效能管理工具）。

最后，保证有效的小型团队拥有行动的自由度和强大的与高层之间的沟通渠道，这可能是大型企业挽救其创新和创造力的唯一方法，而企业早期的成功正是来源于这种创新和创造力。也就是说，这也许是回答克莱顿·克里斯坦森所提出的关于"创新者的窘境"问题的正确答案——在内部为新技术的颠覆性创新保留空间。事实上，这正是苹果公司在史蒂夫·乔布斯的带领下、在 21 世纪的第一个十年里所做的事情，乔布斯亲自担当了研发 iPod、iPhone 和 iPad 的小型团队的保护者。

留意团队规模的"真空地带"

你可能注意到了，有一个问题我们直到现在都没有回答，我们将用这个问题结束我们关于团队的分类研究。到现在为止，你可能已若干次地次问过自己这个问题："当团队要从小规模扩张到更大规模时，面对这中间的人员缺口，我应该做些什么？"

假设你有一个由 55 名员工组成的小型商业团队，现在你打算扩张团队。你也清楚，下一阶段的最佳规模的下限大约是 85 名员工。这是你当前规模的 150% 还多。

你当然不可能通过一次或两次的大规模招聘来雇用那么多员工，以免给公司各个部门带来压力。你也不希望整个团队陷入缺人状态长达几个月甚至几年之久，这会使你的团队更脆弱，直到团队分裂或脱轨。那么，你该怎么做呢？

首先，提醒你自己，所谓最佳团队规模只是"最佳"而已。它们位于最有效的发力点，是运行效率和人性特点的最佳联结点。但这并不是说，那些不在最佳规模点上的团队都被判了死刑。它仅仅意味着，你在保持团队的最高绩效上可能会遇到一些困难——尽管你仍然可以通过更强的监管措施以及对潜在问题的识别（及预测），来弥补这些人数缺口造成的被动。

顺便说一下，仅仅是在诸多最佳点中的某一点上，并不一定能保证团队的成功。没有关于"合适的团队规模"与其他管理因素（从多样性到管理层胜任力）之间比较优势的真正分析。你仍然可以保持教科书上所说的团队规模，当然也有可能失败——没有人能做保证，你所能做的只是增加胜算。

虽然研究人员已经就理想化的团队规模达成共识，但请记住，不要让那些因素干扰你组建团队，特别是当你的团队规模总是落在两个最佳规模点之间时，不要觉得沮丧。这个"空白区"并不会置你于死地，但是它可能会使团队达到最优绩效的概率变小。我们不敢肯定地说，这会带来多大的风险，但是我们的直觉是：在胜算不变的情况下，如果误差幅度大约是 20% 的话（即 15±3，150±30），可接受的次优团队规模的误差幅度就可能是 50%。这就意味着，相邻的两个最佳规模点之间的人数缺口，会完全被较小规模的团队覆盖。只有到了大型和特大型的团队（450±225 和 1 500±750），我们才会看到真实的缺口，考虑到这些经营团队的规模，缺口代表的那部分绩效很快就能够被填上。

所以，实际的问题就变成了：你的潜在最佳规模团队的绩效与实际相比，差额达到多大时，你会愿意接受弥补差额所将带来的成本与麻烦？对此没有统一的答案——每个团队领导必须在不断变化的环境中做出选择，包括资金、上市时间以及人才库等。运气好的话，有助于决策执行的新工具也会很快出现。

现在，让我们看看实际运转中的团队。

TEAM GENIUS

本章小结

1. 大型团队的分类

◇ I 类公司型：50±10 人团队，相当于中型公司或已完成 B 轮融资的创业企业。

◇ II 类公司型：150±30 人团队，相当于规模更大的中型公司，典型的处于 C 轮融资的企业。

2. 领导者要让团队保持特征

◇让团队越小越好，并且尽量接近最佳规模水平。

◇关注并持续优化沟通系统。

◇尽最大可能实现技能和观点的多样化。

◇对团队所取得的成就和里程碑式的突破给予嘉许和庆祝。

◇谨慎管理团队生命周期各阶段的过渡期。

TEAM GENIUS

The New Science
of High-Performing
Organizations

第三部分

把握天才团队的生命周期

TEAM GENIUS

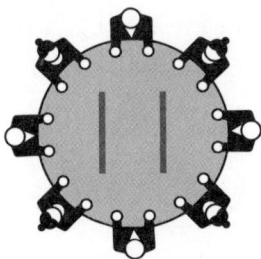

团队的创建与成熟

团队生命周期具体分为哪些阶段?
如何通过正确的管理方式改善团队的绩效?

THE
NEW SCIENCE
OF
HIGH-PERFORMING
ORGANIZATIONS

美国官方历史上最重要的团队在 1783 年 12 月 4 日中午宣布退出历史舞台。地点是位于纽约一个老城区的弗朗西斯酒馆（Fraunces Tavern）① 的长间（Long Room）里。之所以选择这么一个地方，不仅是因为这里是一个流行沙龙和聚会之地，更多的是因为在此时，这座城市的很多地方，包括许多的公共建筑在内，都已经在战争中倒塌了。

9 天以前，被击败的英军和一大群托利党② 成员（他们知道自己不会再受欢迎了）已经打包好行李，登上了皇家海军的轮船，离开了。庆祝敌人撤离的游行和各种活动，基本上都结束了，城市安全了，多数团队成员几乎已经六年没有回过家了，他们热切盼望能重返家园与亲人团聚，好好休个假。

没有谁比团队的领导者更加迫切了，乔治·华盛顿将军在过去几年只回过一次他在弗吉尼亚的家——弗农山庄（Mount Vernon）。现在，他正在回家的路上。他所有的财物都打包完毕，他的战马尼尔森曾经陪他强渡特拉华河（Delaware）来

---

① 乔治·华盛顿曾将此地作为他的革命指挥部，他在这里与英国达成了和平谈判，也是美国早期的联邦政府办公地点。英国部队从纽约撤军后的一周，在弗朗西斯酒馆举行了庆功宴，其间华盛顿发表了解散大陆军、辞去公职的著名告别演说。——审校者注
② 英国保守党的前身是 1679 年成立的托利党，1833 年改称保守党。——审校者注

到特伦顿（Trenton），在蒙莫斯（Monmouth）[①]的战火中像一块巨石般伫立在桥头，再带着将军来到约克镇（Yorktown）接受康华里（Cornwallis）[②]的投降。如今，它终于洗了个澡并被喂足饲料，仪仗兵在不耐烦地来回踱步。

每个人都知道这个团队是最后一次集结在一起了。所以他们换上了最好的制服，早早地离开家和兵营，以确保能准时到场。要知道，这个时刻将会和他们创建的新国家一样被永远记忆。

一个对纽约城熟悉得不能再熟悉的人跑进了酒馆。本杰明·塔尔梅奇（Benjamin Tallmadge）上校是纽约市警察局长的儿子，在战争中，他是华盛顿情报部门的最高长官，负责运作曼哈顿的整个间谍网，在战争中发挥了关键作用。近50年以后，在回忆录中，塔尔梅奇这样记录了当天的情形——

> 12点的钟声敲响时，军官们都集中到珍珠街的弗朗西斯酒馆中——这里是华盛顿将军召见他们并将最终离开他们的地方。我们聚集在一起，没过一会儿将军也进来了。他极力隐忍着自己激动的心情，眼神似乎在与到场的每位军官交流。茶点时间在令人窒息的寂静中度过，将军斟满了自己的酒杯，然后转身对大家说道："满怀着爱和感激之心，我现在要离开你们了，我虔诚地祝愿你们今后的生活如同之前你们所获得的光荣与辉煌那样——繁荣和幸福！"

> 大家一起举杯之后，华盛顿将军说道："我不能走到你们面前逐一表达感谢，但如果你们愿意过来和我握手，我将非常荣幸。"亨利·诺克斯（Henry Knox）将军站在离他最近的地方，他转向总司令，饱含泪水，说不出话来，紧紧握住总司令的手，并与他拥抱良久。每位在场的军官都饱含同样的深情，走上前去与他们的总司令道别。这样的场景充满了悲伤和泪水，是我从来

[①] 蒙莫斯战役是美国独立战争中在北方进行的最后一场大规模的战斗。——审校者注
[②] 康华里（1738—1805），美国独立战争期间担任北美英军副总司令，1781年在约克镇战役大败后率军投降。——审校者注

没有经历过的，我真的希望自己再也不要经历如此一刻了。[1]

并不是许多团队都有类似诺克斯、纳撒内尔·格林（Nathaniel Greene）和亚力山大·汉密尔顿（Alexander Hamilton）[1] 这样的成员。也少有团队是被这样一位伟人所领导的——如团队中的一位成员，绰号"轻骑兵哈利"的亨利·李（Henry Lee）[2] 的不朽语录所言："战争的第一人，和平的第一人，同胞心中的第一人。"[3]

但是如果你回顾这个团队在战争中的辉煌成就（击败了世界上最强大的军队，为美利坚合众国赢得了独立），你会注意到，它还是一个再典型不过的"团队"——争吵不休，缺乏经验和能力，输掉的战斗比赢的多。事实上，仅仅9个月前，在所谓的"纽堡叛乱"（Newburgh Conspiracy）中，这个团队里的许多军官（包括那天在弗朗西斯酒馆中的一些人）都曾因为缺饷而近乎叛变。华盛顿将军通过一篇感情真挚的演讲呼吁军官们支持国会至高无上的地位，最终结束了叛乱，拯救了这个年轻的国家。

华盛顿的告别：把握团队动态

华盛顿将军的剧场感和戏剧感，连同他令人惊讶的勇气、正直和自控力，使他成为历史上最优秀的领袖之一。尽管如此，他并不是一开始就这样。这位第一次在法国印第安人战争中打响了名声的年轻人，如果说不缺勇气的话，也曾经缺乏果断力而且很容易头脑发热。推测华盛顿将军那天在弗朗西斯酒馆的行为有多少是真实的、又有多少是计划好的，这确实是件趣事。一些历史学家甚至猜测，那天他的泪水，可能有一部分是因为没有履行在纽堡许下的承诺而感到的挫败（这要感谢大陆会议）。

---

① 亨利·诺克斯是美国独立战争时期的炮兵司令，后来继乔治·华盛顿之后任陆军司令，美国第一届政府战争部部长，是美国建国初期的重要人物。纳撒内尔·格林（1742—1786）是美国独立战争中仅次于乔治·华盛顿的出色统帅，南方军团总司令。亚历山大·汉密尔顿是美国的开国元勋之一，宪法的起草人之一，是美国第一届政府的财政部部长。——审校者注

② 亨利·李是美国独立战争军官，曾负责指挥骑兵和步后混编部队。——审校者注

③ 原句为：First in war, first in peace, and first in the hearts of his countrymen.——审校者注

可能三点全有或者更多，意志力超强的华盛顿本人虽然没有展现出任何情绪，但显然深深地被那一刻所感动。这是可以理解的，他和他的团队刚刚赢得了一场伟大的胜利。尽管启蒙运动（the Enlightenment）[①]去掉了宗教在这些历史大事件之中的作用，但是华盛顿本人，作为一个领袖人物，懂得在世俗生活中神明的重要意义。他知道他的眼泪会打动现场，所以他任由泪水流淌。亨利·诺克斯，这个身材高大、从书商转变成一名炮兵指挥官的将军，是个情感丰富、容易情绪化的人。让他站在华盛顿的边上、与华盛顿干杯，这可能并非巧合。华盛顿一定已经意识到他的眼泪会让诺克斯将军情感崩溃。

然后，就是最高潮，那一刻在接下来的两个世纪（而且有可能还会继续更长时间）中不断地出现在艺术家的绘画作品中：受伤病折磨的总司令把他的下属团队成员叫到跟前，他并没有说话，只是与他们一一握手，用眼泪、点头表达对他们辛苦工作的谢意。

你无法再编出更好的剧本了。这一幕本来会变成充斥着激动话语和即兴演讲的混乱场面。相反，将军掌控了局面：在场含泪的人上前并怀着激动的（当然也是难忘的）心情紧握伟人的双手。华盛顿对每个官员进行即兴评价，有时候也违背他自己心中对大家的评估；这一刻很快过去，不会有任何拖延，否则情感的作用就会消失。

这是一种讽刺吗？不，这是天才。正如他对历史的看法和预判一样。华盛顿亲手操纵了这个神圣的时刻，他给了在场所有人他们所需要和渴望的东西，也使这一刻在历史长河中不断回响。而且他的演讲只有两句话，也并没有特别的纪念意义。但是在握手过程中的泪流满面，这都是事实。就像所有值得纪念的伟大领袖那样，华盛顿履行了自己的职责，也扮演好了自己的角色。

---

① 指发生在17—18世纪的一场资产阶级和人民大众的反封建、反教会的思想文化运动，是继文艺复兴后的又一次思想解放运动，其核心思想是"理性崇拜"。——审校者注

事情很快就结束了。许多在场的官员至今都心潮澎湃，他们追随将军到附近的白厅码头。在那里，他与他们道别（这一部分没有关于他的语言记录，也许事实上就没有说什么），他在那里登上了去今天的泽西城的驳船。然后，他继续旅行，去了安纳波利斯，在那里，又出现了另一个戏剧性的时刻（这或许是民主政治史上最重要的时刻）他在大陆会议上，辞去了他的职务，回家去了。[①]当他抵达弗农山庄时，正好赶上了圣诞前夜。

团队的心脏

要想获得对团队及其运行问题最深层次的理解，就必须理解"团队动态"（the dynamic of teams）[②]。这就是日常所说的"团队精神"。我们更倾向于称之为"动态"，是因为我们讨论的团队都是在静态之下的。然而，正如我们早先认识到的那样，团队都有着起始、发展和结束的过程；它们诞生，成形，从某一点开始加速发展，达到速度和效率的顶点，然后，会有一些间断，有时很短但有时非常冗长，再然后它们衰落了——如果够幸运的话，团队在此之前已经达成了目标。

之后，这些团队就结束了。有时候这种结束是愉快的，因为团队达成了最初的目标，它的成员收获满满，开始向新的挑战迈进。有时候一个团队的结束是因为它已经达到了原先设定的暂时性目标，但其实还没完，团队的工作成果将要被测量或被评估，如果幸运的话，团队达成了可以被接受的成果，成员也为他们自己的贡献感到自豪。还有些时候，团队没有达成目标，自动解散了。也有更糟糕的，因为团队内部的运行不良（错误的技能组合、不融洽的人际关系、管理不力、走错方向、或不可能实现的目标等），团队在对其未能履行承诺的严厉声讨和谴责中被解散了。

---

① 指 1783 年 12 月 23 日，华盛顿所做的告别演讲，其中提到"交出我的任职令，并且结束公职生活的一切工作"。——审校者注

② 本书中"the dynamic of teams"多译为"团队动力"，与学科领域团队动力学相对应，此处因作者重点强调动态变化，故译为"团队动态"。——审校者注

但是，不论何种原因（我们希望，当你读过这本书之后，你的团队将有一个愉快的结局），事实是，不论好坏，团队都不会一下子经历完所有这一切。在本章中，我们将要研究团队在时间的长河中是如何变化的，它们的每一步是怎么走的（甚至包括团队结束后会怎样），通过正确的管理方式，你必定可以改善你的团队的成果。

一切团队都有生命周期

每一个团队的发展都是一个故事。故事总是起源于一个"形成期"（formation phase），这一时期，陌生人（或者接近陌生的人）在并不熟悉的环境下互相信任，然后被迫快速建立起彼此之间的联系，互相读懂对方的任务，分解任务，然后把任务分配给合适的人。自此之后，团队进入了"建立期"（establishment phase），这一时期，需要建立规则、衡量指标、阶段性目标，还有沟通联络渠道等。所有这些必须在成员为完成自己的任务开始工作的同时做好准备。当关注点从组织转换到实际的工作任务后，意味着组织已经迈向"运行期"（operational phase）。

随着时间的推移，尽管工作的结果从一开始就已明确，但在过程中团队仍免不了要进行调整——重新设立阶段性目标和最后完成期限，同时还要考虑每个人的个性、喜好、优势和短板等。这就进入了"功能期"（functional phase）。外部的环境也在同时发挥作用：新竞争者在新产品和服务方面带来的威胁可能不期而至，最后的完成期限也可能会改变，预算也要调整，产品说明也需要重写以适应总公司发展过程中的需要。所有这些都给团队带来了更大的压力和混乱，团队内部尚未成熟的人际关系使得团队还不具备掌控这一切的能力。

但是，假设团队生存下来，那么发生的所有这些事件最终会产生其他效果：它们成为团队成长故事、传说和经历的构成元素，而这些又帮助团队定义了内部文化。文化来自团队的演变历史，而团队的历史不仅成为更强大的内部凝聚力的来源，而且也形成一个最佳实践的载体，当团队面对未来挑战时就可以加以利用。

这就是"文化构建期"（cultural phase）。

新的挑战不断产生。比如，团队存续的时间越长，就越有可能失去创始成员。有些人是自动离开的，他们的任务已经完成了。还有一些人带着遗憾走了，因为他们的潜能在别处更被需要，公司也同意他们换个地方发展。第三类人离开的不仅是团队，也有可能是公司——这类人通常就去为竞争对手工作了。

第三类人的离职是尤其令人不安的——因为这是背叛，因为这是去给竞争对手帮忙，还有最重要的一点，因为这可能使团队的专有知识被转移给公司最大的竞争对手。这类离职会导致很多不信任、敌意以及时间的浪费——为了取证和诉讼。

第四类离职者则可能带来相反的效果：当一个难以相处或者能力不足的团队成员被辞退时，在短期内，这会引发整个团队的偏执幻想（"我会是下一个被开掉的人吗？"），但从长期看，这总归还是一个有益的事件。

不论何种原因导致团队成员的离开，紧随其后的关注点就变成招聘和培训继任者。即使新人与岗位十分匹配，这个过程仍然是对团队个性、凝聚力和文化的一次考验。这也是为什么团队需要整理自己的传记故事的主要原因。对团队历史的理解和吸收可以帮助新来的成员快速融入。团队文化越健康，在吸收新成员方面所耗费的精力就越少。这就是"持续期"（sustainable phase）。

假设团队在经历这些挑战后生存下来了，克服了种种技术障碍，达到了自身目标——这就到了"巩固成熟期"（maturation and consolidation phase）了。现在的挑战就是要控制对加速往前冲的渴望，相反，要保持前进的步调，合理地达成目标。这是一个更加困难的任务，因为压力会来自各个方面——公司希望导入或实施项目成果，猎头想挖走团队的顶尖人才，团队成员自己想继续向前迎接新挑战，至于你，作为团队内部或者外部的管理者，已经耗尽心力，恨不得把所有事情都打包出去。随着项目接近尾声，这些压力只会越来越大，它们会成为最终正确完成任务的干扰和障碍。

不好的团队会分裂或崩溃。良好的团队会继续向前，进入"完工期"（completion phase）。既然发明创造、原型设计和测试工作都结束了，任务就变成了针对高层管理者或者投资人（如果这是一个创业项目的话）的成果打包工作（可能包括一次演示或者一个成品、一个流程手册、测试结果汇报、专利申请、设施拆除，以及团队成员再委派等）。通常，团队会将完整的项目移交给另一个团队，比如专门负责研究产品商业化或者逆向工程以便为大规模生产做准备的团队。最近几年，由于越来越多的产品和服务在原型阶段就向公众发布了（谷歌的搜索引擎项目，从官方记录上看，在发布之后继续运作了十余年），团队的生命周期可能直到产品拥有了上亿用户或转卖其他公司之后才会结束。

当打包工作结束，要么上交要么卖掉，团队就到了"终结期"（end phase）。成功团队的"结束"有两种不同的方式。它们要么关停，要么转型，通常是其中的一些成员转入新的团队，承接新的任务。不论哪种方式，最好的团队（就像乔治·华盛顿和他的团队那样）都会用一些仪式来记录这一时刻，一方面庆祝团队获得胜利，另一方面正式宣布团队的终结，而团队的成员将开始新的征程。

团队宣布终结后，就进入了一个开放时代，可以被称之为"善后期"（aftermath phase）。这通常是指团队结束后的几个月或者几年，在这段时间里，每个成员、公司，有时甚至是整个世界都会把他们的团队经历拿来做研究和总结。有一点毋庸置疑，那就是很多团队的存在都只是一段短期时光或者承担的任务十分微小，以至于团队成员对此的记忆都不太清晰甚至压根不记得了。所以有必要说明，我们在此讨论的，都是需要共同工作一段时间、以完成一个常规性任务为目标的团队。

在接下来的章节中，我们将讨论团队的这些不同阶段。

形成期：你想要什么样的人

有如此多的团队失败，是因为它们从一开始就注定要失败。

我们曾经提到，在过去的 15 年中，针对"团队动力学"的大量研究已经告诉大家：团队应当怎样组建，怎样运行，应当雇用何种类型的人才，以及这些成员应当如何在整个团队的存续过程中进行互动。然而不幸的是，将这些发现系统地加以利用的例子极少，更不用说相互关联了。我们在此提出 4 点建议，希望领导者在招聘团队人员时加以应用：

◇ 多样性：略过诸如种族、性别这一类的表面差异，转而关注文化、生活经历、技能和思维模式等方面的真正差别。融合的不同品质越多（前提是成员可以建立他们愿意一起共事的团队文化），团队获得成功的机会就越大。

◇ 邻近度：团队成员彼此越靠近，工作效果越好。这甚至在虚拟团队中都是奏效的。所以，如果你做不到把团队成员放在一个房间里工作，那就要找到一些有效的沟通工具来消除彼此之间的距离感。

◇ 规模：对于团队来说，并不是规模越大越好，往往适得其反。根据任务确定好团队的最小规模，然后根据这个规模（或者，略有放大）招聘人员。

◇ 层级：多个管理层级提高了效率，但并非生产力。团队应当尽量保持领导者数量最小，控制层级最少。在最佳团队中，领导者的数量是极少的，组织结构也是扁平化的。尽量避免头衔。

此外，要尽量抵制团队成员雇用他们的朋友进入团队的念头。即使那些朋友极富才华，他们的存在将不可避免地削弱团队的多样性。

在招募团队领导的时候，要寻找那些曾经在成功且健康的组织里工作过的人。或者选择一个真正经历过"成功的失败"（要经过核实）的领导者。正如我们常听到的"要做正确的事情"，要拒绝采纳让团队领导选择他自己的成员的策略，因为他们的选择几乎总会缺乏必要的多样性，而多样性是一个真正的"天才团队"所必不可少的。

招聘团队中的二号人物也应当如此，如果可能，最好是来自成功的团队。也可以雇用这样的人，虽然他们不是当前课题领域的专家，但他们具有很好的处理事务的技能——维护档案，成为团队的存储器，承担所有其他成员间的协调人角色，以及与外界进行非官方接触。

现在，组建你的团队并准备大干一场吧。

建立期：你需要什么样的团队

"建立期"的核心是一个过程，它如人类历史那样悠久。这是一个"神圣空间"的创建过程。

我们参加入学典礼、童子军入营仪式、教堂礼拜仪式、毕业典礼、市政厅会议、体育赛事开幕式、审讯，还有美国国会的一系列典礼仪式（升旗仪式、效忠宣誓、就职宣誓、祈祷仪式）。所有这些都是有原因的，那就是为了从情感和心理的角度，让参与者与过去（每天的生活）隔离开，进而将其推入一个不同的现实情境，一个具有更高级体验的地方。

曾几何时，我们慢慢厌倦了这样的仪式，我们仅仅是敷衍了事。但是，你还记得在你年轻时，在你第一次参加这样的仪式时的状态和感受吧？即使你现在正处于一个完全不同的体制或文化中，或者是在一个感觉完全相反的仪式中，这都不会影响你的回忆。你会不由自主地感受到这种不同——恐惧的、兴奋的、困惑的。不论是什么反应，你都会不自觉地感觉到你正处在一个不同的地方，而你的注意力一定会集中在此，你的感觉功能明显加强了。如果你是我们正在讨论的某项仪式的参与成员，你会有一种能量被释放并感触到某种高于自我的东西的感觉；如果你不是其中一员，无论你多么了解这些仪式，或者无论你受到多么热烈的邀请，你仍然不可避免地感觉到自己是个局外人。

这并非一种肤浅的情感，这种情感是可以直接触及一个社会人的内在核心的。许多群居动物如果被迫脱离群体，就可能因为孤独寂寞而死。相比较而言，成为团队的一员，这为我们定义了一种身份、一个更大的目标，以及一种不用像对其他陌生人那样有所顾忌、可以充分信任其他成员的内部交往方式。

所以，在团队"形成期"建立的、并在此后经常重复（以一种简化的形式）的那些仪式，建立了一种边界感，由此，我们从广阔而充满危险的现实世界进入到一个更小的"神圣空间"里，在这里我们是安全的，是被那些接受我们的成员认可的，我们也十分信任他们。

简而言之，团队需要一个正式的启动仪式，就跟它需要一个正式的结束仪式一样。团队需要一个事件，通过它来标记团队正式努力开始工作的时刻，建立团队的文化，以及构建团队未来沟通的机制。

这并不一定是一场精心策划的仪式，尽管有时候精心策划是个不错的主意。对于在一个短期的小项目上暂时搭档工作的两个人来说，正式的启动可能就是一顿休闲午餐或者下班后喝的几杯酒，然后他们认识了彼此，交流了各自的生活和理想，探讨了一下马上要开始的任务，交换了邮箱地址和电话号码，约定了定期碰面的时间和地点。

当然，也有十分复杂且经过精心策划的仪式、聚会、授职仪式，由此标志着我们已经加入了一个正式的、独有的群体——新人入职培训、妇女联谊会仪式的启动仪式、鹰级童子军的考验仪式、少年棒球联赛的开幕仪式、海军新兵训练营的第一天、职业协会的典礼、大学兄弟会的秘密授衔仪式。所有这些都有着极为浓厚的仪式化氛围，通常在很多年甚至几个世纪以后，随着经验的积累，会刻意办得有所不同，甚至惊世骇俗，进而给每个新老成员都留下难以忘怀的独特记忆。

在军队，那些如同噩梦般的新兵训练的最初日子，也会被设计成为一种使众人平等的过程——去除新兵在之前的生活中所形成的各种成见、看法，使这些新兵成为一块白板，进而在上面重新写入新的行为准则。

对于大多数团队而言，这类仪式一般是界于这两个极端之间的状态。但是不论这个启动仪式采取何种形式，它们都有着共同的目标：

1. **设立一个正式的启动点**。如果没有一个正式的启动（"我们的项目将在明天上午 8 点正式开始，所以今晚睡个好觉吧"），人类的天性将会使一些团队成员提前行动以便占据优势，或者是推迟启动以彰显他们的独立性，诸如此类。一个正式的启动，即使有时候显得十分随意，也能从一开始就保证团队的同步，同时对成员发出提醒：大家要一起开始，一起前进，一起结束。

2. **建立关系**。团队的成功取决于如何减少团队成员之间的沟通障碍。这项工作在第一天就要进行：分发胸牌，相互介绍，每个人分享关于自己的细节，分配电话号码和邮箱地址，甚至还会有小组练习、头脑风暴会议等——所有这些活动都是为了一个重要目标，即在所有的团队成员之间建立交往与连接关系。有时候，我们可能会取消这些活动（甚至，当我们在日程表上看到这件事时，我们会轻蔑地翻白眼），但请不要低估这些活动在未来的漫长合作中的积极作用。

3. **建立规则**。当提到行为准则的问题时，尽早建立清晰的行为准则是首要之事。从一开始就建立规则，并且要求包括你自己在内的每个成员都严格执行，既能彰显民主又能保证自由（除非你是一个控制狂），因为每个人都知道规则在那里，而且知道大家都会遵守规则——没有人可以例外。顺便说一句：公开宣布那些规则，让规则简单易懂，把它们写下来分发给每个成员。这样可以将争议减少到最小。

4. **播种文化**。不管你喜不喜欢，一个团队的文化生活从团队正式启动那天就开始了。每个团队成员在离开会议室时，都已获得了关于团队质量以及未来成功的可能性的直观感受。他们已经形成了关于团队其他成员的观点。作为团队的领导者（如果你是更高级别团队的创立者，这甚至更为重要），你有责任让团队成员尽快建立对新团队的直观感受。这就是为什么运行良好的团队都会在启动仪式之后立即组织对每个成员的面谈。表面看来，这些面谈与成员的技能和对团队的潜在贡献有关，但是它们也收集了大家对团队内部的印象和期望方面的想法。作为团队领导，你做的每件事情都会影响整个团队的文化，所以设计好团队启动大会也能展示出你对团队文化的一种期许。

5. **确立风格**。天生的领导者本能地知道自己拥有一种力量，可以通过自己的人格力量来塑造团队的基调和风格。这就是他们要持续地展现一种外在形象的原因，因为这可以使团队的表现带有团队领导者所希望的个性色彩：轻松或紧张，幽默或严肃，考虑大局或细节导向。伟大的领导者，如乔治·华盛顿（在他年轻时所做的个人笔记上，他在"公众场合的行为表现"方面的内容上加了下划线），按照他们所想要的形象生活得如此彻底，以致最后，他们自己就变成了那样。

不幸的是，许多领导者会犯一个错误：他们允许团队自发形成"风格"，这实际上就意味着那些有着最坚强意志的成员会控制甚至在情感上劫持整个团队。还有更糟糕的，一些领导者会让自己的负面情感和情绪影响团队。我们建议，在雇用一个团队领导者时，你不要把建立团队风格的整个过程都交给这个人来做，相反，你应该要求他来制订明确计划，关于他打算如何管理这项任务，包括采用的仪式，从第一次全体会议开始，贯穿整个团队的生命周期。给他一些在着装和演讲方面的培训也是不错的方法。

6. **建立沟通机制**。除了研究证实之外，伟大的领导者还知道，健康且高频的沟通机制可以确保团队成员与团队工作步调一致，如此一来，可以使团队快速应对困难局面，抵御狂风巨浪。在那个（最重要的）"启动大会"上，这一沟通机制就开始运行了，而且在随后的每次定期团队例会上都要保持，不论会议是面对面的，还是虚拟的、异步交换模式的。清晰的预期和"参与规则"非常重要，尤其是那些跨地域、跨时区工作的团队。我们建议建立清晰但具有弹性的日常例会制度，这能够增强团队的内部沟通。注意，让这些会议尽可能简短，目的性强，并被严格管理。

尽早建立团队的个性和风格，随后你就可以为自己免去许多挫折与痛苦。而且，你可以在这一过程中不断提高团队获得成功的胜算。

运行期：做好工作才是目标

最为悲惨的团队莫过于所谓的"过程型团队"（process team）了。在我们的职业生涯中，只遇到过很少量的这种团队。在我们离开那些团队时，我们对于这些人竟然愿意加入一个如此离奇的团队总是会感到震惊，同时我们也会被这些团队所浪费的时间、人力和财富之巨大而感到可怕。

这些"过程型团队"常常表现出两种形式，一种非常明显，另一种则有着微妙的风险。前者是团队的管理整体陷入混乱，所有的时间和精力都被用来维持团队完整以及如何让成员投入任务。这类团队显然注定要失败，最好的解决方案正如我们在书中已提到过的，那就是立即解散团队。它们无法自我恢复——就算发生奇迹，它们真能做到，那也将是在你的任务截止日期之后很久的事了。

对于第二种"过程型团队"，识别这种团队的难度会大得多。有些看起来很健康的团队并没有完成它们的任务，由此成了真正的"成功的失败"。仔细研究这种案例是非常重要的。有时候，失败的原因是那个团队花了太多的时间在"小组万岁"方面，却没有足够的时间可以投入手上的任务，或者，更糟糕的情况是，他们只创造了一种真正团队的幻象，一场热闹的歌舞伎表演。管理层（也就是你）从没注意到这些，因为团队看上去运行得很好，但实际上它已经发生了"剧烈的化学反应"。

此类惨败会令所有人感到尴尬,尤其是你,也会使公司令人绝望地在竞争中落后。预防的最好办法就是迫使你自己不要被团队的士气迷惑,为团队设置早期且精确的里程碑。领导者应把这些关键的节点传达给团队每个人(一个好的领导者会主动这么做的)。只有等到团队的运行不仅看上去很有序而且真的很有成效的时候,你才可以放松下来。如果团队并没有达到这些早期的目标(不论它如何解释),都应当考虑解散的问题。至少,你设置的里程碑要更加严格、更加明确。如果团队还是没能达成,那就更换团队的领导者,不论这个领导者多么深受团队爱戴。注意,不要把目标设置得不切实际(毕竟,所有的新团队都会经历成长的痛苦),也不要接受任何借口。不要被他们的自欺欺人同化,不要成为他们的拥护者——你的工作就是要成为神志清醒,甚至是残酷无情的成年人。如果一个团队从一开始就不能做好它的工作,那它也很难善终。

文化构建期:企业故事的力量

比尔·休利特和他的断线钳的故事是最著名的高科技故事之一。

半个世纪以前,比尔·休利特,全球最大的电子公司(惠普公司)的联合创始人,在一个星期六经过公司时(当时的惠普还是一个小公司),顺便进去检查一些物件。当他到达公司时,他被吓到了,他发现大量的工程师站在那里无所事事。当他问为什么时,被告知员工工作所需要的所有设备都被锁在一个库房里,但只有一个人有钥匙:实验室的负责人。那天他偏偏来晚了。

历史往往因为一个领导人而改变——亚历山大大帝、谢尔曼、犹他海滩上的小西奥多·罗斯福都遇到了障碍,他们没有与障碍纠缠,而是选择了直接击破、重设规则。这就是休利特那天上午做的事情。他找了一圈,直到他发现了一把断线钳,正好能够剪断库房的挂锁。然后他向那些被惊呆的工程师宣布了惠普的新规，那就是：公司的任何库房都再也不会上锁了，谁要是试图装一把锁，就会被立即解雇。

有一个工程师提出反对意见，他说设立门锁的目的是为了防止工程师把设备带回家挪作私用，休利特回答说，他不会为此惩罚任何人；因为工程师在休闲的时候没准就会发明出什么伟大的东西来，而且，他信任工程师会把设备带回来的。

剪断门锁，看上去只是一件很小的事情，但是这个举动产生了共鸣，而这一结果改变了现代商业，并且还在影响今天的公司生活。那是因为休利特的这个故事迅速传遍了惠普，而这个故事强化了当前闻名于世的"惠普之道"。它是一种建立在信任基础上的企业哲学，那就是充分信任惠普的员工能够自己找到达成公司目标的最佳方式。

当然，惠普之道是最为著名并且受人尊敬的企业文化——它的创新（弹性工作制、股票期权、利润分享计划等）已经被全世界的公司仿效。而这一切都是从比尔·休利特举起断线钳这一颇具戏剧色彩的行为开始的。

这些我们在企业内部互相传诵、关于我们的工作的故事，被证明具有不可思议的力量。伟大的团队必有伟大的故事——不仅仅是关于那些"马大哈"的逸事，更重要的是这样的故事：它们能帮助成员定义团队的个性气质，增强团队的自豪感和士气，以及最重要的，它们也能够帮助团队向其成员解释团队的特殊性所在。

不健康的团队也有故事，但是这些故事总是和失败以及其他人的弱点有关，而且大多数都充满怨恨和蔑视。实际上，这是测量团队健康的最佳方法之一，就是听听团队成员讲述的关于团队自身的故事。健康的团队和健康的公司更喜欢重复强调重要的转折点，戏剧性地表达荣誉感，幽默风趣，充满自信（即使是一些关于犯错误的故事）。在不健康的团队和公司，即使他们的故事是关于胜利的，也带着明显的悲观情绪，就好像他们的成功不是团队应得的，或者是通过不正当的手段获得的一样。

故事还会洞察到一家公司的相对健康状况。有三种类型的"故事"是容易发生在管理水平不佳的领导者身上的，如果发生了，那这个领导者就应该被仔细考察，如有必要，就要换掉：

◇ 如果所有的故事都是关于老板的，这可能意味着 CEO 是自私小气或专横跋扈的。或者意味着团队内的沟通近于垂直（也就是说，老板一个人讲了所有的话、做了所有的决策），团队的水平沟通是不充分的。

◇ 如果这些故事都是关于会见重要人物的，那你手上的这个团队可能就是一个"过程型团队"。这可是最糟糕的。

◇ 如果一个团队没有故事，这可能根本不是一个真正的团队，仅仅是一些个体的集合，而这些个体正忍受着因多样性不足、个人交往少以及"通信系统崩溃"而带来的不愉快。

用讲故事的方式建立文化，这看上去有点儿像空中楼阁，是你不能用外力创建的东西。事实却恰恰相反。在我们的职业生涯中，我们一直在从事专业的"讲故事"工作（以迈克尔为例，他甚至还成了一个小说家），你认为我们存在偏见也是正常的。然而，我们的经验就是：除了个别（正处在悲痛中的）人，所有人都喜欢听故事，大多数的人还会把它们讲给别人听。因此，团队的管理者在这个方面有三项职责：

◇ 创造一个让所有成员感到可以自由讲故事的氛围，而且要让他们觉得，讲故事是受到鼓励的。

◇ 为筛选和重复故事的流程提供支持——这些故事有助于改进团队的健康和生产率，并且能够反映团队想得到的那种文化。

◇ 营造讲故事的场合与环境，让这些故事经常得到分享，特别是分享给团队的新成员。

优秀的销售管理者（也许因为销售部门有很多擅长讲故事的人）已经深谙此道很久了。那就是为什么销售会议往往会在一些具有异国情调的地方举行，内容较少是关于培训或者问题研讨的，更多的是提供一个让大家创造故事和分享故事的环境。这就解释了为什么晚上在度假村的酒吧里的工作效率比在白天的会议室里要高很多。所有的团队领导者都能从这些重要事项中学到点儿什么。

持续期：让新成员快速融入

任何团队，不论存续时间长短，都有可能面临人员流失。这不仅是不可避免的，也是十分痛苦的，因为那些离开的成员通常也是团队中最具价值的贡献者，准确地说，恰恰是因为他们的才华，使他们被吸引到新的、重要的项目上了。其他导致团队成员中途离开的因素有很多，从"不满"（这通常是件好事，因为它可以除掉那些逐渐增长的威胁团队和谐的因素）到人生变化（个人健康、退休，甚至死亡）等多个方面。

当有成员离开时，有一件事应当做，还有一件事必须做。

> 应当做的：举行告别仪式。即使成员走得高兴，团队也要表现得因看到成员有好机会而更高兴。这个仪式可以很简单，比如开个简会宣布一下，并祝愿离开的成员好运。也可以是一场告别晚宴，甚至向那些有长期贡献或者受爱戴的成员赠送一份告别礼物。

这么做的目的是嘉许成员对团队的贡献，所以这也是对其他成员的一种承诺，他们有一天也会得到这样的待遇。同时，这个仪式也为即将离开的成员在团队内的剩余任期划出了明显且清晰的边界——合作结束了。相比较而言，让一个成员简单收拾行装，悄悄离去，会引发人们猜想成员离开的原因，还会让人感觉事情并没有结束，那个离开的人（不论是好是坏）没准还会回来。

必须做的：营造某种事件，对顶替离开者的新成员的到来表示欢迎。

正如我们说过的，同化新成员是非常重要的，要加速他们融入团队的文化，尽可能快地为他们配备必要的团队内的沟通工具。

我们大多数人都曾有加入一个新团队后感到痛苦和迷茫的经历，感觉好像我们进入了别人的家，或者参加鸡尾酒晚宴迟到两小时。这种异类的感觉越明显，越不利于我们成为团队的一分子。反过来，从团队的角度来看，由于新成员始终像一个局外人，团队也就错失了一次提升效率、多样性和获取知识资本的新来源的机会。

我们的目标是尽快地吸收新成员融入团队。有很多方法经过实践被证明是非常有效的：在团队内部发布正式通知，宣告新成员的到来；将团队成员聚集起来正式介绍新成员，包括以幽默的方式介绍新成员的逸事；逐一向每位成员介绍新成员；让团队成员担任临时负责人、导师、团队故事的讲述者等；用团队的沟通机制为新成员提供个性化培训。

换句话说：欢迎新成员，尽快地把他们浸在团队的文化和运行体系中，然后再返回你的岗位继续你的工作。

巩固成熟期：向着最终目标冲刺

"成熟"对于大多数公司来说是个可怕的词，因为这关系到创新能力、企业家热情的消退，最糟糕的是，这可能意味着你已成了一个"恐龙"型公司等着被一些行动快速的小创业公司消灭。

但是，成熟对于团队来说是件好事，因为这意味着团队已经能够整合内部那些差异巨大的操作环节，使它们运转和谐，从而共同追求最终目标。团队能否顺利地度过这个时期，决定了它们最终能否成功。

在团队的整个生命周期中，团队成员始终在同一时间一起做同样的事情，这种团队数量极少。相反，大多数团队会在一开始就把任务分解成若干子任务，分解依据是工作内容的差异、所需技能的差异、完工日期，有时候只是任务大小。试想一支巡逻部队正在穿过丛林：这不仅仅是十几个工作毫无差别的士兵，他们当中有一个指挥官在掌握全局和战略，一个士官在管理士兵，一个通信兵，一个侦察兵（他在最前面开路），还有两个要负责运输重型武器。这支巡逻部队里的每个人都有不同的工作要做。

大多数团队都是如此。还有一个更好的类比，那就是报纸或者电视台的新闻编辑部。假设有 150 个人在某个编辑部里工作，他们负责每日报纸或者晚间新闻节目的出品。在这个团队里，大约 1/3 的人是负责实际报道的记者——每个人负责一个不同的报道，收集数据，采访嘉宾，在最后时限之前写出具体的文章。另外 1/3 的人是负责支持那些报道记者的——从新闻热线接线员到美工，再到文书、排版、秘书、实习生和助理。很多不为人知的工作人员，他们为记者提供帮助或者负责运行编辑部内的各种设备，就像黏合剂一样将整个工作关联并运转起来。最后 1/3 的人是编辑：在报纸的编辑部里，会包括版面文字编辑、分部编辑（体育、商业、生活等）、新闻编辑、任务编辑、本市新闻编辑、国内新闻编辑、国际新闻编辑、编辑主任、执行主编，还有总编辑。电视台的编辑，分工名称跟报纸编辑的差不多，尽管他们实际的工作任务不一定相同。

记者是典型的单独工作，或者两人搭档的工作，但是他们也是团队的一员，分属于不同的部门，分别向他们各自的编辑或助理编辑汇报。支持团队几乎完全是由不同的小团队组成的。编辑（包括分部主任）共同组成了一个大型团队，而这个大型团队是由多个有重叠关系的小团队组成的，其中最大的团队是版面文字编辑团队。[在报社，他们通常会围着一个圆桌坐在一起，这个圆桌就是所谓的"槽"（the slot），他们要负责拿稿件拼版，填满版面上的空位，而这个空位通常要在决定做什么广告之后才能最终确定。]

远看，新闻编辑部就像一个单体的大型团队，许多单独的个体待在里面，就像蜂巢里的蜜蜂，忙进忙出。但事实上，这个大团队是由很多子团队组成的，每个子团队都有自己的任务，同一班次的各个子团队在不同的方向上追逐，大多数的子团队彼此之间会存在些许的"相位差"。

这就是说，记者们来得很早，开始追踪新闻线索。高级编辑们也是如此，他们要决定那天的整个版面。分部主任也来得很早，他们要决定哪些线索需要追踪，还要审核当天的初次组版。但是其他人（美工人员，大多数支持团队的员工以及版面文字编辑）都来得比较迟，因为直到报道已在进行中且最早一批稿件已经提交，才会需要他们的工作。

到了下午，编辑部里充满旺盛的工作热情。几乎所有的办公桌都被堆满了，那些空着的桌子一般都是那些还在外面追踪新闻的记者的。新闻稿件现在已经出来了，它们会首先集中到分部里；然后更多的稿件从这些分部汇集到"槽"里，版面文字编辑在那里将本编辑部记者的新闻稿与来自外部通讯社的进行删减、融合。

到了下午晚些时候，报纸的最终版面确定了——哪些报道可以刊登以及被放在什么位置。现在，版面文字编辑们应用他们独特的技能快速编写引人注目而又简明扼要的标题（或者直接复制那些电视新闻的标题）。与此同时，许多记者收拾桌子准备回家了。整个编辑部现在看起来空了一半，但是在"槽"里，在美工部门，以及在一些特约稿件部门，员工比这一天之前任何时候都要忙得多。

在报社，第二阶段的活动将会持续到晚上，还有一班人员要工作到午夜以防突发新闻事件。如果真的发生了突发的新闻事件，他们会一直工作到早上直到早间新闻可以进行重新改版。在电视台，实况转播人员在下午就会到达办公室，准备晚间的新闻直播，演播室的员工也是如此。一些员工将等到午夜新闻播出，或者将手头的工作交给夜班的搭档之后才会离开。等到午夜节目要播出时，演播室和控制室就忙碌起来了，但是新闻编辑室此时已经黑了灯，人去楼空了。

　　请始终牢记，这类将多种动作混编在一起的多重子团队大部分都是独立工作的，它们的工作成果通过整理合并最终形成了一个精细而复杂的成品，这就是每天在新闻编辑部里发生的事情。这个最终的成品——报纸，就相当于一本小书，内容全是最新的，每24小时出版一次；对于电视台来说，晚间新闻则相当于一部多学科的半小时纪录片，也是以同样的周期在生产着。

　　这是一个令人兴奋的压缩版巩固阶段的例子。如果没有稳健的基础设施、清晰既定的沟通机制、行为准则（编辑的职业道德与行为准则、最后完成期限、语法和编辑风格）、先例和惯例（"成熟度"），以及大量的经验丰富的团队成员，这一切是不可能完成的。这就是年轻的报纸和电视台记者不得不经历一个很长的训练过程的原因——从这家报社或电视台还是一个当地的小媒体的时候起步，经过若干年，甚至几十年，才变成当前这个占据主要市场地位的报社或新闻电视台。

　　报社和新闻电视台可能代表了"巩固成熟期"的极端情况，但是它们并非独一无二。很多领域都有这样的团队（比如急诊室、特种部队、政府、警察和消防部门，甚至还有快餐厅），它们都把自己的团队分解成若干个子团队，工作节奏疯狂且不允许出错，然后快速整合，继而精确地生产出最终产品或服务。

　　同时，我们可以确切地说，每个团队，不论是小团队或大团队，短期团队或长期团队，总是要以某种方式经历这个巩固成熟期，才可能达成最后的目标。即使是双人搭档，也是要分解工作的，然后在某一时点，他们两人必须碰在一起，把他们的工作合并成一个综合体——这个综合体才能代表团队的最终成果；接下来就是对成果进行打磨，使其尽善尽美，以便为最终的发布做准备。

　　这个巩固的过程通常并不容易。人的"自我意识"往往包含其中——如果任务分配刚开始的时候边界就不够清晰、具体，后续就会造成很多令人沮丧的重复工作。当子团队的领导者意识到整个团队成百上千个工时的工作都将变成废纸时，他恐怕立刻就暴跳如雷了。

在最危险和最具破坏性的团队中，下面这一种团队尤其需要注意。在这个团队中，有一个或两个成员被公认是"点子多"的人，他们被给予了过多的控制权，通常是由一位令人敬畏的领导者给予的。这些团队根本就没有机会经历"巩固"——更准确地说，当一个点子接近成形时，"天才"突然又想出了一个"更好的点子"，然后整个团队掉转船头开始追求实现"更好的点子"；当这个新点子即将成为现实时，这位天才又有了其他新想法，周而复始，无穷无尽，直到整个团队耗尽所有的钱、精力，或是高层管理者的耐心。在此期间，这个团队已经浪费了大量的时间、人力，让资本的投入不得善终。这就是说，团队必须按轨道前进——即使这意味着你必须踢走那个顶尖人才，否则你将无法转入"巩固成熟期"。这样的行动会引起巨大的不安，但它是必需的。另外，如果你的天才真的想出了一个伟大的新点子，那么你可以为他建立一个新团队。

在团队组建之后的诸多日子里，"巩固成熟期"相比其他任何时期而言，团队领导者要经受的考验是最多的。必须下定决心做出最终决策。创意性的工作必须被停下——哪怕是有成员向你恳求说，只要再多给一点点时间就能看到突破性进展。愤怒的情绪必须得到安抚，平复如初。整个团队必须团结起来，向原定目标发起总攻。要想使团队以最低程度的摩擦完成重新整合，领导者就需要按照下面的路径完成自己的工作：确定明确的责任，为子团队设置好任务的里程碑和中期目标，以及最重要的，让所有的成员感觉到他们是更大团队的一员、他们所承担的工作也是更大团队的工作的一部分。

不管怎样，不论摩擦与否，"巩固成熟期"都是必须要经历的。要想完成最后的冲刺，团队及其成员必须从一群半独立的团队"创建者"快速转变成为一群可以完成团队的整合和重构的"组织者"。

TEAM GENIUS

本章小结

团队的创建和成熟

◇形成期：按照多样性、邻近度、规模、层级要求招募团队成员和领导者。

◇建立期：团队需要一个正式的启动仪式，以标记开始，建立文化，构建沟通机制。

◇运行期：避免成为管理混乱，或是看似健康但无法完成任务的"过程型团队"。

◇文化构建期：创建自由讲故事的氛围，提供支持，营造讲故事的场合与环境。

◇持续期：尽快地吸收新成员，让其融入团队，告别并祝福离开的成员。

◇巩固成熟期：下定决心做出最终决策，避免时间、人力和资本的浪费。

TEAM
GENIUS

12

——

团队的退出和消亡

当任务完成后，团队该何去何从？

领导者该如何处理团队成员的安置及团队遗留问题？

THE
NEW SCIENCE
OF
HIGH-PERFORMING
ORGANIZATIONS

从我们还年轻的时候开始，旁人的亲身实践和名言警句就一直在教导我们："善终"非常重要（"不到最后绝不退出"，"80% 的价值来自最后 20% 的工作"）。然而就如金融上的"复利"的价值一样，我们常常并不能真正懂得这个道理。在某件事情即将结束时，我们会迫不及待地完成它然后开始另一件新的事情，这是人类的天性。直到后来我们更加成熟，才能逐渐领悟这个经验，却只能后悔在我们的生活中有那么多的事情没有很好地完成。

不幸的是，当前的世界对"完美收官"的需求越来越大。在机械时代，一个团队常常可以在完成产品原型、证明其可以正常运转后就转身离开，而随后的模块分解、逆向工程、为大规模生产所做的适应性调整，以及编写产品手册这些事情都将由别人完成。但在今天，产品周期的时间日益缩短，这些次要的、辅助性的工作通常就会落到团队自己头上了。尤为重要的是，当一个基本的微处理器设计图上的特征细节比一幅包含每一座建筑物、每一条街道和公用设施线路的完整城市地图还要多时，我们对大量文档的处理需求也就更为凸显。因此，对于绝大多数的团队领导者来说，都需要承担如下三项前所未有的职责：

◇ 接手：团队在"巩固成熟期"时，有诸多任务（迄今为止）是等到项目结束后才开始的，并且是交由他人完成的。现在，这些工作要由团队自己接手了，其中包括大量的文档编写和性能参数说明书，也可能会有制作手册、培训资料、仿真模拟，甚至会涉及市场和销售工具。

◇ 设计：从一开始就将"完工期"的各项职责明确设计为项目的一部分。通常，团队在达成目标、进入收尾阶段前无须对"如何结束项目"这一点有太多顾虑。而现在"完工期"需要纳入团队整体工作日程并成为里程碑之一，因为它可能会延长项目周期、大幅提升成本并牵涉大量的人力。鉴于当前竞争压力如此之大，通常团队不会被允许花更多的时间完成这些任务，我们认为最好的解决方案或许就是增加团队成员——或是在项目伊始，或是在"巩固成熟期"开始时（此时会有多个职位需要实现员工的快速融入）。

◇ 准备：让团队为项目结束时将会增加的工作量做好准备。完成项目的实物开发后，团队成员投入的激情就会下降：员工（和领导者）自然而然地认为繁重的工作已经结束，可以为已经取得的成果开始隆重的庆祝活动。当一个成功的团队在周一早上回到办公室时发现他们将要迎接的不是一些零散的收尾工作，而是一个全新的追加工作阶段时，他们一定会沮丧至极。解决方法是让团队从开始就为这个坏消息做足准备。即在项目伊始，以及随后所有的日常安排、工作目标和里程碑中都将这些后续职责涵盖其中，并且定期提醒团队这些职责的存在。如此一来，团队成员就会在潜意识中将"结束"的概念重新设定为"完成与项目相关的全部工作"。最终，令人难过的是，你可能还要将庆祝仪式推迟至"全部工作"完工之后。（或者在团队成员仍然选择早早地开展庆祝时，改变庆祝方式，不要用正式的形式进行庆祝。）

领导者必须要避免出现使命偏离（mission creep）的问题，对这些附加责任尤其要加以关注。想要了解团队的核心使命（经过充分测试的新产品或者服务）是何时完成的，这是件轻而易举的事情，但如果这些工作延伸并已牵涉到公司的其他部门，想要明确"完成时间"就没那么容易了。产品文档、出版物、开发工具等的创建工作正在变成一个没有明确的结束时间的流程，公司的其他部门可能也很乐意由你来完成本该是他们做的事情。因此作为一名领导者，从项目的一开始就要明确工作的界限，这是不容推卸的责任。

在项目终于完成时，你要用正式的方式进行宣告并进行庆祝。此时，保持沉默、疲倦地等待认可，或者礼貌地感谢大家工作做得不错，这些都是不合时宜的。如果你的团队成员在项目完成过程中有着积极和强烈的忠诚度，也投入了辛勤的付出，那么即使没有实现所有的目标，你的团队也应该获得充分肯定。而如果你的团队大获全胜，那么就更应该进行一场隆重的庆祝。关于这场庆祝，你要让你的团队成员都知道：如果他们不想离开而待了一个通宵，如果他们酩酊大醉、哭泣不止、出尽洋相，不用担心，一切都随他们。在庆祝活动中，你只需要做到如下几点：

◇ 重述他们取得的成就。

◇ 帮助团队成员回忆，他们如何从团队成立之初彼此互不相识逐渐变得如此亲密。

◇ 追忆团队历程中的高潮和一起跨越的低谷。

◇ 最重要的是要嘉许每位团队成员做出的个人努力，不仅要当着所有团队成员的面，还需要逐一单独地进行。

◇ 在合适的时机退出。每位领导者都会对庆祝活动的开始进行策划，而精明的领导者还会对活动的结束进行谋划——尤其是在情绪高涨的氛围中快速结束的部分。

善后期：一次完美收官

团队成员的未来安置以及团队遗留问题的处理方式，取决于团队属于以下四类团队中的哪一种。

不健康、不成功的团队

不健康、不成功的团队会被有意地遗忘或者成为团队成员心中一道不可修复的伤疤。它们的失败不仅会给公司和个人工作简历带来负面影响，还会使得这些团队成员日后的效能降低，日后重新形成一个团队的可能性微乎其微。大多数情况下，团队成员将会离开，转移到更开心些的工作环境。不论从哪种角度考虑，这些团队都是失败的：错误的成员、错误的领导者、错误的任务或者努力方向，组织对其缺乏监管，以致没能早些解散团队。

最好的策略是承认失败，让成员离开组织，还需要进行事后反思，确定失误之处，确保以后不再重犯此类错误。

即便如此，一些团队中仍然可能会有一两个值得保留的成员。至于是否真的"值得"，取决于我们如何定义"价值"。因为他们最近的经历来自一个机能失调的失败团队，所以对其"价值"的评判标准就要与那些无历史"污点"的人员有所区分。对待这样的成员，你需要忽略简历中的"常规"亮点，努力挖掘他们在之前失败团队中的行为。这意味着，面试的目的是确定他们在失败团队中的行为表现，这样的团队体验给他们带来了怎样的痛苦，以及他们在多大程度上提醒（或许是正确的）高级管理层要对正在发生的问题负责。

不健康但成功的团队

无论从哪个角度来看，"不健康但成功的团队"都是最危险的一种形式。为降低风险，你可以轻易地放弃一个"不健康、不成功的团队"。但是成功可以掩盖诸多不好的事情。而且，解散一个成功团队，组织的其他所有团队的士气也会受到影响而下降。（"如果连他们都受到了惩罚，我们会不会是下一个呢？"）

那么挑战在于如何透过成功看到其残酷的另一面。因为既然你不确定一个成功的团队同样也是不健康的，你便需要以这种方式对所有的团队进行认真审视，即使有些团队从表面看来是开心并且运转良好的。

在迈克尔还是一名新闻工作者时，一位编辑曾经给他提过一条忠告："千万不要雇用普利策奖获得者。"随着时间的流逝，迈克尔才真正懂得那位经验丰富的记者真正表达的道理：太多人获得此奖的原因只不过是在正确的时间处于正确的位置，或者是因为他团队的队友都有着卓越的才华，还可能是因为错误的原因获得了此奖——比如评选委员会里有他们的忠实粉丝，他们的组织为获得此奖进行了努力"争取"，国内或者国际上的一些大事使得他们的故事非常及时，等等。不管真正的原因是什么，获得此奖都会为他们投射下成就的光影，而不管是否真得值得拥有，他们都会要求更高的薪水、更大的平台和更多的自主权。

一个成功团队的机能失调之处通常有以下几种形式：

1. 团队不过是幸运而已，其实内部一团糟。
2. 团队拥有许多能力卓越的人才，使其虽然问题缠身，却依然能够顺利实现目标——当然，他们本可以获得更大的成功。
3. 团队拥有几名顶尖的成员，而其他的成员不过是搭了顺风车，却享受了团队成功的荣誉。
4. 团队粉饰了结果，使其看似获得了成功。

不健康但成功的团队之所以非常危险，并不在于（除了上述第四条之外）他们取得了什么样的成就，而是团队解散后成员将要面对的事情。除非团队的真实情况得以曝光，否则这些团队中的每一个成员都会因为成功而获得晋升、加薪和名誉，而且会加入更为重要的团队。那里，他们可能会毒害新团队的健康运行，也可能因为他们的能力不足阻碍了新团队充分发挥自身的潜能。同时，你可能会受到迷惑，错误地认为团队成员都是胜利者，但是（相信我们），组织的任何其他一员，尤其是他们的同事会很快发现事实，对此的怨恨也会增加。每一个人都会鄙视那些明显能力不足、在前进过程中会掉队的同事——同样也会鄙视造成这种情况的老板。

不过，虽然不健康，但这些团队毕竟取得了成功，对企业的成功做出了贡献（如果可以发现他们的破坏力并加以阻止，贡献就会更多）。此外，上述第四条涉及的团队是具有破坏力的，不符合道德要求，甚至是违法的。我们需要尽早察觉这种异常状态，及时采取惩罚措施。

健康但不成功的团队

对健康但不成功的团队进行评判是最为棘手的。硅谷一贯以"一个能够对失败进行谅解甚至回报的地方"标榜自己。常见的理由是：因为硅谷的风险资本家非常聪明，能够识别出"好的失败"，而对"不好的成功"轻描淡写。从理论上看（实际上，这一理由符合我们在硅谷的亲身经历，而这些经历也是此部分内容的写作素材之一）这是不错的，但现实中的答案要难捉摸得多。这个问题的核心是"好的失败"这个词。它的含义是什么？失败真的是一件好事吗？

这个问题的标准答案是"当然是"。你可以运行一个健康而且富有成效的团队，顺利实现所有的里程碑，以正确的方式完成所有的事情，按时交付工作成果，但最后仍然因为一些事情超出你的控制范围而失败：新科技的出现、市场突变、一个速度更快或更强大的竞争对手、经济不景气、糟糕的高层管理，等等。

但是刚才的答案过于轻率，它也会引发更多的问题。毕竟，如果你已经很好地完成了一项工作，难道这不意味着你已经应对了所有的（当然也包括刚刚提到的那些）挑战吗？这不也意味着你应该预料到这些挑战并且已经成功地做了准备？再者，如果你的失败是由你上级领导的不良决策（预算削减、固执地错误干预、最后一秒突然改变主意）造成的，那么，你为什么没有退出？因此，"好的失败"的含义是：你失败了，但是你的失误是任何一个和你处于相同位置的精明人士都很难避免的——包括那个将你的企业称为"好的失败"的人。

所以在对一个看似健康但却以失败告终的团队进行事后调研分析的过程中，你应该提出的最重要的问题如下：

◇ 在那时，团队是否具有可行的策略，如果没有干扰因素，也没有能力不足的高层管理者的干预，这一策略是不是奏效的？

◇ 团队在运行期间是否和谐，尤其是当其失败之势已经不可阻挡时？

◇ 在团队碰上一个后来证明是对团队有致命打击的事件时，团队当时是否发现了危险，还是说团队成员丝毫没有察觉？

◇ 在知道那个事件是有致命打击的消息后，团队做出的反应是什么？团队是否曾试图做出应对？是制定了新的策略？还是直接投降了？

◇ 在打击发生之后，团队领导者是否将团队维持在了正常的运行轨道之上？

◇ 作为应对措施，团队是否寻求了合适的人才？这些人才是否快速融入了团队工作？

◇ 团队领导者是否迅速将已经出现的变化以及相应的应对方案及时呈现给了高层管理者，或者他以及团队的其他人员试图对此加以掩盖，不让外人发现？

◇ 团队成员是否因失败而受到了批评并且相互指责？

◇ 失败之后，团队领导者是否为团队成员提供了推荐信，并进行了工作的调整安置，还是将他们遗忘了在一边，弃之不顾？

◇ 最后一个问题是你必须对自己进行审视的：假设回到从前，在不知道未来将会怎样的情况下，你是否本应采取一些不同的措施？

在回答这些问题的过程中，你可以发现这个团队是不是真正健康，是不是确实可以被视为是"好的失败"。如果答案是肯定的，你应该做出的反应就是尽可能少地指责团队成员，将他们转移到下一个项目中去。如果可能（这对保持公司士气也是最为有利的），仍然让这个团队在一起合作，让他们在下一个项目中"大获全胜"。另一方面，如果你确定这个团队并不像一开始认为的那样健康，就要将它解散，对团队成员采取的措施如同前文提到的对待不健康、不成功的团队中的成员那样。

健康且成功的团队

事实证明，"健康且成功的团队"是最难进行管理的。团队成员知道他们已经取得成就，他们在此过程中也充满了满足感。与不健康但成功的团队中的成员不同，他们都知道自己做了擅长的事情，每个人也都为此做出了充分的贡献，每个人都因此应该获得相应的奖励。

鉴于此，你将很难再让此团队重新在一起合作。首先，因为薪水的上升，未来运行此团队的成本将会大幅上涨。其次，当团队成员开始被提拔到更好的职位（可能适合也可能不适合他们）时，彼得原理（Peter Principle）[①]将会很快产生效应。团队领导者尤其会出现此种情况：曾经领导过成功的团队（商业界、科研界和军队里）是晋升到高级管理层的必备条件。（好消息是你也可能会获得晋升。）最后，成功的消息很难只局限在你所在的组织内传播，这些成功团队的成员很快就会被你所在公司的其他部门或者是公司的竞争对手挖走。在一些情况下，团队成员将会成为创业者，创办他们自己的公司。

这着实令人失望，但这也可能是件好事。健康且成功的团队也可能是因为运气而成功。如果团队在一个项目中的管理是健康的，而且获得了成功，下一次它们采取相同管理方式的概率就会增加，但这并不一定保证它们能再次获得成功。事实上，最好的策略是在团队任务结束后接受不可避免的事实，让团队顺其自然地解散，但是需要采取一种有管理、有策略的方式。

也就是说，让团队领导者获得晋升，不管如何，这对于组织的未来发展都是

---

① 彼得原理由美国学者劳伦斯·彼得（Laurence Peter）提出，其主要内容是由于我们总是习惯于对胜任当前岗位的人员进行晋升提拔，因此会造成每个人都会被晋升到其再不称职的职位。——审校者注

最为有利的。但是需要识别出团队中其他最具有管理潜能的人才，让他们担任新团队的领导者，追求新目标的实现。幸运的话，新团队可以获得几倍于原有团队的成功，新团队的各方面机能水平的提升也会如此，这是因为新的团队领导者传承了他们在原有团队学习到的有关成功的方法。然后让原有团队的其余成员转移到其他一些成功可能性较大的团队中，推动这些团队获得胜利。这或许违背了我们的直觉：如果一个团队本来就可能会获得成功，为什么还要浪费其他获胜团队的人才；要知道，他们本可以用来扭转另外一个团队的颓势，至少可以做出一些改善。关于这一点，原因有以下两点：

◇　你的目的是取得成功。生活不会赐给我们太多胜利的机会，所以在有可能时我们就要抓住机会。最好的策略就是努力促进"有保证的"胜利，尤其是那些成果有可能超出预期的。这要优于试图推动即将失败的团队去取得成功。

◇　失败孕育失败，正如成功孕育成功，为已显败势的团队增加一名取得过成功的成员，未必能扭转局面，因为团队的失败可能是由于环境的变化造成的，也可能是这个团队本身的运行就不健康，在这两种情况下，新来者几乎都不可能扳回局面。不管怎样，如前所述，这样的团队应该停止运行，不要为了拯救它，而让其成为需要无止境地投入时间和资源的黑洞。

如果处理得当，健康且成功的团队会成为滋养田，繁衍出一系列成功的新团队，它们都携带着原团队的基因。如果幸运，这些新团队也会同样健康且获得成功。

**TEAM
GENIUS**
本章小结

四类团队的善后处理

1. 不健康、不成功的团队

◇承认失败

◇让成员离开

◇进行事后反思

2. 不健康但成功的团队

◇审视团队获得成功是否只是运气使然

◇审视团队中能力卓越的人才

◇审视其他非顶尖成员是否搭了便车

◇审视团队是否粉饰了成功的结果

3. 健康但不成功的团队

◇尽可能少地指责团队成员，保持士气完成下一个项目

◇如果发现团队并不健康，就将其解散

4. 健康且成功的团队

◇接受不可避免的事实，让团队顺其自然地解散

◇让团队领导者获得晋升

◇识别其他具有管理潜能的人才，让其带领新团队

每个团队都可以变得伟大

在将近 250 年之后，为什么乔治·华盛顿在弗朗西斯酒馆的告别一幕依旧能引发人们高度的共鸣？

其中一个显而易见的原因是，伴随着乔治·华盛顿在几天后举办的大陆会议上正式宣布退休，在弗朗西斯酒馆的告别标志着西方文明发展的历史转折。跟现在相比，参加过这两次盛会的军官和代表们会更加深刻地懂得它们的历史意义——上一次获得胜利却放下刀剑，服从于选举出来的立法机构的总司令是罗马执政官辛辛纳特斯（Cincinnatus）①。被华盛顿打败的统治者英国国王乔治三世得知这一消息后，都忍不住喃喃自语："如果他真的做到了这一点，那他将是世界上最伟大的人。"华盛顿确实做到了。

其实，那个伟大的时刻真正吸引我们的地方是：我们希望自己曾是那个团队中的一员，参与其中。一幅著名的绘画作品②对这种感觉进行了最佳诠释，画中，华盛顿拥抱着一位哭泣着的军官，这位军官悲痛欲绝，他的脸深深地埋在总司令的肩

---

① 辛辛纳特斯是古罗马政治家，被罗马城居民推举为执政官，援救被埃魁人围困的罗马军队。在接到任务时，他还在自己的小农庄耕作，然后他在一天的时间内打败敌军。危机解除后，他便辞职返回农庄，他只做了 16 天的罗马统帅。——审校者注
② 这幅绘画作品名称为《华盛顿与他的军官进行告别》（*Washington's Farewell to His Officers*），作者为阿隆索·查普尔（Alonzo Chappel）。——审校者注

头。围绕在他们周围的是十几名其他军官，他们也都头部深垂或在擦拭着眼睛。

生命是短暂的，能做一些伟大事情的机会也是稀少的。我们也希望通过本书可以说服你，能做成这些事情最好是加入一个由聪明且勤奋的人组成的团队（由一群非凡之人组成的团队），在一起相处和谐，取得靠个体力量无法企及的成功。

在弗朗西斯酒馆的这些军官（乔治·华盛顿团队中的高级军官以及他的指挥部的参谋）正是做到了这一点，在这过程中，他们的团队所取得的成就可以和历史上任何一个著名团队媲美。他们面对的是世界上最强大的军队和帝国，却最终取得了胜利。在七年的时间里，他们几乎改变了人类历史的轨迹，使其朝着更好的方向发展。他们的所作所为不仅实现了很多看似不可能的奇迹，还要面对当地1/3民众的质疑；对于华盛顿而言，他所面对的巨大压力既来自吝啬的大陆会议，又来自他手下的一些将军。他们这一群人团结在一起，度过了艰苦卓绝的时期——长岛会战（the Battle of Long Island）①、福吉谷（Valley Forge）②、1779—1780年的那个冬天。纵使困难再大，他们依旧取得了胜利，军队的成功随着约克镇战役的大捷达到了巅峰，这一战役"扭转了乾坤"。

许多最初的团队成员已经不在（死去、生病或者被俘），能让总司令在这一刻如此镇静的原因之一就是，他在人群中看到了新的、也许是完全陌生的脸庞。大家认为这个团队正在变得日益同质化，特别是当他们统一穿着大陆军制服的时候，但见证他们从战争伊始一路走来的人都知道，他们其实已经发生了巨大变化：南方贵族、新英格兰商人、大学学生、像亚历山大·汉密尔顿和施托伊本男爵（Baron von Steuben）③那样的新移民。即使是华盛顿手下的将军们也有着广泛不同的个性：来自

---

① 长岛会战是美国独立战争期间英美之间第一场陆上会战，也是整场独立战争中最大规模的一场战事，此次战役中，英国虽未获得全胜，但华盛顿的大陆军也受到了严重打击。——审校者注
② 独立战争期间，1777年费城被攻陷后，华盛顿带领残兵败将在福吉谷休整，当时是整个独立战争中最为艰难的时光。——审校者注
③ 全名弗里德里奇·威廉·冯·施托伊本，自称施托伊本男爵。他是德意志军官，将美国革命军塑造成一支训练有素的正规战斗力量，为美国独立战争做出了贡献。——审校者注

偏远之地目不识丁的勇士丹·摩根（Dan Morgan）①、学富五车的书商亨利·诺克斯和贵格会②教徒纳撒内尔·格林，以及法国贵族拉斐德侯爵（Marquis de Lafayette）。③

在一定程度上（即使对于和他同时代的人而言，这似乎也是不可思议的），华盛顿不仅将他们紧密地团结在了一起，还使他们形成了一支坚不可摧的军事力量。在考彭斯（Cowpens）④和蒙莫斯，他们与世界上最强大的军队短兵相接，并取得了胜利。华盛顿曾把将军们派到各地，充分信任他们，并给予他们独立决策的权力——在最后将他们集中在弗吉尼亚的一个半岛，确保了所有的胜利成果。在整个过程中，华盛顿总司令避免了他的军队遭遇屠杀，代表着他们的利益与反复无常的英国国会进行着抗衡，与战略合作伙伴（法国海军）进行磋商，建立了情报网络为将领们提供敌方的关键信息，经常承担比其下属高得多的风险。在其他所有人都或多或少有些动摇时，总司令仍独自执着地在坚持，只有在经过深思熟虑以及必要时，他才会流露出暴烈的性情，并成功出演了有史以来的领导者中最伟大的领导力"表演"。

现在，一切都画上了完美的句号。这个团队实现了所有其宣称要实现的目标。现在是团队的领导者兑现承诺的时刻，这是他向团队成员及其团队所服务的人民（新成立的美利坚合众国的居民）许下的承诺。团队中的一员，诺克斯将军在总司令的支持下，已经组建起大陆军成员协会（the Society of Cincinnatus）⑤。200多年后，

---

① 全名丹尼尔·摩根，祖籍威尔士，生于新泽西，几乎没受过教育，是美国独立战争时期的将领。——审校者注
② 贵格会是基督教的一个教派，该派反对任何形式的战争和暴力，不尊敬任何人也不要求别人尊敬自己，不起誓，主张任何人之间要像兄弟一样，主张和平主义和宗教自由。该教会坚决反对奴隶制，在美国南北战争前后的废奴运动中起过重要作用。——审校者注
③ 拉斐德侯爵是第一个志愿参加美国革命的法国贵族，在约克镇战役中决定性地击败了英军，参加过美国独立战争，后回法国又经历了法国大革命，被称为新旧两个世界的英雄。——审校者注
④ 考彭斯战役是美国独立战争具有决定性意义的一场战争，美军自此扭转了南方战场的战局。——审校者注
⑤ 也称辛辛纳特斯协会，是由美国独立战争期间的为美国独立做出贡献的大陆军和法国军队的成员组成，其会员采用世袭制，是美国的第一个民间爱国组织，其目的之一是促进人们对美国独立战争的认识和了解。——审校者注

这个协会依旧由协会成员的后代领导着。

团队中的许多成员在其余生中依旧彼此保持着联系，不仅仅是因为人们一直在为他们取得的丰功伟绩举办各种庆典。华盛顿生前，他们也会到他的办公室或者家里进行拜访。所以六年后，当华盛顿再次组建他的团队（即他的总统管理团队）时，他仍然可以召集起原有团队中的很多成员，尤其是诺克斯（战争部部长）和汉密尔顿（财政部部长）。

华盛顿再次领导这个既老又新的团队取得了卓越的成就，他们依旧无比地忠诚于他。在第二届任期即将结束时，也就是华盛顿的公众生活结束前，团队成员开始为了各自的前途彼此相争。但即使接下来的竞争异常激烈，他们也都效忠于老领导的传统，直到下一代，这种传统依旧健在——这段时间足以让原来的殖民地走上历史上最成功、最持久的共和国道路。

在我们疯狂搜集和分享"最佳实践"的时期，这一在 1783 年 12 月的下午聚集在弗朗西斯酒馆的群体，非常显眼地作为一个伟大且成功的团队的典型代表立于我们眼前。但同样重要的是（这也是一条宝贵的经验），这个团队远远不是一个完美的团队。如前所述，他们失败的次数远比成功的时候多。他们的这位领导者也经验匮乏，在好些情况下几乎使团队溃败。另外，不可思议的是，其间这个团队出现过不止一个背叛者——本尼迪克特·阿诺德（Benedict Arnold）[1]，或许还有查尔斯·李（Charles Lee）[2]。甚至他们的老板也多次面临过破败的危机（被捕、拘禁和接受刑罚等）。

然而尽管存在着这么多问题，这个团队仍然取得了成功（团队及其领导者，学会了如何成功），其成功是彻底的，是卓越非凡的，在历史的长河中也会一直流

---

[1] 本尼迪克特·阿诺德是美国独立战争革命家和军事家，官至少将，但为了个人的奢侈生活破坏州和军规，向英国方面出卖美军情报，后败露，逃至英国。——审校者注

[2] 查尔斯·李，美国独立战争时期的冒险家。独立战争爆发后曾任大陆军副司令，少将，1776 年被英军俘虏，1778 年被交换回后，指挥作战仍一再失败，1780 年被免职。——审校者注

传下去。

不管我们的梦想和雄心是什么，我们都几乎不可能加入一个与大陆军同样重要和成功的团队。作为一名团队的领导者，想把自己和乔治·华盛顿相提并论简直是异想天开，他是过去的 1 000 年里最伟大的人物之一。但这并不意味着我们不能努力成为一位最好的团队领导者，让团队健康运行并且获得最大的成功。

革命中的美利坚需要一位伟大的、天生的领导者，同样也需要诸多的运气。尽管困难重重，但它兼备了这两个条件。而在 21 世纪的美国，以及世界上的其他发达国家，不管其规模大小、是短暂需要抑或长久运行，团队都不需要运气（也许需要一点点）。现在我们拥有几十年的先例和榜样可以借鉴。相比过去还具有的一点优势是，我们不仅可以确定最佳团队的规模，还可以确定最佳的团队类型。

同样重要的是，我们还拥有过去十几年间心理学、社会学和人类学等几个领域对成功（或者不成功）的团队所进行的深度实证研究成果。而且未来几年，随着数字科技的日益成熟，可能会对我们的团队成员招募大有裨益。

最后，相较于以往，我们对团队的生命周期也有了认识。同样，我们也第一次对处于生命周期不同阶段的团队运行有了可以借鉴的样板，懂得了如何带领团队经历这些不同的阶段，包括进入到下个阶段的困难过渡期。

我们参与的团队，我们领导的团队或许不能改变世界，但它们可以让世界变得更好，让我们的公司（以及需要依赖于它的每一个人）更加成功，更加安全，为我们自己以及队友提供回报更佳、更能实现个人抱负的职业发展。最重要的是，我们可以提高我们团队获得成功的概率。益处多多，我们为何不想把关于团队最新的研究和经验应用到我们的生活和职业发展中呢？我们为何不想去创造非凡的团队并且成为其中的一员呢？

不是每个团队都能做出伟大的事情，但是每个团队都可以是伟大的。即使我们不可能回到1783年的弗朗西斯酒馆，但我们可以在团队未来某天举行的最后一次聚会上，庆祝我们获得的胜利，伤感地哭泣，告诉彼此未来还会保持联系，最重要的是，我们知道，在我们生命中，刚刚过去的这几个月、几年的付出都是值得的。

那么，谁不想要这样呢？

扫码下载"湛庐阅读"App，
搜索"如何创建天才团队"，查看全部参考文献。

未来，属于终身学习者

我这辈子遇到的聪明人（来自各行各业的聪明人）没有不每天阅读的——没有，一个都没有。巴菲特读书之多，我读书之多，可能会让你感到吃惊。孩子们都笑话我。他们觉得我是一本长了两条腿的书。

——查理·芒格

互联网改变了信息连接的方式；指数型技术在迅速颠覆着现有的商业世界；人工智能已经开始抢占人类的工作岗位……

未来，到底需要什么样的人才？

改变命运唯一的策略是你要变成终身学习者。未来世界将不再需要单一的技能型人才，而是需要具备完善的知识结构、极强逻辑思考力和高感知力的复合型人才。优秀的人往往通过阅读建立足够强大的抽象思维能力，获得异于众人的思考和整合能力。未来，将属于终身学习者！而阅读必定和终身学习形影不离。

很多人读书，追求的是干货，寻求的是立刻行之有效的解决方案。其实这是一种留在舒适区的阅读方法。在这个充满不确定性的年代，答案不会简单地出现在书里，因为生活根本就没有标准确切的答案，你也不能期望过去的经验能解决未来的问题。

湛庐阅读APP：与最聪明的人共同进化

有人常常把成本支出的焦点放在书价上，把读完一本书当作阅读的终结。其实不然。

时间是读者付出的最大阅读成本
怎么读是读者面临的最大阅读障碍
"读书破万卷"不仅仅在"万"，更重要的是在"破"！

现在，我们构建了全新的"湛庐阅读"APP。它将成为你"破万卷"的新居所。在这里：

- 不用考虑读什么，你可以便捷找到纸书、有声书和各种声音产品；
- 你可以学会怎么读，你将发现集泛读、通读、精读于一体的阅读解决方案；
- 你会与作者、译者、专家、推荐人和阅读教练相遇，他们是优质思想的发源地；
- 你会与优秀的读者和终身学习者为伍，他们对阅读和学习有着持久的热情和源源不绝的内驱力。

从单一到复合，从知道到精通，从理解到创造，湛庐希望建立一个"与最聪明的人共同进化"的社区，成为人类先进思想交汇的聚集地，与你共同迎接未来。

与此同时，我们希望能够重新定义你的学习场景，让你随时随地收获有内容、有价值的思想，通过阅读实现终身学习。这是我们的使命和价值。

湛庐阅读APP玩转指南

湛庐阅读APP结构图：

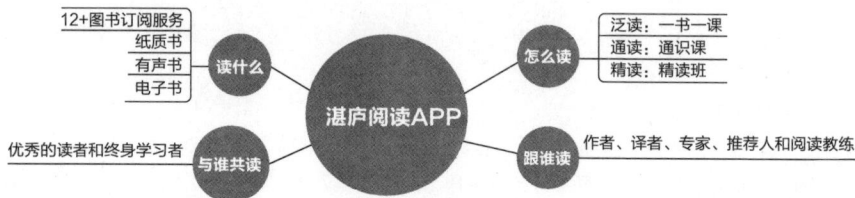

12+图书订阅服务
纸质书
有声书
电子书

读什么

湛庐阅读APP

怎么读

泛读：一书一课
通读：通识课
精读：精读班

优秀的读者和终身学习者

与谁共读

跟谁读

作者、译者、专家、推荐人和阅读教练

三步玩转湛庐阅读APP：

读一读 ▼

湛庐纸书一站买，
全年好书打包订

书城

听一听 ▼

泛读、通读、精读，
选取适合你的阅读方式

精读班　一书一课
通识读

扫一扫 ▼

买书、听书、讲书、
拆书服务，一键获取

扫一扫

APP获取方式：
安卓用户前往各大应用市场、苹果用户前往APP Store
直接下载"湛庐阅读"APP，与最聪明的人共同进化！

使用APP扫一扫功能，
遇见书里书外更大的世界！

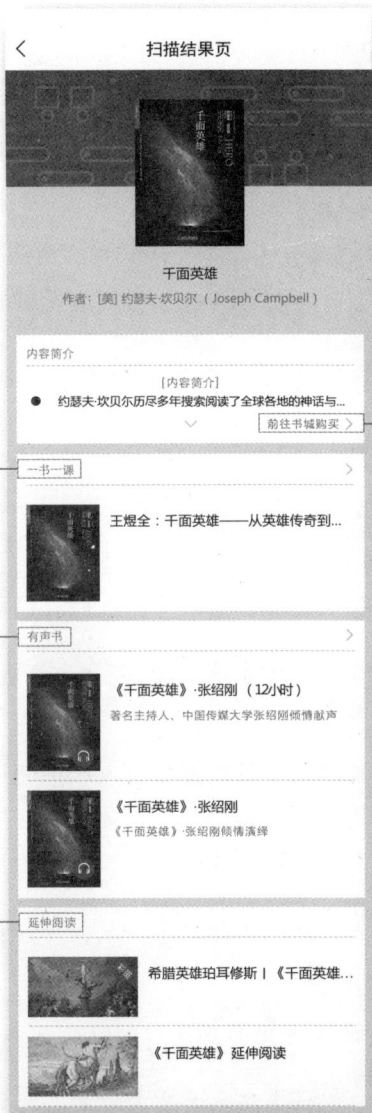

扫描结果页

千面英雄

作者: [美] 约瑟夫·坎贝尔（Joseph Campbell）

内容简介

[内容简介]
● 约瑟夫·坎贝尔历尽多年搜索阅读了全球各地的神话与...

前往书城购买 >

快速了解本书内容，
湛庐千册图书一键购买！

一书一课

王煜全：千面英雄——从英雄传奇到...

大咖优质课、
献声朗读全本一键了解，
为你读书、讲书、拆书！

有声书

《千面英雄》·张绍刚（12小时）
著名主持人、中国传媒大学张绍刚倾情献声

《千面英雄》·张绍刚
《千面英雄》·张绍刚倾情演绎

你想知道的彩蛋
和本书更多知识、资讯，
尽在延伸阅读！

延伸阅读

希腊英雄珀耳修斯 |《千面英雄...

《千面英雄》延伸阅读

《如何领导天才团队》

◎ 著名管理学专家、哈佛大学领导力研究中心主任，TED 演讲嘉宾、全球最具影响力的 50 大思想家、畅销书作者琳达·希尔领衔，深入探讨创新与领导力的关系。

◎ 荣获 2015 年公理商业图书奖金奖，入选《商业内幕》杂志"2014 年 20 本最佳商业图书"榜单。

◎ IDEO 总裁蒂姆·布朗、领英联合创始人里德·霍夫曼、美国运通董事长肯尼思·切诺尔特、通用电气高级副总裁马克·利特尔、MIT 媒体实验室主任伊藤穰一、创新管理大师克莱顿·克里斯坦森联袂推荐。

《奈飞文化手册》

◎ 奈飞公司前首席人才官帕蒂·麦考德首部力作，阅读与下载超过 1500 万次的奈飞内部文件的详细解读。

◎ Business Insider 2018 年度最值得阅读的领导力书籍榜单作品。

◎ 奈飞创始人里德·哈斯廷斯诚意力荐。

《七个天才团队的故事》（纪念版）

◎ 领导力之父、组织发展理论先驱沃伦·本尼斯的代表著作，他的领导力思想、理论与实践具有广阔的历史视野、精微的人文情怀、如炬的全球前瞻。

◎ 是了解近代西方领导力思想，认识现代组织的领导力真谛，迎接当下和未来的领导力挑战的必读书籍，对从事颠覆式技术创新的创业团队尤有启发。

◎ 揭示了成功很少是一个人造就的，很多看似个人取得的成功，其实是许多伟大头脑相互激荡的结晶。

《合作的财富》

◎ 在普遍信仰"人性自私"的社会，为你解构获取合作红利的制胜法宝。

◎ 打破《自私的基因》为我们描述的人性迷局，只有合作才能让我们超越自利，进而设计建立回报丰厚的社会体系，获得合作的财富。

◎ 腾讯公司社交网络事业群总裁汤道生，北京大学新闻与传播学院教授胡泳，浙江大学跨学科社会科学研究中心主任叶航，互联网革命伟大的思考者、畅销书《人人时代》《认知盈余》《小米之道》作者克莱·舍基联袂推荐。

图书在版编目（CIP）数据

如何创建天才团队 / (美) 里奇·卡尔加德, (美)
迈克尔·马隆著；王素婷, 任苗, 浦千里译；曾佳审校
. —成都：四川人民出版社, 2019.5
　　ISBN 978-7-220-11316-1

　　Ⅰ. ①如… Ⅱ. ①里… ②迈… ③王… ④任… ⑤浦
… ⑥曾… Ⅲ. ①企业管理—团队管理 Ⅳ. ①F272.9

　　中国版本图书馆CIP数据核字(2019)第069831号
　　著作权合同登记号
　　图字：21-2018-719

上架指导：企业管理

RUHE CHUANGJIAN TIANCAI TUANDUI
如何创建天才团队

[美] 里奇·卡尔加德　迈克尔·马隆　著

王素婷　任苗　浦千里 译　曾佳 审校

责任编辑：杨立　罗爽
版式设计：湛庐CHEERS
封面设计：ablackcover.com

四川人民出版社
（成都市槐树街2号　610031）
石家庄继文印刷有限公司印刷　新华书店经销
字数 270 千字　720 毫米 × 965 毫米　1/16　20.25 印张　0 插页
2019 年 5 月第 1 版　2019 年 5 月第 1 次印刷
ISBN 978-7-220-11316-1
定价：89.90 元